CORRUPÇÃO À AMERICANA

Leia também:

Para Entender o Poder

O Lucro ou as Pessoas?

11 de Setembro

NOAM CHOMSKY

O Horror Político

JAQUES GÉNÉREUX

O Livro Negro do Comunismo

STÉPHANE COURTOIS

CORRUPÇÃO À AMERICANA

Desnudando as mentiras, a imprensa, os empresários e os políticos que produzem e lucram com a guerra

Amy Goodman
e
David Goodman

Tradução
Tatiana Salem Levy

BERTRAND BRASIL

Título original: *The Exception to the Rulers*

Capa: Rodrigo Rodrigues

Editoração: DFL

2005
Impresso no Brasil
Printed in Brazil

CIP-Brasil. Catalogação-na-fonte
Sindicato Nacional dos Editores de Livros, RJ

G66c Goodman, Amy, 1957-
Corrupção à americana: desnudando as mentiras, a imprensa, os empresários e os políticos que produzem e lucram com a guerra/Amy Goodman & David Goodman; tradução Tatiana Salem Levy. – Rio de Janeiro: Bertrand Brasil, 2005.
308p.

Tradução de: The exception to the rulers
ISBN 85-286-1131-0

1. Goodman, Amy, 1957-. 2. Corrupção política – Estados Unidos. 3. Comunicação de massa – Aspectos políticos – Estados Unidos. 4. Jornalismo – Aspectos políticos – Estados Unidos. 5. Estados Unidos – Política e governo – 2001-. 6. Guerra contra o terrorismo, 2001. 7. Iraque, Guerra do, 2003. I. Goodman, David, 1959-. II. Título.

CDD – 973.931
05-1794 CDU – 94 (73) "2001/..."

EDITORA BERTRAND BRASIL LTDA.
Rua Argentina, 171 — 1º andar — São Cristóvão
20921-380 — Rio de Janeiro — RJ
Tel.: (0XX21) 2585-2070 — Fax: (0XX21) 2585-2087

Atendemos pelo Reembolso Postal.

Sumário

Para os nossos pais,
George (1928-1998)
e
Dorothy Goodman

Que nos ensinaram a ouvir
aprender
rir
e amar

Agradecimentos

O *Democracy Now!** não existiria sem as pessoas incrivelmente dedicadas que ajudaram a transformar o programa eleitoral diário de 1996 na maior colaboração da mídia pública do país.

Um imenso obrigada aos que têm seguido essa jornada diária comigo, em especial ao meu co-apresentador, Juan Gonzalez, que trabalha no programa desde o início, e aos antigos produtores, Kris Abrams e Maria Carrion. Meu obrigada também aos mágicos que nos mantêm no ar todos os dias: Mike Burke, Sharif Abdel Kaddous, Denis Moynihan, Ana Nogueira, Elizabeth Press, Karen Ranucci, Jeremy Scahill e Mike Di Fillippo.

Minha infinita gratidão àqueles que ajudam e ajudaram a transmitir o *Democracy Now!* ao longo dos anos: Gillian Aldrich, Terry Allen, Angela Alston, Jim Bennett, Larry Bensky, Russell Branca, Dominique Bravo, Verna Avery Brown, Hesu Coue, Dan Coughlin, Rafael de la Uz, Julie Drizen, Deepa Fernandes, Jenny Filippazzo, Matthew Finch, Laura Flanders, Uri Gal-Ed, Nell Geiser, Linda Greco, DeeDee Halleck, David Isay, Rachel Jones, Rick Jungers, Angie Karan, Miranda Kennedy, Rich Kim, Emily Kunstler, Tia Lessin, David Love, Carmen Mitchell, Fatima Mojaddidy, Salim Muwakkil, Lenina Nadal, Smitha Parigi, Isis Phillips, Chase Pierson, Karen Pomer, Noel Rabinowitz, Lizzy Ratner, Mark Read, Noah Reibel, Orlando Richards, Anthony Riddle, Rick Rowley, Simba Russeau, Eric Rweyemamu, Jonny Sender, Parvez Sharma, Brad Simpson, Anthony Sloan, Jacquie Soohen, Julie Spriggs, George Stoney, Vilka Tzouras, Jayana Verderosa, Warcry, Gabriel Weiss, Alex Wolfe, Ben Zipperer, Chris Zucker e a todos os outros membros da equipe e voluntários que não foram nomeados, mas que são muito estimados.

---

* Programa de rádio e televisão apresentado pela autora. (N. T.)

Entre os meus colegas do programa *Wake Up Call*, da WBAI, um agradecimento especial para Bernard White, Janice K. Bryant, Sharan Louise Harper, Dred Scott Keyes, Robert Knight, Errol Maitland, Mario Murillo e Don Rojas, e para toda a equipe pelos momentos mágicos durante a última década.

Um agradecimento muito especial para:

Valerie Van Isler e o grande Samori Marksman, já falecido, por terem aberto o caminho.

Todos os meus colegas da WBAI, KPFK, WPFW, KPFT e KPFA e a rede de estações de rádio comunitárias por continuarem acreditando nessa nobre experiência que é a Pacifica Radio.

Free Speech TV, Downtown Community Television, Manhattan Neighborhood Network, todas as emissoras televisivas de acesso público, Openflows e os núcleos da Indymedia ao redor do mundo, que continuam construindo um legado no maior movimento de mídia independente.

Jon Alpert, Laurie Betlach, Diana Cohn, Jaune Evans, Ken Freedman, Mark Friedberg, Richard Hoover, Patrick Lannan, Michael Moore, Tim Robbins, David Rosenmiller, Alex Tager, Israel Taub, Keiko Tsuno e Andy Tuch.

Espectadores e ouvintes de todos os lugares. Vocês são a nossa linha vital.

Este livro não teria sido escrito se não fosse o meu irmão, David Goodman, que me incentivou a empreender este projeto e não ficou satisfeito até que estivesse pronto. Eu lhe agradeço por sua paciência, sensibilidade, incrível bom humor e inteligência. E agradeço a Sue, Ariel e Jasper por o terem compartilhado comigo.

Sou especialmente grata a meu amigo e colega de trabalho Allan Nairn. Sua amizade, sua dedicação aos direitos humanos e sua determinação incansável de expor a injustiça me deixam humilde e fortalecida.

David e eu tentamos pilotar esse trem desgovernado o melhor possível. Tivemos ajudas cruciais para mantê-lo nos trilhos. Obrigada a Michael Ratner, Julie, Bill Hoynes e Mike Burke, que comentaram partes do livro. Nós nos beneficiamos do talento editorial de Bob Moser e das habilidades de pesquisa de Elaine Zelmanov. Jeremy Scahill, meu colega e amigo, virou noites ajudando a editar este livro.

Obrigada a C. M. Choy e Silk Road Mocha em Chinatown, Robert Kim, Amy Graf e Kim e Jane Brown por suas contribuições.

Nosso agente, Luke Janklow, encontrou a editora certa para este livro e nos deu conselhos úteis. Obrigada também ao nosso editor na Hyperion, Bill Strachan, pelas várias sugestões, o incentivo e a paciência, e por ter levado este projeto a cabo; ao presidente da Hyperion, Bob Miller, e ao coordenador de edição, Will Schwalbe, pelo apoio entusiasmado ao projeto desde o início. E obrigada também a Ben Loehnen e Christine Ragasa, da Hyperion.

Obrigada a nossos irmãos Steve e Dan Goodman, por suas sugestões e apoio, e a Ruth Levine, Anna, Sarah e Eli. E a Caren Spruch, Elisabeth Benjamin e Brenda Murad, pela amizade.

Somos gratos a Denis Moynihan por seu notável rol de talentos: pesquisando, escrevendo, editando, divertindo e nos estimulando até a última linha. Não teríamos feito este livro sem ele.

Da parte de David: um agradecimento especial a Jasper e Ariel Goodman, por terem me permitido passar dias intermináveis escrevendo em casa e fora dela, enquanto me deixavam maluco e, ao mesmo tempo, me faziam rir com suas fantásticas interrupções. Eles me deram todo o incentivo de que precisava para terminar o trabalho. À minha mulher, companheira de equipe e meu amor, Sue Minter, ofereço minha mais profunda gratidão. Ela compartilhou a idéia de fazer este livro unida a uma paixão por mim e por esta causa, e assumiu muitas responsabilidades para me ajudar a realizar este projeto. Tudo que faço é resultado de seu amor e apoio.

Sou grato a Bill, Dawn, Bob e Evelyn Minter, pelas maneiras incontáveis como me ajudaram. Obrigado também a David Weber, pela inspiração musical.

E da parte de nós dois: nossa avó, Sonia Bock, de 106 anos, é nosso modelo de sabedoria, resistência e otimismo.

Este livro é dedicado aos nossos pais. Nosso falecido pai, George Goodman, e nossa mãe, Dorrie Goodman, ficariam pasmos se soubessem que anos de brigas de travesseiro viriam um dia a gerar um livro. Como as crianças sempre fazem, culpamos nossos pais por tudo: eles nos ensinaram, com um exemplo maravilhoso, a tomar conta, amar, rir e brigar como o diabo por aquilo em que acreditamos. Por isso, e muito mais, nós lhes agradecemos. Sua dedicação a nós torna fácil esta dedicatória.

Prefácio

EM 6 DE DEZEMBRO DE 2004, Jeremy Hinzman, um soldado de 26 anos da 82ª Divisão de Transporte Aéreo da elite do Exército dos Estados Unidos, explicou a uma sala de audiência lotada em Toronto, no Canadá, por que fugiu de seu país.

"Quando prestei meu juramento como soldado, foi para defender e preservar a Constituição dos Estados Unidos", declarou, ao explicar por que estava pedindo asilo no Canadá na condição de refugiado. "Eu me vi prestes a ser transferido para o Iraque a fim de fazer o que a Infantaria faz, ou seja, matar pessoas, e eu não tinha justificativas para fazer isso."

"Eles disseram que havia armas de destruição em massa. Não encontraram nenhuma", continuou o pára-quedista de mandíbula pronunciada e cabelo escovinha, natural de Rapid City, na Dakota do Sul. "Eles disseram que o Iraque estava ligado a organizações terroristas internacionais. Não havia ligação nenhuma."

Hinzman disse à Comissão de Imigração e Refugiados do Canadá que a guerra no Iraque era ilegal e que ele se tornaria um criminoso de guerra se combatesse lá. O argumento de Hinzman foi apoiado pelo segundo-sargento Jimmy Massey, do Corpo de Fuzileiros Navais, que, em depoimento como testemunha durante a audiência, contou que ele e seu pelotão mataram "mais de 30" civis inocentes, num período de 48 horas no Iraque.

"O que eles estavam fazendo era assassinato", disse Massey, um ex-recrutador dos Fuzileiros Navais.

Foi um resumo devastador das mentiras que fizeram passar por verdades durante a administração de George W. Bush. Hinzman e Massey não estão sozinhos: mais e mais soldados americanos têm se pronunciado e protestado contra a participação numa guerra que foi baseada em alegações fraudulentas e transmitida ao público por uma mídia incapaz de criticá-la.

Introdução

A MAIORIA SILENCIADA

AS TROPAS MARCHAVAM LENTAMENTE pela estrada com suas M-16 "made in USA" a postos. Era 12 de novembro de 1991, dia que ficaria para sempre marcado na minha memória — e também na história. Eu estava em Dili, a capital do Timor Leste, uma pequena ilha situada a aproximadamente 480km ao norte da Austrália. Durante 16 anos, desde a invasão, em 1975, o Timor Leste foi brutalmente ocupado pelas tropas da Indonésia. As Forças Armadas indonésias sitiaram o Timor Leste, transformando o país em seu campo de extermínio. Um terço da população — 200 mil timorenses — morreu. Foi um dos piores genocídios do século XX.

Eu tinha acabado de assistir à missa na igreja principal de Dili com Allan Nairn, um jornalista e ativista que, na época, escrevia para a revista *The New Yorker*. Depois do serviço, milhares de pessoas marcharam em direção ao cemitério de Santa Cruz para homenagear Sebastião Gomes, mais um jovem morto pelos soldados indonésios. As pessoas vinham de todos os lugares: do trabalho, das suas casas, dos povoados e das fazendas. Elas viajavam por uma geografia da dor: em quase todos os prédios por onde passavam, timorenses haviam sido detidos ou torturados, escondidos ou mortos. Não importava se era uma delegacia ou um quartel militar, um hotel ou a casa de um oficial, nenhum lugar estava fora do alcance do terror. Nem mesmo a igreja estava segura. Eram cerca de oito da manhã quando chegamos ao cemitério.

Ao longo do caminho, havíamos perguntado para as pessoas: “Por que vocês estão marchando? Por que estão arriscando suas vidas por isso?”

“Estou fazendo isso pela minha mãe”, respondeu um. “Estou fazendo isso pelo meu pai”, disse outro. “Estou fazendo isso pela liberdade.”

A distância, ouvimos uma batida lúgubre, sincronizada. De repente, nós os vimos. Várias centenas de soldados indonésios subindo a estrada. A multidão foi crescendo em silêncio.

Sabíamos que as Forças Armadas da Indonésia haviam cometido inúmeros massacres no passado, mas nunca na frente de jornalistas ocidentais. Allan sugeriu que andássemos até a frente da multidão, na esperança de que nossa presença pudesse impedir o que parecia ser um ataque iminente. Coloquei meus fones de ouvido, peguei meu gravador — normalmente, eu os deixava escondidos para não pôr em risco os timorenses flagrados falando conosco — e levantei meu microfone como se fosse uma bandeira. Allan colocou sua câmera acima da cabeça, caminhamos e ficamos de pé no meio da estrada, cerca de 15 metros à frente da multidão. Deixando à mostra os nossos objetos de trabalho, esperávamos conseguir alertar as tropas de que naquele momento elas estavam sendo observadas.

Um silêncio se abateu sobre os timorenses. Os que estavam atrás conseguiram correr, mas milhares de pessoas que estavam na frente ficaram cercadas pelos muros do cemitério dos dois lados da estrada. Podíamos ouvir o som alto das batidas rítmicas das botas sobre a estrada conforme as tropas marchavam em uníssono em direção às pessoas. Crianças sussurravam atrás de nós. Então, sem nenhum aviso ou provocação, os soldados contornaram a esquina, passaram brutalmente por nós dois, prepararam suas armas “made in USA” e abriram fogo.

As pessoas foram afastadas com violência. As tropas apenas continuaram atirando, virando as suas armas da esquerda para a direita, matando quem ainda estivesse de pé.

Então, um grupo de soldados me rodeou. Eles começaram a balançar o microfone na minha cara, como se dissessem: *Isso é o que nós não queremos.* Eles me jogaram no chão com a coronha dos rifles e começaram a me chutar. Eu estava quase sem ar. Allan se jogou em cima de mim para me proteger de mais ferimentos.

Os soldados manejavam as M-16 como tacos de beisebol. Bateram na cabeça de Allan até fraturarem seu crânio. Por um momento, Allan se estendeu na estrada, em espasmos, coberto de sangue, incapaz de se mexer. De repente, cerca de uma dúzia de soldados se alinhou como um pelotão de fuzilamento. Eles colocaram as armas em nossas cabeças e gritaram: "*Politik! Politik!*" Estavam nos acusando de envolvimento com política, um crime que deveria ser punido com a morte. E também perguntavam: "Austrália? Austrália?"

Entendemos o que estava em jogo com essa pergunta. Em outubro de 1975, os soldados indonésios executaram cinco repórteres de televisão baseados na Austrália que tentavam cobrir uma incursão militar que preparava o caminho para a invasão no Timor Leste, em 7 de dezembro de 1975. No dia 8 de dezembro, o jornalista australiano Roger East, o único repórter ocidental que ainda permanecia no Timor Leste, foi arrastado para fora de uma estação de rádio em Dili e levado ao porto, onde atiraram nele.

Quase 16 anos depois, quando eu e Allan estávamos estirados no chão, cercados por soldados indonésios, gritávamos: "Não, somos americanos!" Eles arrancaram todos os nossos pertences, mas eu ainda tinha meu passaporte e joguei-o em cima deles. Quando recuperei o fôlego, repeti: "Somos americanos! Americanos!"

Finalmente, os soldados tiraram as armas de nossas cabeças. Provavelmente porque éramos do mesmo país de onde tinham vindo suas armas. Se nos matassem, pagariam um preço que nunca tiveram de pagar por matarem timorenses.

No mínimo 271 timorenses morreram naquele dia, que ficou conhecido como O Massacre de Santa Cruz. As tropas indonésias continuaram matando nos dias seguintes. Não foi sequer um dos maiores massacres do Timor Leste e nem mesmo o último. Foi apenas o primeiro a ser testemunhado por pessoas de fora.

"Um santuário para a dissidência"

IR PARA ONDE ESTÁ o silêncio. Esta é a responsabilidade de um jornalista: dar voz àqueles que foram esquecidos, abandonados e afastados pelo poder. Esta é a melhor razão que conheço para carregar nossas canetas, câmeras e microfones em nossas próprias comunidades e pelo mundo afora.

Sou uma jornalista da Pacifica Radio, a única rede de transmissão jornalística independente dos Estados Unidos, fundada em 1949 por um homem chamado Lew Hill, um pacifista que se recusou a lutar na Segunda Guerra Mundial. Quando saiu de um campo de detenção no fim da guerra, ele afirmou que os Estados Unidos precisavam de uma mídia alternativa que não fosse dirigida por corporações que tirassem proveito da guerra. Sua idéia era construir uma rede independente, dirigida por jornalistas e artistas — não por "corporações sem nada a dizer e com tudo a vender que estão educando nossos filhos hoje", como disse o professor de jornalismo George Gerbner, fundador do Movimento Cultural Environment (Ambiente Cultural).

A KPFA, a primeira estação da Pacifica, começou em Berkeley, na Califórnia. As rádios FM estavam em seus primórdios naquela época, e por isso a KPFA tinha de produzir e distribuir aparelhos FM para que as pessoas pudessem ouvir a estação. Como aconteceria tantas vezes nas décadas seguintes, a Pacifica Radio tentou algo que ninguém achava que funcionaria: construir uma rede com o apoio financeiro dos ouvintes. Esse acontecimento marcou o nascimento da mídia patrocinada por ouvintes nos Estados Unidos, um modelo que mais tarde foi usado pela Rádio Pública Nacional e pela televisão pública.

A rede Pacifica cresceu e se transformou em cinco estações: a KPFA, em Berkeley; a KPFK, em Los Angeles; a WBAI, em Nova York; a WPFW, em Washington; e a KPFT em Houston. Em 1970, a KPFT tornou-se a única estação de rádio dos Estados Unidos a ter seu transmissor explodido. A responsável pela explosão foi a Ku Klux Klan. Em 1981, o líder da KKK declarou que seu maior ato "foi planejar o bombardeio a uma estação de rádio esquerdista", porque ele sabia o quão perigosa era a Pacifica.

A Pacifica é um santuário para a dissidência. Na década de 1950, quando o lendário cantor e líder afro-americano Paul Robeson foi colocado numa "lista branca" durante a caça às bruxas do senador Joseph McCarthy, banido de quase todo espaço público dos Estados Unidos, com exceção de algumas igrejas negras, ele sabia que poderia ir à KPFA e ser ouvido. O debate entre o grande escritor James Baldwin e Malcolm X sobre a eficácia das greves brancas (nas quais os trabalhadores, de braços cruzados, se recusam a abandonar o local de trabalho) não-violentas no Sul foi transmitido pela WBAI.

Hoje, a Pacifica mantém essa tradição. Meus colegas da WBAI, incluindo Elombe Brath e o falecido Samori Marksman, me ensinaram como uma estação

Quebrando a barreira do som

EM SE TRATANDO de dissidência, é necessário quebrar imediatamente a barreira do som. O governo americano tem usado a guerra contra o terror como desculpa para a maior interferência nas liberdades civis desde a era McCarthy, na década de 1950. Atualmente, pessoas estão sendo presas sem acusações. Homens do Oriente Médio e do Sul da Ásia estão sendo discriminados como inimigos. Advogados que defendem os dissidentes estão sob ataque.

Esses são os primeiros alertas. Você poderá ser o próximo.

A Constituição americana foi jogada longe por uma infinidade de medidas draconianas que fazem parte do Decreto Patriota. Quando George W. Bush e seus soldados de infantaria não conseguem elaborar um caso legal e incontestável, a suspeita e a xenofobia são mais do que suficientes para prender alguém. Prisioneiros classificados pelo presidente dos Estados Unidos como "combatentes inimigos" podem agora ser julgados por tribunais militares em navios atracados em mar estrangeiro, fora do alcance da proteção do *Bill of Rights.** Alguns estão sendo torturados para dar informações à força. Centenas de estrangeiros estão sendo detidos atualmente pelos Estados Unidos — na baía de Guantánamo, em Cuba, e na Base Aérea de Bagram, no Afeganistão — sem saberem de que são acusados. Não sabemos os nomes dos réus, nem quais são seus supostos crimes, e eles não conhecem as provas contra eles. De acordo com uma ordem presidencial de 13 de novembro de 2001, os julgamentos podem ocorrer em sigilo, e os suspeitos podem ser condenados por um tribunal de juízes militares escolhidos pelo secretário de Defesa. Se o tribunal condena o prisioneiro à morte por unanimidade, ele pode ser executado. Nesse caso, não ficamos sabendo nada sobre o ocorrido. E aqueles que sabem de alguma coisa a respeito das ações do tribunal são proibidos de abrir a boca.[3]

Se houvesse um discurso honesto na mídia dominante, se realmente apresentássemos alternativas a essa justiça de araque e à guerra, as pessoas poderiam imaginar um número muito maior de opções. Essa é uma das responsabilidades mais sérias da mídia, abrir a discussão.

---

* As primeiras Dez Emendas da Constituição dos Estados Unidos, que reconhecem direitos aos indivíduos. (N. T.)

A maioria silenciada está se desgastando por trás da mordaça da mídia corporativa. As fronteiras entre democratas e republicanos, conservadores e liberais estão se rompendo. Os conservadores, assim como os progressistas, importam-se demais com a privacidade, com o controle corporativo de suas vidas. As pessoas do outro lado do espectro político são ultrajadas pelas corporações especuladoras — patrocinadores criminais de Bush, incluindo a Enron, a WorldCom e a Halliburton —, que roubam nosso Tesouro, esvaziam nossas pensões, devastam nossas áreas selvagens e fogem com o saque.

Cada vez mais gente diz *não* às mentiras do governo, à ganância corporativa e à mídia submissa.

A maioria silenciada está encontrando a sua voz.

1

BUMERANGUE

Aqueles que não se lembram do passado estão condenados a repeti-lo.
— George Santayana[1]

A MANHÃ COMEÇOU COMO TODAS as outras. E terminou como nenhuma.

Era 11 de setembro de 2001. Por volta das seis da manhã, saí correndo do meu apartamento para pegar uma pilha de jornais e me joguei dentro de um táxi naquela terça-feira reluzente em direção ao quartel dos bombeiros.

Cheguei ao prédio desativado da Engine Company nº 31, que fica alguns quarteirões acima do World Trade Center. A construção, com grandes portas vermelhas em frente a um estacionamento de carros de bombeiros, continua a servir à vizinhança alojando um centro de mídia comunitária e o estúdio do *Democracy Now!*. Nas horas seguintes, eu e meus colegas entramos na rotina de sempre. Preparamos textos, pesquisamos matérias, checamos fatos e redigimos chamadas. Estávamos confinados num espaço pequeno, com um teto curvo. À medida que os ponteiros do relógio se aproximavam da hora do programa, a balbúrdia aumentava. Estamos sempre gritando, debatendo e discutindo de que maneira vamos cobrir as notícias do dia. Para percorrermos os andares, subimos e descemos o antigo mastro de bronze dos bombeiros. (Bem, escorrego por ele; apenas Anthony Sloan, nosso engenheiro, consegue escalá-lo.)

Como nosso horário de transmissão diária das nove da manhã estava se aproximando, checamos os microfones e nos conectamos ao satélite da Pacifica Radio. Sem que soubéssemos, enquanto seguíamos nossos rituais diários, o primeiro avião colidiu contra o World Trade Center. Eram 8h47min. Estávamos a minutos da hora de entrar no ar, inconscientes de que uma calamidade global se desenrolava a apenas alguns quarteirões do nosso prédio.

Eram quase nove horas quando meu pulso acelerou instintivamente ao ouvir a contagem familiar: "Cinco... quatro... três... dois... um..."

"Da Pacifica Radio, esse... é o *Democracy Now!.*" Comecei meu refrão diário. Assim que pronunciei essas palavras, respirei com alívio — conseguíramos fazer mais um programa.

Mas nesse dia, três minutos depois de o programa ter começado, enquanto apresentava as manchetes diárias, ouvi uma explosão abafada do lado de fora. Era o segundo avião colidindo contra o World Trade Center. Os ouvintes logo escutaram o barulho das sirenes do lado de fora do estúdio.

Momentos depois, Keiko Tsuno, co-diretora da Downtown Community Television, a produtora de televisão sem fins lucrativos que é proprietária do posto do corpo de bombeiros, irrompeu no estúdio. Ela gritou: "Um avião colidiu contra o World Trade Center!" Ela nos disse que estavam abrindo o posto do corpo de bombeiros para ajudar as pessoas que fugiam do desastre.

Olhei em seus olhos, incrédula. Um avião? Ela deveria estar enganada.

Acabáramos de colocar no ar uma entrevista gravada na Conferência Mundial sobre Racismo em Durban, na África do Sul, de modo que eu tinha um tempo para ligar a televisão. Nós quatro que estávamos no estúdio nos amontoamos em volta do aparelho, num silêncio aterrorizado, enquanto víamos as imagens das torres em chamas.

Interrompi o programa para anunciar o que acontecera. Pegamos as notícias recebidas por telégrafo e continuamos a monitorar a TV. Eu estava ao vivo agora. "Parece que aviões se chocaram contra os últimos andares das duas torres do World Trade Center numa cena terrível que deixou enormes buracos nos dois prédios. O presidente Bush disse que se trata de um ataque terrorista. Possivelmente, um avião atingiu o Pentágono, e há fogo no Mall [National Mall, o entorno da Casa Branca, em Washington] e atrás do Old Executive

Office Building [construção anexa à Casa Branca que abriga diversas agências de serviço da Presidência]. A Casa Branca e o Pentágono estão sendo evacuados", eu disse. As histórias iniciais sobre fogo em Washington e a seu redor eram confusas; descobriu-se depois que a colisão do avião contra o Pentágono fora responsável pela fumaça em torno da cidade.

Continuei: "Pode ser que vocês estejam ouvindo as sirenes ao fundo. Ouvimos a explosão há muito pouco tempo. Ambulâncias estão correndo para o World Trade Center."

Algumas horas após o ataque, as evidências que começaram a emergir sugeriam que se tratava de mais um caso do que ficou conhecido como *bumerangue* — ou seja, como o apoio a déspotas em lugares distantes acaba inevitavelmente nos afetando em casa. Se aprendemos alguma coisa com o 11 de Setembro e as guerras no Iraque e no Afeganistão, é que há um preço a pagar cada vez que o nosso governo apóia assassinos e torturadores no exterior — ou se torna um deles. Mas, naquela manhã terrível, estávamos mais preocupados em tentar resolver os desdobramentos do desastre em nosso próprio bairro.

No térreo, nossos colegas abriram as portas do antigo quartel do corpo de bombeiros para as ruas. Eles ofereceram água e disponibilizaram os telefones às pessoas que corriam em desespero pela rua. O produtor do *Democracy Now!*, Brad Simpson, saiu à rua e trouxe para dentro do prédio pessoas fugindo do horror, como um homem que veio com o seu chefe. Uma chuva de destroços caíra sobre eles, mas, milagrosamente, ainda estavam de pé. Eles contaram suas histórias. Continuamos a transmitir o programa ao longo do dia.

Às cinco da tarde, eu e Miranda Kennedy, responsável pela produção, saímos e vimos o prédio 7 caindo. Ver aquele prédio de 47 andares bem ao norte das Torres Gêmeas desabar como uma casa de bonecas foi um momento triste e inacreditável. O prédio alojava a multimilionária casamata de oito andares da prefeitura, construída depois dos ataques ao World Trade Center em 1993. O centro de comando incluía quase 500 mil litros de petróleo. Como muitos apontaram na ocasião, se o World Trade Center fosse atacado novamente, o centro de comando do prefeito Giuliani explodiria, colocando em perigo tudo à sua volta e envenenando o sul de Manhattan com PCBs. Foi exatamente o que aconteceu.

O sul de Manhattan foi declarado zona de evacuação. A fronteira foi delimitada na Canal Street, dois quarteirões acima de nosso prédio. A equipe do

Democracy Now! decidiu ficar no posto do corpo de bombeiros de forma que pudéssemos garantir o acesso às nossas instalações de transmissão. Dormimos no chão durante três noites, enquanto os militares ocupavam rapidamente o sul de Manhattan.

Nos dias seguintes ao 11 de Setembro, senti-me como um fantasma andando entre fantasmas. O único lugar em que se conseguia comida era uma *delicatessen* entre a Broadway e a Leonard.* Uma noite, bem tarde, aventurei-me fora do estúdio do *Democracy Now!*. Equipes de resgate vagavam pela área. Eu sabia que todos esses rapazes eram heróis, tentando salvar desesperadamente qualquer um que pudessem, mas não pareciam nada especiais. Eram magrelos e gordos, alguns de macacão, outros de camiseta e jeans.

Apareceram equipes de resgate de todos os cantos. Um grupo de Buffalo, em torno da nossa esquina, estava completamente coberto por cinzas. Não havia sorrisos artificiais nem cumprimentos; eles estavam apenas tentando conseguir alguma comida para continuar o trabalho. Eu não conseguia comer nenhum dos pratos do balcão de saladas porque continuava pensando nas cinzas. Então me limitei aos enlatados. Eram como rações de guerra.

Certa noite, quando caminhava de volta ao nosso posto do corpo de bombeiros, o ar corrosivo ficou ainda pior. Mantive a cabeça baixa e fiquei ouvindo minha respiração na máscara empoeirada e frágil que estava usando. Quando olhei para cima, vi um carro rachado ao meio. Como ele chegou lá? Deslizei meu dedo ao longo da capota coberta por cinzas, como se estivesse desenhando na neve. Só que isso foi em setembro.

Quando o engenheiro Anthony Sloan saiu em direção ao norte para comprar alguma comida, ele não conseguiu atravessar de volta a linha de evacuação. Estávamos reduzidos a três pessoas no dia seguinte, dirigindo o programa por nossa conta. Comecei a ter cuidado para não me aventurar muito longe do estúdio, com receio de ser banida por completo da zona de evacuação. Tínhamos de fazer o programa. Éramos a transmissão nacional diária que estava mais próxima da área afetada. Ouvimos que dúzias de bombeiros tinham morrido, depois que na verdade eram mais de 100 e, depois, 200. Meu Deus, e depois eram mais de 300.

Na noite de quinta, fui ao local da tragédia com um amigo e colega de trabalho, Denis Moynihan. Novamente, usei uma máscara, tentando não respirar

* Ruas de Nova York. (N. T.)

no meio de toda aquela poeira. Quando descíamos a rua Lafayette, passamos por um estacionamento onde, mais cedo, pessoas montavam macas improvisadas com pinheiros para carregar os corpos. O dia inteiro martelando. Só foi pior quando os ruídos cessaram. Aquele silêncio aterrorizador. Não havia mais necessidade de macas. Não havia mais corpos sendo encontrados.

No sábado, caminhamos por Wall Street até o Battery Park. A extremidade mais ao sul de Manhattan havia se transformado num campo militar em alvoroço. Carros verdes de todos os tamanhos circundavam o parque. Sinais com instruções de alojamento e horários de destacamento para a segurança estavam espalhados por todos os lugares, todos com o jargão inescrutável dos militares. Ainda faltavam horas para o amanhecer, mas centenas de militares já estavam acordados e trabalhando. Aproximamo-nos de uma mulher vestida com roupas verdes de camuflagem, piloto de helicóptero da Guarda Nacional do norte do estado de Nova York. Ela tinha acabado de chegar e parecia estar pronta para exercer sua função de guarda, protegendo o acesso à área afetada.

Perguntei a ela o que achava que iria acontecer como conseqüência do ataque. Ela primeiro contou como estava horrorizada com a cena de devastação. Então parou, olhou em volta para ver se alguém poderia escutá-la, virou-se de novo e olhou diretamente para mim, com os olhos tristes.

"Minha mãe morreu há pouco tempo. E agora isso. Não quero ver mais ninguém sofrendo. Espero que não haja uma resposta militar a esse acontecimento. Sou mãe e não quero ver mais mortes por causa disso."

Perguntei se ela viria falar em nosso programa. Ela recusou, mas suas palavras ficaram comigo.

Três mil pessoas foram incineradas num só instante. Nunca vamos saber ao certo quantas pessoas morreram no 11 de Setembro de 2001. Os que não faziam parte das estatísticas quando estavam vivos não vão fazer parte delas depois de mortos. Um grande número de imigrantes sem documentos que trabalhavam no World Trade Center e em volta dele simplesmente desapareceu. Suas famílias continuam com medo de se apresentar por receio do que possa lhes acontecer. Elas podem ser detidas ou até deportadas por causa da crescente relação entre a polícia e as autoridades da imigração. Algumas companhias não quiseram apresentar os nomes dos trabalhadores sem documentos que empregaram durante décadas. Nunca saberemos os nomes desses desaparecidos.

Não em nosso nome

ENFURNADOS EM nosso estúdio, percebemos que seria difícil continuarmos a trazer diferentes pontos de vista de pessoas que tentavam dar sentido a um ato tão sem sentido. A única coisa que entendíamos bem era que a máquina de guerra estava crescendo em Washington. Queríamos garantir que *todas* as vozes fossem ouvidas e não apenas as que pediam uma resposta militar.

Havia Rita Lasar, uma senhora de 70 anos que perdera o irmão, Abe Zelmanowitz, de 55, que trabalhava no 27º andar do World Trade Center. No dia 11 de Setembro, Rita ouviu que algo acontecera nas Torres Gêmeas. Ela subiu em seu telhado, de onde assistiu ao desmoronamento das torres. "Foi como um filme", ela me disse depois. Quer dizer, até ela se dar conta de que seu irmão estava lá.

Seu outro irmão ficara gritando para Abe no celular: "Saia do prédio! Saia do prédio agora!"

Mas Abe não sairia. Ele estava esperando até que as equipes de emergência viessem ajudar seu melhor amigo, Ed, um tetraplégico que trabalhava perto dele. E então Abe ficou, e morreu com Ed e tantos outros.

Rita começou imediatamente o ritual de morte do 11 de Setembro. Ela foi de hospital em hospital, cheia de esperanças de que encontraria Abe. Mais tarde, deu amostras de seu próprio DNA para identificar os restos do irmão.

No dia 14 de setembro, o presidente Bush evocou a história de Abe Zelmanowitz em seu discurso na Catedral Nacional de Washington. Rita logo percebeu como o heroísmo solidário de seu irmão estava sendo usado. Ela escreveu uma carta, que foi publicada no *New York Times* no dia 18 de setembro de 2001. "É em meu nome e no de meu irmão", ela escreveu, "que rogo para que nós, este país que foi tão profundamente machucado, não façamos nada que possa desencadear forças que não teremos o poder de conter."

Esse também foi o pedido de Phyllis e Orlando Rodriguez, que perderam seu filho. Greg Ernesto Rodriguez, de 31 anos, trabalhava para a Cantor Fitzgerald, que naquele dia perdeu 658 de seus 1.050 empregados acima do 100º andar do World Trade Center. Quando a família Rodriguez se reuniu para lembrar Greg, Phyllis e Orlando escreveram uma carta que circulou amplamente na internet:

> Lemos notícias o suficiente para perceber que nosso governo está indo na direção de uma vingança violenta, com a perspectiva de filhos, filhas, pais e amigos em terras distantes morrendo, sofrendo e alimentando ressentimentos futuros contra nós. Não é esse o caminho. Não vai vingar a morte de nosso filho. Não em nome de nosso filho.

Nem no nome de Jim Creedon. Eu o conheci em 7 de outubro de 2001, dia em que as bombas começaram a cair no Afeganistão. Centenas de pessoas se juntaram em Manhattan para protestar contra a guerra, marchando quilômetros desde a Union Square até a Times Square, lugar da estação de recrutamento das Forças Armadas (não confundam com o *New York Times*, que fica nas proximidades). Eles carregavam placas com mensagens como "Nosso luto não é um pedido de guerra".

Jim Creedon ficou de pé numa picape e falou num alto-falante sobre sua experiência como membro de uma equipe de emergência. Ele foi ferido no 11 de Setembro, mas voltou para tentar ajudar outras pessoas. "Perdi quatro homens em meu pelotão", disse ele. "A guerra não vai trazer de volta nossos entes queridos... Hoje, o governo americano começou a bombardear o Afeganistão. Nós já vimos o que acontece quando eles bombardeiam: centenas e milhares de pessoas perdem suas vidas."

Pensei que iria haver uma fila enorme de repórteres querendo entrevistá-lo. Ele reunia todos os elementos para uma reportagem. Era um heróico socorrista. E era tão difícil encontrá-los...

Corri para convidá-lo para o programa, mas não havia necessidade de correr. Fui a primeira e a última na fila para entrevistá-lo. Ele me disse: "Como socorrista, não posso dizer 'perdemos seis mil pessoas; portanto, vamos matar outras seis mil'. Precisamos nos reunir hoje e dizer 'chega de destruições de vidas inocentes'."

Creedon fazia parte de um movimento que começou em Nova York, chamado September 11th Families for Peaceful Tomorrows (www.peacefultomorrows.org). São pessoas que perderam entes queridos e disseram "não em nosso nome". Vimos muitas e muitas vezes na televisão de que maneira membros dessas famílias contavam as tristes histórias das pessoas que morreram. Mas quando Rita e Phyllis e Orlando e Jim e outros que eram contrários à guerra queriam chegar à segunda parte — da descrição à prescrição — e dizer "não acreditamos que a guerra seja a resposta certa", a mídia cortava suas falas. E então mostravam os supostos "especialistas em terrorismo", pessoas como Oliver North e Henry Kissinger.

Talvez a mídia corporativa tenha acertado dessa vez. Esses caras são especialistas em terrorismo — e, afinal de contas, é preciso um para conhecer outro.

IRONICAMENTE, UM DOS assuntos que estávamos cobrindo enquanto os aviões colidiam contra o World Trade Center era a conexão entre o dia 11 de setembro e o terror — no caso, 11 de setembro de 1973. Foi nesse dia que Salvador Allende, presidente do Chile eleito democraticamente, morreu no Palácio Presidencial de Santiago, enquanto o general Augusto Pinochet e as Forças Armadas chilenas tomavam o poder. As forças de Pinochet foram amparadas pelo presidente dos Estados Unidos, Richard Nixon, e pelo secretário de Estado Henry Kissinger,[2] e tiveram apoio financeiro de duas corporações multinacionais que operavam no Chile, a Anaconda Copper e a ITT, ambas fortemente ligadas ao governo republicano. Estávamos fazendo o programa porque haviam aparecido documentos que comprometiam Kissinger e Nixon nesse golpe e na subida de Pinochet ao poder, que comandou um período de 17 anos de terror.

Certa vez, Kissinger comentou que não via qualquer razão para se permitir que o Chile "virasse marxista" só porque "seu povo é irresponsável".[3] O resultado? Como Peter Kornbluh, do Arquivo da Segurança Nacional, o convidado do nosso programa naquele dia contara, "Pinochet assassinou mais de 3.100 chilenos, desapareceu com 1.100 e torturou e prendeu outros milhares. Ele fechou o Congresso chileno, baniu partidos políticos, censurou a imprensa e tomou conta das universidades. Por meio de decretos, das armas e de choques elétricos, ele impôs uma ditadura de 17 anos que se tornou sinônimo de abusos contra os direitos humanos dentro do país e de atrocidades terroristas no exterior".[4]

O círculo se fecha

QUANDO ANDAVA pela cidade nesses primeiros dias após o 11 de Setembro, eu via fotos por toda parte. As pessoas expunham cópias coloridas de fotografias de seus entes queridos. Havia o retrato de uma mulher com seu filho, outra de um homem segurando seu gato. Cartazes imploravam silenciosamente nos postes de luz: "Se você viu meu filho, por favor, ligue para a mãe dele. A última vez em que ele foi visto foi no 77º andar do World Trade Center. Meu número é..."

Centenas dessas fotos foram penduradas por toda a cidade — nos telefones públicos, nos muros dos hospitais, nos parques. Pensei em como essas fotos eram similares às imagens carregadas pelas mães dos desaparecidos na Argentina. Desde o fim da década de 1970, essas mulheres heróicas, tenazes, permaneceram em silenciosa vigília na Praça de Maio, em Buenos Aires, pedindo para saber a verdade sobre seus filhos queridos que desapareceram na "guerra suja" da Argentina contra os supostos dissidentes. As mães ficam de pé, segurando fotografias e cartazes em que se podia ler "Você viu meu filho?", "Você viu minha neta?". Entre 1975 e 1983, os militares argentinos mataram 30 mil pessoas no país. Em outubro de 1976, o então secretário de Estado Henry Kissinger disse a um almirante da Marinha argentina: "Quanto mais rápido vocês conseguirem, melhor."[5]

O 11 de Setembro uniu os americanos aos povos ao redor do mundo que já foram vítimas do terror. Em meus anos de trabalho como repórter, cobri muitos horrores: guerras, torturas, bombardeios, genocídios. Na maioria dos casos, tive de lutar para contar as histórias das vítimas, porque fazê-lo freqüentemente implicava o governo americano e seus aliados. Do Timor ao Iraque ou ao Haiti, foi sempre preciso que houvesse um motivo, uma falsa versão para justificar as atrocidades. "É mais complicado do que isso...", diz a resposta oficial. "Efeito colateral faz parte da guerra..."

Mas, no caso do 11 de Setembro, houve uma inequívoca reação coletiva ao massacre. O modelo para a cobertura da mídia era encontrar famílias que haviam perdido seus entes queridos e contar suas histórias, nomeando as vítimas. Esses são os detalhes que dignificam uma vida; isso é o que nos faz sentir a perda. Os retratos do luto, perfis das crianças que ficaram sem os pais, as façanhas dos heróis desconhecidos — esse deveria ser o modelo de como cobrir todas as atrocidades. Porque, quando as pessoas compreendem a dor dos outros, elas são levadas a agir.

11 de setembro ao redor do mundo

11 de setembro tornou-se agora sinônimo dos trágicos eventos de 2001. Mas, para outros, em todo o mundo, esse dia evoca diferentes imagens e memórias do terror:

11 de setembro de 1973, Chile. O presidente Salvador Allende, presidente do Chile democraticamente eleito, morreu num golpe militar apoiado pela CIA.

11 de setembro de 1977, África do Sul. O líder *antiapartheid* Stephen Biko, inconsciente no chão de um carro da polícia, depois de espancado, foi levado por 1.000 quilômetros até Pretória, onde morreria no dia seguinte.

11 de setembro de 1990, Guatemala. A antropóloga guatemalteca Myrna Mack foi assassinada por militares que tinham o apoio dos Estados Unidos.

9-13 de setembro de 1971, Nova York. Ocorreu a rebelião na prisão de Attica, em que tropas do estado de Nova York mataram 39 homens e feriram outros 88.

Nosso garoto: colocando os Estados Unidos em "Usama"

NUM FECHAMENTO trágico do círculo, o terror, que durante tanto tempo esteve fora do alcance da nossa vista, em terras tão distantes, voltou-se para nós com uma ferocidade terrível. A CIA chama isso de bumerangue — quando o apoio americano a repressões militares ou revoltas armadas em algum outro lugar volta como um bumerangue contra os Estados Unidos.

Depois do 11 de Setembro, Osama bin Laden tornou-se um nome familiar em todo o planeta. Mas, por duas décadas antes dos ataques, seu nome era familiar apenas para um pequeno e poderoso grupo em Washington. O motivo? Osama bin Laden foi financiado e treinado pelos Estados Unidos.

Líder de grupos fundamentalistas islâmicos militantes, Bin Laden foi a resposta às súplicas de Washington na década de 1980, quando o governo americano tentava atrair os soviéticos para o Afeganistão. Nas palavras do conselheiro da segurança nacional do presidente Carter, Zbigniew Brzezinski, o propósito era dar "à União Soviética sua guerra do Vietnã". Entre 1982 e 1992, a CIA gastou US$ 3 bilhões treinando e armando os islamitas radicais para lutar contra os soviéticos no Afeganistão.[6] Foi a maior operação secreta dos EUA desde a Segunda Guerra Mundial.

Brzezinski revelou mais tarde que o programa secreto dos EUA para ajudar e treinar os *mujahedeens* afegãos, ou guerreiros santos, tinha começado seis meses *antes* da invasão soviética.[7] Cerca de 35 mil muçulmanos de 43 países lutaram com os *mujahedeens*, enquanto outros 100 mil foram influenciados pela guerra através de treinamentos militares ou freqüentando escolas da militância islâmica.[8]

"O país inteiro é uma universidade para a jihad", ou guerra santa, disse o comandante afegão Noor Amin.[9]

Quando perguntaram a Brzezinski, em 1998, se tinha algum arrependimento, respondeu: "Arrependimento de quê? Essa operação secreta foi uma ótima idéia. Teve o efeito de conduzir os russos à armadilha no Afeganistão, e você quer que eu me arrependa disso?"

Será que ele chegou a pensar nas conseqüências de armar e aconselhar futuros terroristas islâmicos? "O que é mais importante para a história mundial?", Brzezinski replicou. "O Talibã ou o colapso do Império Soviético? Alguns muçulmanos atiçados ou a liberação da Europa Central e o fim da guerra fria?"[10]

Brzezinski teve sua resposta no 11 de Setembro.

Osama bin Laden era um tesoureiro dos *mujahedeens* afegãos. Seu pai era um bem-sucedido magnata da construção iemenita que se mudara com a família para a Arábia Saudita. Os negócios da família Bin Laden valem hoje em dia cerca de US$ 5 bilhões. Segundo Milton Bearden, chefe do escritório da CIA no Paquistão de 1986 a 1989, Osama e sua família foram cruciais no combate aos soviéticos. "Havia um monte de Bin Ladens que vinham para fazer a jihad, e eles nos aliviavam bastante", disse Bearden ao *New Yorker*. "Esses rapazes traziam por volta de US$ 20 a US$ 25 milhões por mês de outros sauditas e árabes do Golfo para subvencionar a guerra. E isso é muito dinheiro. É um total de US$ 200 a US$ 300 milhões por ano."[11]

Os Estados Unidos estavam muito contentes por fomentar uma revolução islâmica, desde que seus mandatários travassem uma guerra contra o inimigo escolhido por Washington. Mas, depois da devastação do Afeganistão e do fim da União Soviética, os grupos islâmicos foram previsivelmente descartados por seus patrões americanos. E, então, os guerreiros órfãos se viraram contra seus próximos inimigos.

O novo alvo de Osama bin Laden estava vestido com o uniforme das Forças Armadas dos EUA. Para os muçulmanos de todo o mundo, a chegada de 540 mil soldados americanos à Arábia Saudita em 1991 para travar a Guerra do Golfo foi um sacrilégio. O país abriga Meca e Medina, dois lugares sagrados para o islamismo. Tanto os Estados Unidos quanto o regime saudita corrupto que convidara as tropas tornaram-se os novos infiéis para Bin Laden.

E então o garoto de Washington deixou de prestar favores. Ele voltara para a Arábia Saudita depois da derrota dos soviéticos no Afeganistão, mas logo foi exilado, primeiro no Sudão e, em seguida, no Afeganistão, onde se tornou patrono do Talibã. Ele passou a década de 1990 treinando e financiando combatentes árabes afegãos, esquematizando como assassinar o maior número possível de americanos.

Nosso xá

VOCÊS SE LEMBRAM DO XÁ do Irã? A maioria dos americanos não, mas os iranianos se lembram muito bem. Eles se lembram de como, em 1953, os Estados Unidos, com o apoio britânico, depuseram o primeiro-ministro eleito pelo povo Mohammad Mosaddeq e levaram o xá ao poder. Mosaddeq tivera a audácia de nacionalizar a indústria de petróleo do Irã, que na época pertencia à Anglo-Iranian Oil Corporation [Corporação de Petróleo Anglo-Iraniana], mais tarde renomeada como British Petroleum. Os ingleses, que se beneficiavam de 85% do lucro do petróleo iraniano naquela época, pressionaram para que os Estados Unidos interviessem.

Então, o presidente Dwight Eisenhower designou alguns nomes americanos familiares para fazer a guerra suja pelas companhias de petróleo: Kermit Roosevelt, neto de Teddy, foi o operador da CIA que contratou desordeiros para atacarem a residência do primeiro-ministro, resultando na morte de centenas de iranianos. Norman Schwarzkopf Sr., pai do tempestuoso Norman, o general americano que liderou a Guerra do Golfo de 1991, persuadiu o xá a expedir um decreto depondo o primeiro-ministro, coisa que o xá não tinha autoridade legal para fazer.

Carregado de armas e dinheiro, Kermit Roosevelt levou cerca de três semanas para derrubar o líder democrático do Irã e substituí-lo pelo xá Mohammad Reza Pahlevi, que fugira do país dias antes e foi trazido de volta ao Irã pelos Estados Unidos. O apoio americano sob os auspícios da SAVAK, a polícia secreta do xá, durou um quarto de século, o que acabou gerando a Revolução Islâmica do Irã, em 1979. Isso levou ao reinado fundamentalista do aiatolá Ruhollah Khomeini e gerou uma violenta reação antiamericana, que vinha sendo há muito tempo reprimida.

Foi quando Henry Kissinger jogou lenha na fogueira. Em 1979, ele persuadiu o então presidente Jimmy Carter a deixar seu grande amigo, o xá enfermo, entrar nos Estados Unidos para tratamento médico. Estudantes iranianos deram vazão a seu ódio e seus temores e invadiram a embaixada dos EUA em Teerã, fazendo os funcionários de reféns. Eles tinham medo de que os EUA trouxessem o "nosso garoto" de volta ao poder, numa cruel reconstituição de 1953. Em coberturas posteriores da invasão da embaixada, a mídia americana raramente mencionou o golpe de 1953.

Num escândalo que ficou conhecido como a "surpresa de outubro", foi revelado que, em 1980, integrantes da campanha presidencial de Ronald Reagan, incluindo Kissinger, haviam feito um acordo com os iranianos para que mantivessem os reféns presos. O acordo assegurava que os iranianos manteriam os 52 reféns americanos durante as eleições, ajudando a humilhar e derrotar o presidente Carter. Os reféns foram enfim soltos no dia 20 de janeiro de 1981, exatamente quando começou o mandato de Ronald Reagan.

Até hoje lidamos com o *bumerangue* da política de Washington no Irã. "Quando destituímos um governo democrático no Irã há 50 anos, enviamos uma mensagem não apenas ao Irã, mas a todo o Oriente Médio", explicou ao *Democracy Now!* Stephen Kinzer, autor de *Todos os homens do xá: o golpe norte-americano e as raízes do terror no Oriente Médio* (Bertrand Brasil, 2004). "Uma mensagem de que os Estados Unidos não apóiam governos democráticos e que preferem um governo de um homem forte que nos garanta acesso ao petróleo... Muita gente no Oriente Médio compreendeu claramente esta mensagem."

O nosso Saddam

E ENTÃO VEIO Saddam Hussein. Em 2002, o secretário de Defesa Donald Rumsfeld declarou: "O regime de Saddam Hussein é tão corrupto, matou tanta gente e usou armas químicas contra seu próprio povo... é um dos regimes mais cruéis da face da Terra." Nada disso parecia incomodar alguns anos antes, quando Saddam era o ditador favorito de Rumsfeld no Oriente Médio.

Saddam Hussein ganhou preeminência após um golpe do Partido Baath em 1968, no Iraque, e tornou-se presidente em 1979. As relações de Washington com Bagdá haviam se tornado tensas desde a guerra árabe-israelense de 1967. Mas, em meados da década de 1980, a atitude dos EUA mudou.

Em agosto de 2002, quando o governo começou sua maior pressão no Congresso para conseguir apoio a um ataque ao Iraque, o correspondente do *Democracy Now!*, Jeremy Scahill, relatou como os Estados Unidos haviam ajudado a sustentar Saddam Hussein numa época em que ele usava armas químicas ativamente. "Cinco anos antes do agora infame ataque a gás contra os curdos em 1988, ocorreu um encontro-chave em Bagdá que teve um papel fundamental no estreitamento dos laços entre Saddam Hussein e Washington", reportou Scahill. "Isso aconteceu numa época em que Saddam fora acusado de usar armas químicas. O encontro no final de dezembro de 1983 preparou o caminho para uma restauração oficial das relações entre o Iraque e os Estados Unidos."[12]

Foi o enviado de Reagan ao Oriente Médio, Donald Rumsfeld, quem viajou a Bagdá "com uma carta escrita à mão para o presidente do Iraque, Saddam Hussein, e uma mensagem sobre a disposição de Washington de a qualquer momento retomar as relações diplomáticas". Apenas 12 dias depois do encontro, em 1º de janeiro de 1984, o *Washington Post* noticiou que os Estados Unidos, "numa virada política, haviam informado amistosamente às nações do Golfo Pérsico que uma derrota do Iraque na guerra de três anos contra o Irã seria 'contrária aos interesses americanos', e por isso tinham efetuado várias gestões para evitar esse resultado."[13]

Rumsfeld voltou a Bagdá em março de 1984 para encontros com o então ministro do Exterior Tariq Aziz. Na visita de Rumsfeld no dia 24 de março de 1984, a UPI reportou: "Uma equipe de especialistas da ONU concluiu que o gás de mostarda misturado com um agente que afeta o sistema nervoso foi usado contra os soldados iranianos nos 43 meses da Guerra do Golfo, entre o Irã e o Iraque... Enquanto isso, em Bagdá, o enviado da Presidência americana, Donald Rumsfeld, mantinha conversações com o ministro do Exterior Tariq Aziz... antes de deixar o país para um local não especificado."[14] O Departamento de Estado dos EUA também concluíra que o Iraque estava usando armas químicas em um relatório de 5 de março de 1984.

Em 2003, Rumsfeld citou o uso de gás venenoso por parte do Iraque como uma razão para atacar o país. Mas, em 1984, ele nem comentava os ataques com gás. De acordo com uma reportagem do *New York Times* em Bagdá, de 29 de março de 1984, "diplomatas americanos mostram-se satisfeitos com as relações entre o Iraque e os Estados Unidos e sugerem que os laços diplomáticos foram praticamente restabelecidos".

Em novembro de 1984, as relações diplomáticas entre o Iraque e os Estados Unidos foram completamente restabelecidas.

No dia 27 de agosto de 2002, questionei o porta-voz do Pentágono, o tenente-coronel David Lapan, sobre o encontro de Rumsfeld com Saddam em 1983. "Ao que sei, naquela ocasião Rumsfeld estava na Síria", afirmou Lapan. "Não há qualquer evidência de que ele tenha se encontrado com os iraquianos."

"Não", corrigi Lapan. "Ele foi ao Iraque e isso foi amplamente noticiado... Ele se encontrou com Saddam Hussein, e depois disso o governo Reagan-Bush normalizou as relações com o Iraque e... permitiu a venda de mercadorias ao Iraque."

Lapan então recuou. "Eu não estou muito a par desse aspecto dos acontecimentos", disse ele.[15]

Um mês depois, tornou-se impossível negar a história quando a CNN confrontou Rumsfeld com a fita de vídeo mostrando seu afetuoso, e agora famoso, aperto de mãos com Saddam, em dezembro de 1983. Envergonhado, Rumsfeld atacou: "Onde vocês conseguiram essa fita? Na televisão iraquiana?" Enquanto mostravam a fita, Rumsfeld comentava: "Não é interessante? Lá estou eu".[16]

O repórter da CNN, Jamie McIntyre, pressionou então Rumsfeld para saber se Washington ajudara Saddam com o programa de armas químicas. "Eu não tinha conhecimento do assunto. Não tenho conhecimento hoje", disse Rumsfeld. Ele acrescentou que "era muito infeliz o assunto vir à baila simplesmente por causa de alguns artigos que alguém escreveu. Não posso acreditar que isso fosse verdade, e certamente não tive absolutamente nada a ver com isso".

Mas era verdade e continuou sendo verdade desde os anos Reagan-Bush até a véspera da Guerra do Golfo do presidente Bush, em 1991.

Rumsfeld facilitou o livre comércio do Iraque com as empresas americanas. Como o *Los Angeles Times* informou, o governo americano aprovou a venda de "um valor colossal de US$ 1,5 bilhão" de alta tecnologia para o Iraque entre 1985 e 1990. Havia grande evidência de que o equipamento tinha aplicações militares.[17]

Em 1984, pouco depois do encontro de Rumsfeld com Saddam, o Departamento de Estado — em nome da "crescente penetração americana no mercado extremamente competitivo de aeronaves civis" — levou a cabo a venda de 45 helicópteros Bell 214ST ao Iraque. Os helicópteros, avaliados em US$ 200 milhões, foram desenhados originalmente com propósitos militares. Mais tarde, o *New York Times* reportou que Saddam "transferiu muitos, se não todos [esses helicópteros], para as suas Forças Armadas".[18]

O que se seguiu a esse livre comércio extremamente letal foi pouco surpreendente. Em 1988, as forças de Saddam atacaram civis curdos na cidade de Halabja, ao norte, com gases venenosos provenientes dos helicópteros e aviões iraquianos. O *Los Angeles Times* reportou que as fontes de Inteligência americanas "achavam que os helicópteros fabricados nos EUA estavam entre aquelas bombas letais". Ao todo, estima-se que cerca de cinco mil pessoas morreram nos ataques em Halabja.*

Em resposta ao ataque a gás, o Senado dos EUA aprovou por unanimidade sanções radicais que teriam negado ao Iraque acesso à maior parte da tecnologia americana. A medida foi abolida pela Casa Branca de Reagan-Bush. O motivo? Havia muito dinheiro a ser ganho no Iraque.

Em dezembro de 1988, com as sepulturas em Halabja ainda recentes, a Dow Chemical vendeu para o Iraque o equivalente a US$ 1,5 milhão em pesticidas, apesar do receio de alguns membros do governo americano de que o produto pudesse ser usado como agente químico de guerra. Segundo o *Washington Post*, "um oficial de um banco de exportação e importação relatou num memo-

* Há algumas desavenças sobre se o ataque a gás em Halabja, em 1988, foi feito por Saddam Hussein contra os curdos ou por soldados iranianos lutando na região. A terceira possibilidade levantada pelos analistas da CIA é de que o Iraque foi o responsável pelo ataque, mas que seu alvo eram os soldados iranianos.

rando que ele 'não tinha motivos' para interromper a venda, apesar da evidência de que os pesticidas eram 'extremamente tóxicos' para os seres humanos e poderiam causar a morte 'por asfixia'".[19]

O ex-senador Bob Dole estava especialmente ansioso para bailar com o ditador. Descrito pelo *Washington Monthly* como o "embaixador da boa vontade" de George Bush I junto a Saddam Hussein, Dole foi designado para a tarefa de reverter as sanções contra o Iraque. Em 1989, menos de um ano após os ataques a gás em Halabja, Dole viajou ao Iraque para se encontrar com Saddam Hussein, junto com os senadores Howard Metzenbaum, Frank Murkowski, Jim McClure e Alan Simpson. Dole declarou que o ditador era "um homem inteligente" e insistiu que havia grande "potencial para aperfeiçoar nossas relações".[20] O que ele não disse foi que as garantias de empréstimo dos EUA aprovadas pelo presidente Bush haviam feito do Iraque um dos maiores importadores mundiais de arroz, milho e trigo americanos — alguns dos quais eram cultivados no estado natal de Dole, o Kansas.[21]

Como um congressista observou a respeito da política do governo americano em relação ao Iraque, "A atitude deles é 'negócios *über alles*'".[22]

Essa lógica também ajuda a explicar por que os Estados Unidos foram hipócritas com o inimigo mortal do Iraque, o Irã. Em 1986, os Estados Unidos venderam ilegalmente US$ 30 milhões em armas para o Irã. A Casa Branca de Reagan-Bush foi forçada a revelar que usou o dinheiro da venda das armas ao Irã para financiar ilegalmente os contras da Nicarágua.* Esse se tornou o maior escândalo dos anos Reagan-Bush — o caso Irã/Contras.

Quando a administração de Bush deu seus motivos para a invasão do Iraque em 1991, o ataque a gás em Halabja nem sequer foi mencionado. Teria sido inconveniente, afinal de contas, reclamar de uma atrocidade que ocorreu quando os Estados Unidos davam apoio crucial ao Iraque. Mas, com a guerra do Iraque em 2003, a memória de Halabja renasceu. Como afirmaram Sheldon Rampton e John Stauber em *Weapons of Mass Deception* [Armas de engano em massa], Halabja foi mencionada em artigos de jornal apenas 20 vezes em 1989, contra 145 em março de 2003.[23] Quinze anos depois do ocorrido, os Estados Unidos se sentiram ultrajados.

---

* Guerrilheiros anti-sandinistas recrutados entre os membros da antiga Guarda Nacional da Nicarágua. (N. T.)

Depois da invasão do Iraque, uma nova era bumerangue foi inaugurada. O Iraque fervilha enquanto as companhias americanas dividem os espólios da guerra e as tropas americanas vasculham o país prendendo e atirando em civis — ainda que por temor ou devido a agressões. Um veterinário de Bagdá, encarcerado com seu filho de 16 anos por 66 dias, se enfureceu: "Quando os americanos vieram para Bagdá eu estava contente, mas não quero falar sobre meus sentimentos em relação a eles agora."[24]

"Muitos iraquianos disseram que não gostavam de Saddam Hussein", relatou Robert Fisk, do jornal londrino *Independent*. "Mas eles estão convencidos de que os americanos devem deixar o país e estão começando a realmente odiá-los."

A máquina mortífera do Iraque: *made in USA*

UMA PIADA andou circulando durante a invasão do Iraque:

"O Iraque tem armas de destruição em massa!", grita o secretário de Defesa dos EUA, Donald Rumsfeld, para quem quiser ouvir.

"Como você sabe?", pergunta um observador cético.

"Porque eu tenho os recibos!"

No dia 18 de dezembro de 2002, o *Democracy Now!* foi um dos primeiros programas de mídia alternativa dos EUA a revelar de onde vieram esses recibos. Entrevistamos Andreas Zumach, correspondente do jornal alemão *Die Tageszeitung* junto à ONU em Genebra. Zumach conseguira partes do relatório do Iraque para a Organização das Nações Unidas, detalhando seus programas de armas. O que Zumach possuía era um item de colecionador: ele tinha parte do relatório iraquiano de 12 mil páginas que os Estados Unidos haviam preparado.

Você pode pensar que os Estados Unidos julgavam que esse material era perigoso porque poderia ser mal utilizado por terroristas. Tente novamente: o material era perigoso porque, se ele se tornasse conhecido, estaria expondo a cumplicidade corporativa e oficial dos EUA em armar o Iraque, o que poderia amortecer o entusiasmo global pela guerra.

As partes do relatório da ONU censuradas pelos Estados Unidos identificavam pelo menos 24 empresas americanas que ajudaram o Iraque a construir seus programas de armas e foguetes pré-Guerra do Golfo. A lista inclui:

Bechtel (convencional)

DuPont (nuclear)

Eastman Kodak (foguete)

Hewlett-Packard (nuclear, foguete, convencional)

Honeywell (foguete, convencional)

International Computer Systems (nuclear, foguete, convencional)

Rockwell (convencional)

Sperry Corp. (foguete, convencional)

Tektronix (foguete, nuclear)

Unisys (nuclear, convencional)

O *Die Tageszeitung* também noticiou que o Departamento de Energia dos Estados Unidos entregou partes não-físseis essenciais ao programa de armas nucleares de Bagdá na década de 1980. Os governos Reagan e Bush I também autorizaram a venda de agentes químicos e biológicos letais para o Iraque, incluindo antraz e peste bubônica.[25]

Como essa informação tão crucial ficou faltando?

Em dezembro de 2002, a presidência rotativa do Conselho de Segurança da ONU coube à Colômbia. Os 12 integrantes do Conselho de Segurança concordaram, no dia 6 de dezembro, em fornecer cópias do relatório completo a todos os membros do conselho, com exceção de uma seção que continha informações sobre como construir uma bomba atômica.

Mas o secretário de Estado dos EUA, Colin Powell, persuadiu secretamente o embaixador colombiano na ONU a fornecer a cópia original do relatório do Iraque apenas aos Estados Unidos. Então, quando o relatório do Iraque chegou à ONU, no dia 8 de dezembro, o embaixador colombiano, na condição de presidente do Conselho de Segurança, ordenou com obediência que ele fosse imediata e exclusivamente entregue aos diplomatas dos EUA. Os funcionários do governo dos EUA levaram então o relatório para Washington, onde o mantiveram por 26 horas. O motivo oficial para isso: havia copiadoras bem melhores em Washington.[26]

Quando os membros do Conselho de Segurança finalmente receberam suas cópias, o enorme documento havia sido reduzido a meras 3.500 páginas.

O que havia nas outras 8.500 páginas? Informações embaraçosas para as companhias dos EUA e o governo Bush.

O resultado: os membros não-permanentes do Conselho de Segurança da ONU — e o público — receberam apenas a versão saneada dos programas de armas do Iraque. O documento censurado não fazia qualquer menção à cumplicidade dos EUA em armar Saddam Hussein.

Isso é liberdade no estilo de Bush: liberdade para saber o que eles querem que se saiba.

Colin Powell rejeitou o relatório iraquiano como um "catálogo de informações recicladas e omissões flagrantes". Por que, então, ele estava tão decidido a impedir todo mundo, inclusive os inspetores de armas da ONU, de descobrir a verdade por si mesmos?

O secretário-geral da ONU, Kofi Annan, declarou que foi um infortúnio os Estados Unidos terem se apoderado do relatório. Hans von Sponeck, ex-subsecretário-geral da ONU e coordenador de ajuda humanitária da organização no Iraque até 2000, acusou: "Essa é uma tentativa ultrajante de dissimulação dos EUA."[27]

Vocês devem estar pensando que a matéria investigativa de Andreas Zumach seria uma grande notícia aqui, certo? Errado. "Esse conhecimento sobre a nossa responsabilidade ou co-responsabilidade pelo problema agora chamado Saddam Hussein foi suprimido, exterminado de nossa memória", afirma Zumach. "Os grandes jornais [nos Estados Unidos] não estavam interessados nisso de maneira nenhuma. Os jornais europeus, ingleses, escandinavos, franceses, italianos, japoneses, brasileiros estavam todos ao telefone comigo pedindo informações e fazendo grandes matérias. Havia silêncio neste lado do Atlântico."[28]

As guerras de Bush

O REGIME DE BUSH explorou vergonhosamente o 11 de Setembro. O evento reacendeu tudo o que Washington adorava na Guerra Fria. Substitua "lutando contra o comunismo" por "lutando contra o terrorismo" e você terá a justificativa para muitos dos itens da lista de objetivos da administração de Bush. Desde a redução dos impostos para os ricos até a exploração de petróleo no Refúgio Nacional de Vida Selvagem do Ártico, da fracassada "guerra contras as drogas" à guerra no mundo — é tudo parte da tentativa de manter a América a salvo dos terroristas.

O projeto para o que vem acontecendo desde o 11 de Setembro foi delineado anos antes pelo Project for the New American Century [PNAC — Projeto para o Novo Século Americano], um conselho de consultores formado em 1997 para "promover a liderança global americana". Seus fundadores são as figuras mais importantes do movimento neoconservador que domina o funcionalismo da administração de Bush II: o secretário de Defesa Donald Rumsfeld, o vice-presidente Dick Cheney, o chefe de gabinete de Cheney, L. Scooter Libby, o subsecretário de Defesa Paul Wolfowitz, o integrante do Conselho de Política de Defesa Richard Perle e o membro da equipe do Conselho de Segurança Nacional (condenado por mentira) Elliot Abrams,* entre outros.

Os membros do PNAC tinham uma reputação em Washington, explicou Ray McGovern, um ex-analista da CIA com 27 anos de experiência. McGovern observou o seguinte: "Quando vimos essas pessoas voltando à cidade, todos nós dissemos: 'Oh, meu Deus, os loucos estão de volta.'" McGovern disse que seus esquemas geopolíticos iam sempre "direto para a lata de lixo".[29]

Em setembro de 2000, o PNAC divulgou um relatório que convocava os Estados Unidos para dominarem as riquezas globais e, portanto, o mundo. A chave para a realização desse projeto seria "algum evento catastrófico e catalisador — como um novo Pearl Harbor".[30]

Como o repórter investigativo John Pilger escreveu: "[O PNAC] recomendou um aumento no gasto com armas de US$ 48 bilhões, de forma que

* Elliot Abrams se confessou culpado de duas acusações de reter informações do Congresso, em 1991. O presidente George Bush perdoou Abrams na noite de Natal de 1992, juntamente com o secretário de Defesa de Reagan-Bush, Caspar Weinberger, e o conselheiro da Segurança Nacional, Robert McFarlane.

Washington pudesse 'combater e vencer em múltiplas e simultâneas guerras'. Isso aconteceu. O projeto dizia que os Estados Unidos deveriam desenvolver armas nucleares poderosas e fazer do projeto 'guerra nas estrelas' uma prioridade nacional. Isso está acontecendo. Dizia ainda que, no acaso de Bush tomar o poder, o Iraque deveria ser um alvo. E eis que ele é."[31]

As armas de destruição em massa e o próprio Iraque foram meros pretextos para grandes esquemas. Segundo o PNAC: "Enquanto o conflito ainda não resolvido com o Iraque proporciona a justificativa imediata, a necessidade da presença substancial das forças americanas no Golfo transcende a questão do regime de Saddam Hussein."[32]

E então, na manhã de 12 de setembro de 2001, Donald Rumsfeld reagiu aos ataques ao World Trade Center e ao Pentágono declarando ao gabinete de Bush que os Estados Unidos deveriam atacar imediatamente o Iraque.[33] Não importava naquele momento, nem depois, que o Iraque não tivesse qualquer conexão com a Al-Qaeda ou com os ataques do 11 de Setembro. Os neoconservadores, chateados com o fato de que possuíamos apenas as bombas de gasolina e não o petróleo, estavam se coçando para dominar o mundo. Os fatos poderiam ser ajustados para se encaixarem no projeto deles.

Enquanto isso, a equipe de Bush via o 11 de Setembro como um potencial benefício para seus camaradas. Tudo de que se precisava era um plano — e o projeto do PNAC estava convenientemente disponível. A conselheira de Segurança Nacional, Condoleezza Rice, pediu à equipe do Conselho de Segurança Nacional "que pensasse em 'como capitalizar essas oportunidades'". Ela comparou a situação ao período de "1945 a 1947", início da Guerra Fria.

O grupo de Bush estava ansioso para responder ao chamado. "Desde o 11 de Setembro", relata Pilger, "os Estados Unidos estabeleceram bases nos acessos a todas as grandes fontes de combustíveis fósseis, especialmente na Ásia Central. A empresa de petróleo Unocal está para construir um oleoduto cruzando o Afeganistão. Bush jogou no lixo o Protocolo de Quioto sobre a emissão de gases poluentes, as cláusulas referentes a crimes de guerra do Tribunal Penal Internacional (TPI) e o tratado sobre mísseis antibalísticos". E isso é só o início. "O regime de Bush está desenvolvendo novas armas de destruição em massa que solapam tratados internacionais sobre guerras biológicas e químicas."[34]

Os ataques terroristas foram tão úteis para a agenda dos neoconservadores que os falcões têm a intenção de provocar outros. Como William Arkin escreveu no *Los Angeles Times*, "a Comissão de Ciência do Departamento de Defesa de Rumsfeld recomendou, em 2002, a criação de um supersecreto "Grupo de Operações Pró-Ativas e Preventivas (P2OG)" [Proactive, Preemptive Operations Group] para unir a CIA e as ações militares secretas, as informações sobre a guerra, a inteligência, cobertura e fraude. Entre outras coisas, esse corpo realizaria operações secretas com o objetivo de 'simular reações' entre terroristas e governos que possuam armas de destruição em massa — isso, por exemplo, estimularia grupos terroristas a agirem e se exporem a ataques de 'respostas rápidas' das forças americanas. Tais táticas iriam... 'sinalizar aos governos que os abrigam que sua soberania está em risco'".[35]

Cerca de quatro mil civis afegãos e mais de 9.600 civis iraquianos foram mortos na busca desse delírio da hegemonia militar global. Mas o plano de guerra em todo o mundo é muito mais ambicioso. Como o general Wesley Clark observa em seu livro *Winning Modern Wars: Iraq, Terrorism, and the American Empire* [Vencendo as guerras modernas: Iraque, terrorismo e o império americano], ele foi informado em particular por um colega de alta patente do Pentágono de que a guerra ao terror era parte de "um plano de campanha de cinco anos contra um total de sete países, começando com o Iraque, e depois Síria, Líbano, Líbia, Irã, Somália e Sudão". Clark, ex-comandante supremo das Forças Aliadas da OTAN, relatou: "Eu deixei o Pentágono naquela tarde profundamente preocupado."

Do outro lado do Atlântico, Michael Meacher, ministro do Meio Ambiente de Tony Blair de maio de 1997 a junho de 2003, escreveu no jornal inglês *The Guardian* que o relatório do PNAC é "um projeto dos EUA para a dominação mundial". O 11 de Setembro foi a desculpa perfeita para transformar o projeto em realidade, segundo Meacher. Mas com que finalidade?

"A motivação prioritária... é o fato de que os Estados Unidos e o Reino Unido estão começando a ficar sem fontes seguras de abastecimento de energia hidrocarbônica. Por volta de 2010, o mundo muçulmano terá o controle de cerca de 60% da produção de petróleo mundial e, o que é ainda mais importante, 95% da capacidade de exportação do petróleo global restante. Como a demanda está crescendo, a oferta está diminuindo, continuamente, desde os anos 60."

A "guerra global contra o terrorismo", conclui Meacher, "tem a chancela de um mito político propagado a fim de preparar o caminho para um objetivo completamente diferente — a meta dos EUA de hegemonia mundial, construída em torno da tomada à força do comando do fornecimento de petróleo, necessária para a realização do projeto inteiro".[36]

EUA! EUA!... EUA?

ALGUNS DIAS depois de as Torres Gêmeas desabarem, o presidente Bush foi ao local da tragédia. Observei quando uma torcida arrepiante se formou em torno dele: "E-U-A! E-U-A!", cantava a multidão em uníssono. Entre os que organizaram essa propaganda política no local — um momento determinante na presidência de Bush — estava Jim Wilkinson, que tanto fez que veio a se tornar o homem da mídia no Catar, criando a história de Jessica Lynch. Ele foi então nomeado o czar das comunicações da Convenção Nacional Republicana de 2004.[37]

Não acho que se unir em torno da bandeira seja a resposta para o que aconteceu no 11 de Setembro. A resposta é uma comunidade global unida contra o terror, determinada a exterminá-lo onde quer que se manifeste — inclusive na Casa Branca e no Pentágono.

A resposta são instituições como o Tribunal Penal Internacional, onde as pessoas que cometem crimes contra a humanidade podem ser julgadas. Mas qual é a força primária que se opõe a esse tribunal? Os Estados Unidos. O presidente Clinton, relutante, esperou até o último momento para assinar o tratado, reconhecendo assim a autoridade do TPI. Então, veio Bush e "desassinou" o tratado. Em meados de 2003, Bush pressionou o Conselho de Segurança da ONU para aprovar a resolução que isentaria os oficiais e soldados dos EUA de serem passíveis de punição da mesma maneira que outros ao redor do mundo. E o governo de Bush pressionou países, sob a ameaça de perderem a ajuda dos EUA, a assinarem acordos bilaterais que os proibiriam de formalizar acusações contra cidadãos americanos ante um tribunal internacional.

É claro que acho que Osama bin Laden e seus cúmplices devem ser julgados pelo que aconteceu no 11 de Setembro. Mas, quando olhamos para onde corpos se amontoaram em todo o mundo — do Chile e da Argentina ao Camboja, Vietnã, Laos e Timor Leste —, acho que Henry Kissinger também deveria ser julgado por crimes contra a humanidade.

Se quisermos ter alguma esperança de acabar com o terror e interromper o ciclo do bumerangue, precisamos ter um padrão universal de justiça.

2

OLIGARQUIA DO PETRÓLEO

Relação dos personagens da oligarquia do petróleo

George Bush, presidente: falido homem do petróleo.

Dick Cheney, vice-presidente: ex-presidente da Halliburton, a maior companhia de serviços petrolíferos do mundo.

Condoleezza Rice, conselheira de Segurança Nacional: integrante do quadro de diretores da Chevron por uma década. Teve um petroleiro batizado com o seu nome.

Spencer Abraham, secretário de Energia: foi o candidato cuja campanha recebeu mais contribuições da indústria automotiva. Cumpriu um mandato como senador por Michigan.

Don Evans, secretário de Comércio: foi diretor-geral e presidente da Tom Brown Inc., companhia bilionária de petróleo e gás.

Gale Norton, secretária do Interior: foi advogada da Delta Petroleum.

Andrew Card, chefe de gabinete da Casa Branca: foi o principal lobista da General Motors.

Oligarquia, *s. f.*, um pequeno grupo de pessoas que, juntas, governam uma nação ou controlam uma organização, geralmente segundo seus próprios interesses.[1]

Oligarquia do petróleo (OILYgarchy), *s. f.*, um punhado de sujeitos da indústria petrolífera que tomam conta da liderança política de uma nação, e então controlam suas Forças Armadas para atacar e ocupar uma vasta região produtora de petróleo, enriquecendo generosamente e garantindo o controle perpétuo do petróleo mundial. Para sobreviverem, as oligarquias do petróleo requerem normalmente a supressão das liberdades civis, descrevem o auto-enriquecimento como uma tarefa patriótica e contam com a cooperação de uma imprensa conivente.

À venda: *um país fértil e rico, com uma população de cerca de 25 milhões de habitantes... mais cerca de 150 mil soldados estrangeiros e um punhado de marionetes. Condições de venda: o comprador deve ser uma corporação americana ou inglesa (pode esquecer se você for francês)... de preferência afiliada à Halliburton. Por favor, contate um dos membros do Conselho Governamental em Bagdá, no Iraque, para mais informações.*[2]

Foi assim que a "garota blogueira" — uma iraquiana que coordena um site de Bagdá — compreendeu a verdade amarga da aventura americana pós-11 de Setembro. Como o Afeganistão, o Iraque foi certamente "liberado" — está sendo cedido e leiloado para corporações americanas, grandes e pequenas. Mas não quaisquer corporações — e sim aquelas que têm os mais fortes laços com o governo Bush.

O frenesi devorador começou na manhã do 11 de Setembro. Enquanto meus vizinhos e colegas de trabalho estavam chocados com os destroços do World Trade Center, uma sorte inesperada aguardava um grupo poderoso reunido no Ritz Carlton Hotel, em Washington. O reservado Carlyle Group realizava sua conferência anual com investidores. A empresa de investimento privado, que ganhou o nome do hotel almofadinha de Manhattan, onde o grupo foi formado em 1987, tem tentáculos tanto na elite do poder em Washington quanto na classe dominante saudita. O ex-presidente George H. W. Bush, que na época era conselheiro sênior do Carlyle, estava na cidade para os encontros.

Ele estava acompanhado de um elenco de personagens que tivera lugar cativo nos regimes Bush ao longo dos anos.

Quem também estava presente era o antigo secretário de Defesa de Reagan, Frank Carlucci, que na época era diretor do Carlyle Group. James Baker III, secretário de Estado do governo de Bush I — mais conhecido como o orquestrador do roubo da eleição de Bush filho em 2000 —, também estava lá na condição de conselheiro sênior. Mas não era apenas o círculo íntimo de Bush que se reunia naquele dia. Eles também estavam com um homem de nome Shafiq bin Laden, irmão de Osama bin Laden. Não era a primeira vez que um bin Laden trabalhava com a elite do poder em Washington, e esse Bin Laden em particular era um amigo de longa data e benfeitor do clã de Bush. Bush I deixou o encontro cedo, mas o resto do grupo estava apenas terminando o café da manhã quando a conspiração do irmão de Shafiq culminou na colisão dos aviões com o World Trade Center e o Pentágono.

Uma estranha coincidência? Não, era um encontro de negócios como os de sempre para os Bush, cuja fortuna familiar vem sendo ampliada pelo dinheiro do petróleo saudita há décadas. Isso ajuda a explicar por que, quando os Estados Unidos retiveram todos os aviões em terra naquele dia terrível, uma exceção foi feita: altos funcionários da Casa Branca autorizaram aviões a levar 140 sauditas, inclusive duas dúzias de membros da família Bin Laden, de 10 cidades americanas, de volta à Arábia Saudita. Dale Watson, ex-chefe do contraterrorismo do FBI, admitiu na *Vanity Fair* que os sauditas que deixaram o país "não estavam sujeitos a entrevistas sérias ou interrogatórios".[3]

Tom Kinton, diretor de aviação do Aeroporto de Logan, em Boston, ficou incrédulo, de acordo com a *Vanity Fair*. Com o aeroporto ainda fechado e hesitante por causa dos ataques do 11 de Setembro, Kinton recebeu a ordem de permitir que os Bin Laden voassem. "Nós estávamos no meio do pior ato terrorista da história e aqui víamos uma evacuação dos Bin Ladens!", exclamou ele. "As autoridades federais sabiam que isso estava sendo feito. E nós fomos alertados a deixar que acontecesse."[4]

Virginia Buckingham, então chefe da Autoridade Portuária de Massachusetts, que supervisiona o Aeroporto de Logan, ficou igualmente chocada. "O FBI sabe?", escreveu ela a respeito da ordem de permitir o embarque de 14 membros da família Bin Laden num avião privado em Logan. "O Departamento de Estado sabe? Por que eles estão deixando essas pessoas partirem?

Eles os interrogaram? Isso foi ridículo."[5] Até mesmo um avião que carregava um coração para ser transplantado em um doente à beira da morte em Seattle foi obrigado a aterrissar, colocando em risco a vida do paciente.[6] Mas o caminho livre para os Bin Laden foi misteriosamente aprovado — sem perguntas.

Em relação às atitudes da administração de Bush, o senador Charles Schumer acusou, em setembro de 2003: "Esse é apenas outro exemplo de que o nosso país mima os sauditas e dá a eles privilégios especiais que outros nunca receberiam."[7]

Essa foi a fatídica conclusão que o chefe do contraterrorismo do FBI, John O'Neill, esboçou. Todos os seus esforços para investigar as relações dos sauditas com o terror foram impedidos pela administração de Bush. "Os principais obstáculos à investigação do terrorismo islâmico eram os interesses das corporações de petróleo dos EUA e o papel desempenhado pela Arábia Saudita nisso tudo", disse ele. O'Neill, que dirigiu as investigações do FBI sobre os bombardeios na embaixada africana em 1998 e o bombardeio do USS *Cole** em 2000, disse que as agências de Inteligência foram avisadas para recuar nas investigações que envolvessem outros membros da família Bin Laden, os nobres sauditas e possíveis ligações sauditas com a aquisição de armas nucleares pelo Paquistão.[8]

O'Neill finalmente deixou o FBI com desgosto, em julho de 2001, e conseguiu um emprego como diretor de segurança no World Trade Center. Acabou morrendo no ataque às torres. Quinze entre os 19 seqüestradores no 11 de Setembro eram da Arábia Saudita.

Sobre as ligações dos sauditas com o terror, concluiu Schumer: "É quase como se não quiséssemos descobrir que ligações existiam."[9]

Não é de admirar. Para a família Bush, a prioridade sempre foi tomar conta dos negócios — e dos seus amigos bilionários. Esses amigos sempre retribuíram o favor tomando conta com muita dedicação dos Bush. George W. Bush fez seu primeiro milhão de dólares há 20 anos com a Arbusto Energy (*bush*, em inglês, significa arbusto), uma empresa parcialmente financiada por Salem, o irmão mais velho de Osama bin Laden.[10]

Quando George W. Bush precisou de um emprego em 1990, ele procurou justamente o Carlyle Group, onde encontrou um cargo bem-remunerado no

* Navio de guerra americano que foi bombardeado no porto de Aden (Iêmen) em outubro de 2000. (N. T.)

quadro da subsidiária Caterair, uma companhia de fornecimento de alimentos para empresas aéreas. Como governador do Texas em 2000, Bush tirou o chapéu para seu antigo tíquete refeição (e a empresa de seu pai) quando o fundo de pensão dos professores do Texas investiu US$ 100 milhões no Carlyle Group.[11] E depois da encenação de Bush levando seu avião de combate para pousar no porta-aviões USS *Abraham Lincoln*, em 1º de maio de 2003, onde ficou de pé sob uma faixa de "Mission Accomplished" [Missão Cumprida], ele viajou para terra firme em Santa Clara, na Califórnia, para outra propaganda política. Dessa vez, ele se colocou sob uma faixa das United Defense Industries [Indústrias de Defesa Unidas], exibindo um fabricante de armas do Carlyle Group.

Embora Bush estivesse prestando tributo a um antigo financiador, nem todo mundo no Carlyle estava contente com essa relação. Numa rara aparição pública, em 23 de abril de 2003, o fundador e diretor do Carlyle, David M. Rubenstein, tentou convencer o Fundo de Pensão dos Trabalhadores do Município de Los Angeles a não retirar seus investimentos da companhia. Num esforço para minimizar as conexões políticas entre o Carlyle e o atual governo, Rubenstein contou uma história para a associação:

"Quando estávamos formando nosso conselho, alguém veio até mim e disse: 'Olhe, há um rapaz que gostaria de fazer parte do conselho. Ele está um pouco sem sorte. Precisa de um emprego. Precisa de alguma posição. O senhor poderia colocá-lo no conselho? Pague-lhe um salário, e ele será um bom membro e um voto leal para a administração e assim por diante.'"

Rubenstein continuou: "Nós o colocamos no conselho e ele ficou conosco durante três anos. Veio a todos os encontros. Contou um monte de piadas. Algumas não muito inocentes... Eu meio que lhe disse, cerca de três anos depois: 'Você sabe, não acho que esse trabalho seja realmente para você. Talvez você possa fazer alguma outra coisa, porque não acho que esteja acrescentando muito ao conselho. Você não sabe muito sobre a companhia.' Ele disse: 'Eu acho que estou mesmo saindo desse negócio, e não gosto muito dele de qualquer maneira. Então, provavelmente vou me demitir do conselho.' E eu disse 'Obrigado.' Eu não pensei que fosse vê-lo novamente."

"Seu nome é George W. Bush. Ele se tornou presidente dos Estados Unidos. Se vocês me tivessem dito: 'Cite 25 milhões de pessoas que poderiam chegar a presidente dos Estados Unidos', ele não estaria nessa lista. Então, nunca se sabe."[12]

Enriquecendo com a matança

UM MÊS APÓS os ataques terroristas, o Carlyle Group tornou pública a sua subsidiária, a United Defense. O grupo observou em seus arquivos financeiros que "a administração de Bush publicou recentemente as chamadas da Revisão Quadrienal da Defesa para... aumentar os investimentos... para habilitar as forças militares dos EUA a agirem mais efetivamente contra ameaças emergentes".

Tradução: conseguimos o privilégio de assinar cheques do Tesouro dos EUA.

O Carlyle obteve um lucro de US$ 237 milhões nesse único dia. O velho provérbio nunca foi tão verdadeiro: não há nada como ter amigos influentes.

Afagando os sauditas

A família Bush tem mantido uma conexão longa e mutuamente lucrativa com a corrupta ditadura do petróleo saudita. O príncipe Bandar, embaixador saudita nos Estados Unidos, tem sido um convidado de honra na residência de verão de Bush I em Kennebunkport, no Maine, e no refúgio de Bush II em Crawford, no Texas (daí seu apelido, "Bandar Bush"). Bandar expressou sua gratidão a Bush I doando US$ 1 milhão para a Bush Presidential Library [Biblioteca Presidencial de Bush], no Texas. E a iniciativa de Bandar incitou o rei saudita Fahd a enviar outro milhão de dólares para a campanha de Barbara Bush contra o analfabetismo.[13]

O príncipe saudita Al-Walid contribuiu com meio milhão de "petrodólares" para ajudar a lançar o George Herbert Walker Bush Scholarship Fund na Phillips Academy [Fundo de Bolsas Escolares George Herbert Walker Bush], a *alma mater* dos dois presidentes Bush.[14] A profundidade dessas conexões se destacou quando o ex-presidente visitou os sauditas para discutir "as relações comerciais entre os EUA e a Arábia Saudita" com o príncipe coroado Abdullah, durante a campanha presidencial de seu filho, em 2000.[15]

Mas há também o problema Bin Laden. A família Bin Laden, uma importante investidora do Carlyle, levantou milhões de dólares na guerra contra o terror — uma guerra que tem como vilão principal um membro de sua própria família. Os Bin Laden acabaram saindo do Carlyle Group no final de outubro de 2001, mas eles não eram o único problema para os Bush. Veio à tona também que a esposa do príncipe Bandar, a princesa Haifa, fizera doações que talvez tenham ajudado a financiar dois dos seqüestradores do 11 de Setembro.

Seria razoável pensar que investigadores dos EUA tivessem grande interesse em destrinchar todas essas possíveis relações dos sauditas com o terror. Mas, em meados de 2003, o governo Bush reteve 28 das 800 páginas do relatório final da comissão congressional sobre o 11 de Setembro, em que se relatava o papel da Arábia Saudita nos ataques.

O presidente Bush justificou essa atitude dizendo que a revelação do conteúdo das páginas que faltavam "mostraria às pessoas como nós recolhemos informações e de quem estamos recolhendo essas informações, o que... seria prejudicial para a guerra contra o terror".

Ou seria prejudicial justamente para a família de Bush e seus amigos? Como Julian Borger escreveu no *The Guardian*: "A razão pela qual as páginas sobre a relação entre os sauditas e os seqüestradores (15 entre os 19 eram cidadãos sauditas) foram anuladas, enquanto os laços questionáveis entre a Al-Qaeda, o Iraque e o Irã foram levados à ONU, é uma história antiga, mas crucial." A conexão Estados Unidos-Arábia Saudita "é a mútua dependência entre dois *junkies* ricos, sugando um ao outro cada vez mais. Os EUA são viciados em petróleo barato e não mostram qualquer inclinação em se curar desse vício. A burocracia de Washington está atracada ao dinheiro fácil que Riad oferece no mundo das consultorias e dos consultores quando eles se aposentam. Por outro lado, a família real saudita tem seus próprios vícios. Ela depende da indústria de armas americana, de quem é o maior cliente estrangeiro".[16]

Então é assim que funciona a guerra contra o terrorismo: se você é suspeito de ter ligações com um grupo "antiamericano", é enviado para uma cela na baía de Guantánamo, em Cuba. Mas se os seus protetores patrocinam terroristas e seu pai está arrecadando milhões em honorários para se encontrar com um governo repressor que tem laços questionáveis com grupos de terror, seus camaradas ganham um passe livre fora do país e você é instalado no Salão Oval da Casa Branca.

Iraque à venda

Durante séculos, o saque por parte dos exércitos invasores fazia parte do procedimento normal de guerra... Hoje em dia, ao menos em países mais civilizados, não permitimos que o exército use a violência para conseguir presas de guerra. Nós deixamos o saque para os homens de terno, e não chamamos mais isso de saque. Chamamos de desenvolvimento econômico.

— BRIAN WHITAKER, *THE GUARDIAN*[17]

EM SETEMBRO DE 2003, a pilhagem do Iraque foi elevada à condição de política oficial do governo Bush.

ESTADOS UNIDOS COLOCAM IRAQUE À VENDA, clama a manchete do jornal inglês *The Independent*.

O *New York Times* fez o habitual rodeio do governo: IRAQUE OFERECE LEIS PARA ESTIMULAR INVESTIMENTOS DO EXTERIOR.

Os artigos anunciaram que os Estados Unidos haviam decidido privatizar e vender setores inteiros da economia do Iraque, desde as telecomunicações até os negócios bancários. Corporações estrangeiras poderiam comprar 100% das companhias iraquianas e expatriar todo o lucro.

Isso sim é privatização e globalização. Adivinhem quem o presidente Bush indicou para supervisionar essa devoração frenética do Iraque? Seu grande amigo, o banqueiro Tom Foley, um dos maiores levantadores de fundos do Partido Republicano, diretor de finanças da campanha de Bush de 2000 em Connecticut e antigo colega de Bush na Faculdade de Administração de Harvard.

Pairando sobre todos esses negócios está o salvador da família Bush, James A. Baker III, a quem Bush II recorreu em dezembro de 2003 para renegociar a dívida externa iraquiana, mas que é largamente visto como o verdadeiro secretário de Estado para o Iraque.

Baker é um advogado especialista em assuntos políticos que trabalhou no governo de Bush I como chefe de gabinete da Casa Branca, secretário do Tesouro e secretário de Estado. A família Bush convoca-o em tempos de necessidades políticas: ele dirigiu a campanha presidencial de Bush I e foi o escolhido pelo presidente George W. Bush para acompanhar de perto a recontagem dos votos eleitorais em 2000 na Flórida.

Além de ser consultor sênior do Carlyle Group, Baker é um dos sócios da firma de advocacia Baker Botts, que defende o governo saudita numa ação judicial impetrada pelas famílias das vítimas dos ataques do 11 de Setembro. Baker está encarregado de convencer outros governos a perdoarem a dívida externa de US$ 120 bilhões do Iraque — algo de grande interesse para a Arábia Saudita, cliente da Baker Botts, país ao qual o Iraque deve US$ 27 bilhões.

Com Baker trabalhando para a Casa Branca, as negociatas serão levadas a novos e surpreendentes patamares. Como o repórter investigativo da BBC, Greg Palast, disse no *Democracy Now!*: "Você tem o advogado do credor sendo encarregado pelo presidente da nação conquistadora de garantir que os amigos dele, os sauditas, e os clientes da Baker, os sauditas, recebam seu dinheiro."[18]

Com a reconstrução do Iraque estimada num valor entre US$ 100 e US$ 500 bilhões (quando você tiver lido essa informação, os números serão certamente bem maiores, mas não vamos nos preocupar com a ninharia de alguns bilhões de dólares), os tubarões vêem o sangue na água. E o circundam, famintos.

O administrador da campanha de Bush-Cheney nas eleições de 2000 também entrou nessa de cabeça: deixou seu emprego de diretor da Agência Federal de Gerenciamento de Emergências algumas semanas antes de começar a guerra do Iraque. Joe Allbaugh reapareceu como diretor de uma firma de lobby com escritórios em Bagdá. Allbaugh associou-se a Ed Rogers, um antigo auxiliar de Bush I, para inaugurar a New Bridge Strategies, "uma firma de lobby que conecta os negócios ocidentais com os corretores americanos e iraquianos que supervisionam a reconstrução", como reportou Michael Scherer na revista *Mother Jones*.[19] Allbaugh disse: "É benéfico para os clientes que eu saiba quem são os atores e sei quem são aqueles que tomam as decisões."

Sem brincadeira.

A segunda fase da guerra do Iraque — o saque camarada — começou a funcionar algumas semanas após a invasão. Lanny Griffith, subsecretário de Educação no governo de Bush I, é um dos diretores da New Bridge Strategies. Clayton Yeutter, secretário da Agricultura de Bush I, trabalha para a firma de lobby Hogan & Hartson, à procura de oportunidades de novos negócios agrícolas no Iraque.

Democratas proeminentes também estão se aproveitando. O ex-senador George Mitchell e o ex-secretário de Defesa de Clinton, William Cohen, eram alguns dos que tentavam agir.[20] Eles se associaram ao ex-líder dos republicanos no Congresso, Dick Armey, para liderar uma "força-tarefa do Iraque" numa poderosa firma de lobby de Washington, a Piper Rudnick.

Mas o que é bom para os colegas capitalistas de Washington não se tem mostrado muito bom para o Iraque. Tomemos o exemplo do serviço de telefonia celular. Nos meses que se seguiram à invasão, os iraquianos ficaram sem celular. Logo depois que o bombardeio terminou, o serviço voltou a funcionar, graças a alguns homens de negócios da Batelco, uma companhia de celular com sede em Bahrain, que calcularam como montar rapidamente uma rede compatível com os países vizinhos. Parece exatamente o tipo de solução empresarial que a administração de Bush adora.

A Coalition Provisional Authority [CPA — Autoridade Provisória da Coalizão] fechou prontamente a rede de telefonia e ordenou que a Batelco desmontasse suas torres de celulares. O crime? Esses empreendedores árabes estavam fornecendo um serviço muito importante sem enriquecer nenhuma companhia americana. O nome adequado da CPA iria resolver isso. Um mês depois, a CPA concedeu o contrato de telefonia celular estimado em US$ 40 milhões à MCI, a antiga e falida WorldCom. A WorldCom está sendo indiciada por ter cometido a maior fraude contábil da história. Em agosto de 2003, a Administração de Serviços Gerais tirou da MCI o direito de competir por novos contratos governamentais.[21] Mas, no Iraque sem lei, a MCI/WorldCom está em casa.

Em algumas semanas, os únicos telefones celulares que funcionavam no Iraque eram aqueles pertencentes à CPA, e nem mesmo esses funcionavam muito bem.[22] Nada disso deveria ser uma surpresa, já que a MCI não tinha nenhuma experiência em construir redes de celular. Ela é conhecida, na verdade, por dirigir o maior banco de dados do mundo — mais especificamente o que é utilizado pelo Pentágono.

A Autoridade Provisória da Coalizão logo abriu licitação para um contrato de US$ 200 milhões, a fim de erigir torres de celulares em todo o país. A CPA autorizou os licitantes a usar uma tecnologia sem fio conhecida como CDMA, que foi desenvolvida pela QUALCOMM, uma companhia da Califórnia.

O problema é que o resto do Oriente Médio usa uma tecnologia diferente, conhecida como GSM. Mas a QUALCOMM tem no deputado republicano Darrell Issa, da Califórnia, um poderoso aliado, que declarou que "qualquer doação de tecnologia aos iraquianos também beneficiaria o povo americano e a economia americana".[23]

Issa, um antigo vendedor de alarmes de carro, tem um histórico famoso de comprar e vender governos. Ele gastou US$ 1,7 milhão de seu próprio bolso para financiar a convocação para o plebiscito que comprou o governo da Califórnia para seu camarada republicano Arnold Schwarzenegger (que gastou US$ 10 milhões de seu próprio bolso) em outubro de 2003.

Finalmente, a CPA concedeu contratos de telefonia celular em outubro de 2003 a companhias cujos acionistas eram altos funcionários do Congresso Nacional do Iraque, apoiado pelo Pentágono, e para uma companhia que incluía, entre seus acionistas, Terry Sullivan, um oficial americano que saiu da CPA em junho em busca de negócios.[24]

Oito meses depois do fim do bombardeio, milhões de dólares haviam sido gastos com generosos acordos de telefonia celular, mas o Iraque continuava sem redes de telefonia funcionando.

E o vencedor é...

A INVASÃO DO IRAQUE certamente não foi o começo do reembolso para os íntimos de Washington, os partidários de Bush e antigos funcionários da administração. Como o Carlyle Group, essas pessoas estavam envolvidas no planejamento e na exploração bem antes de os primeiros tanques terem rolado pelo rio Tigre.

O Conselho de Política de Defesa, um grupo de aconselhamento interno do Pentágono, fez coro no apoio à invasão, com seus membros aparecendo regularmente na televisão para se justificar. E quem poderia culpá-los? Eles agiram para ter bastante lucro com a guerra: membros do Conselho de Política de Defesa, incluindo Newt Gingrich, Ken Adelman (que prometeu que a guerra seria um "trabalho fácil"), Richard Perle, Dan Quayle e o vice-presidente sênior da Bechtel, o general Jack Sheehan. Como o Centro pela Integridade Pública relatou, nove dos 30 membros do Conselho de Política de Defesa mantêm laços com companhias que ganharam mais de US$ 76 bilhões em contratos de defesa em 2002.[25]

Não me entendam mal: distribuir os espólios da guerra tem sido difícil. Há tantos grandes doadores para as campanhas democrata e republicana que é difícil saber quem reembolsar primeiro (embora o reembolso favoreça as empresas que foram mais generosas com os republicanos, trata-se de uma pilhagem bipartidária — 60% das companhias que ganharam os contratos têm laços com políticos do Partido Republicano ou do Partido Democrata). O governo Bush está dando o melhor de si para assegurar que todos os seus amigos bem-relacionados ganhem uma suculenta fatia do bolo iraquiano.

O Centro pela Integridade Pública reportou que até outubro de 2003 "mais de 70 companhias e pessoas físicas americanas haviam ganho um valor acima de US$ 8 bilhões em contratos para trabalho no Iraque e no Afeganistão do pós-guerra ao longo dos últimos dois anos. ... Essas companhias doaram mais dinheiro para a campanha presidencial de George W. Bush — um pouco mais de US$ 500 mil — do que para qualquer político nos últimos 12 anos".[26]

Eis uma lista seletiva do proveito que as companhias tiraram da miséria do Iraque, destacando suas contribuições de campanha, abusos do passado, relações camaradas e aumento do valor das ações (algumas delas são companhias sustentadas pela iniciativa privada que não têm ações).[27]

UM VENCEDOR!

Science Applications International Corporation (SAIC)

Contribuições de campanha, 1990-2002: US$ 4,7 milhões

Valor total do contrato no Iraque e no Afeganistão, 2002-2003:
US$ 38 milhões[28]

Preço da ação: iniciativa privada

Com US$ 5,9 bilhões em rendimentos (2002) e 40 mil empregados, a SAIC é a maior companhia de pesquisa e engenharia do país de propriedade dos funcionários. Seu maior cliente é o governo dos EUA, que é responsável por 69% de seus negócios.[29]

Em 2003, essa enorme empresa da área de defesa, mais conhecida por seus programas para as Forças Especiais, fechou um acordo de US$ 38 milhões para dirigir a Iraq Media Network [IMN — Rede de Mídia do Iraque], que era responsável por reconstruir a mídia de massa iraquiana. O contrato supervisionado pelo Departamento de Operações Psicológicas do Pentágono é "considerado o mais ambicioso e custoso programa de mídia estrangeiro jamais empreendido pelo governo dos EUA".[30] A SAIC empregou o ex-diretor do Voice of America

[A Voz da América], Robert Reilly, para dirigir a rede. As credenciais conservadoras de Reilly haviam sido afiadas na década de 1980, quando ele dirigiu a operação de informação da Casa Branca no apoio aos Contras da Nicarágua.

Reilly se demitiu depois de apenas seis meses, quando os funcionários da IMN saíram em protesto pela falta de fundos e pela irrelevância da rede. Os melhores funcionários da IMN estavam recebendo US$ 120 por mês e ganhando ajuda de custo apenas para o vestuário acima da cintura (ou seja, o que aparece na transmissão).[31] Os "consultores" da SAIC no projeto estavam recebendo mais de US$ 273 por hora.[32]

Em 1995, a SAIC pagou uma multa de US$ 2,5 milhões por fraudar a Força Aérea num contrato de monitores de cabine de aviões de caça.

Na Venezuela, em janeiro de 2003, a SAIC supostamente participou da organização da greve contra o presidente Hugo Chavez, que quase paralisou o país. Segundo o ministro de Energia venezuelano, a SAIC se negou a oferecer ao governo venezuelano as informações necessárias para manter as refinarias de petróleo abertas, já que administradores de companhias petrolíferas participavam da tentativa de derrubar o governo Chavez.

Relações camaradas

- David Kay, o antigo inspetor de armas da ONU que foi contratado pela CIA em 2003 para procurar armas de destruição em massa no Iraque, foi vice-presidente da SAIC até 2002.

- Almirante Bobby Inman, membro do quadro da SAIC de 1982 a 2003, já foi subdiretor da CIA e diretor da Agência de Segurança Nacional.

- Christopher "Ryan" Henry foi o vice-presidente para avaliação e pelo desenvolvimento estratégicos da SAIC até fevereiro de 2003, quando deixou a corporação para se tornar assistente do subsecretário de Defesa para política.

- General W. A. Downing (Exército dos EUA, reformado), membro do quadro da SAIC, fez lobby para o Congresso Nacional do Iraque e seu líder, Ahmed Chalabi, apoiado pela CIA. Downing também integrou o conselho do Comitê pela Libertação do Iraque, junto com o diretor da

Bechtel e ex-secretário de Estado George Shultz (para mais informações sobre o CLI, ver o Capítulo 15, "Tudo vira uma bagunça com Sally Jessy"). De outubro de 2001 a julho de 2002, Downing foi vice-diretor assistente das iniciativas contraterroristas internacionais no Conselho de Segurança Nacional.

- William Owens, um ex-presidente da SAIC, serve no Conselho de Política de Defesa de Bush.

UM VENCEDOR!

Fluor Corporation

Contribuições de campanha, 1990-2002: US$ 3,6 milhões

Porcentagem para os republicanos, 1999-2002: 57%

Valor total do contrato no Iraque e no Afeganistão, 2002-2003: US$ 500 milhões

Preço da ação, antes da invasão do Iraque (13/02/03): US$ 27,18

Preço da ação, alta pós-invasão (14/10/03): US$ 40,82

Mudança no valor da ação: +50%

Empresa internacional de engenharia e construção, a Fluor Corporation foi um dos seis sortudos empreendedores americanos convidados pela Agência para o Desenvolvimento Internacional dos EUA para a licitação do contrato de reconstrução total do Iraque. A Fluor fechou três contratos no Iraque "para executar com rapidez serviços de construção e design de acordo com as necessidades em qualquer lugar" para o Comando Central das Forças Armadas dos EUA.[33] Cada contrato poderia valer mais de US$ 500 milhões. Hoje, a Fluor está reparando a infra-estrutura elétrica nas regiões central e sudeste do Iraque.

Em 2003, os sul-africanos entraram com uma ação judicial multibilionária contra a Fluor, acusando-a de exploração de trabalhadores negros na época do *apartheid*.

Em maio de 2001, a Fluor pagou US$ 8,5 milhões num acordo judicial em que era acusada de falsas alegações de gastos de milhões de dólares em contratos de defesa. Em junho de 1997, a Fluor pagou US$ 8,4 milhões num acordo judicial em que era acusada de violar o False Claims Act [Lei de Falsas Alegações], incluindo uma asserção de que a Fluor "buscou um reembolso do governo para uma festinha dos funcionários".[34]

Relações camaradas

- Philip J. Carroll Jr., ex-diretor-geral e presidente da Fluor Corporation e ex-executivo da Shell Oil Company, está supervisionando a reconstrução da indústria de petróleo do Iraque. Carroll recebe mais de US$ 1 milhão em benefícios de aposentadoria e bonificações da Fluor, que estão ligados ao desempenho da companhia. Além disso, possui ações estimadas em mais de US$ 34 milhões.[35] Mas não é preciso se preocupar, Carroll insiste: "Vou ficar completamente distante de qualquer consideração do processo de licitação, do processo de avaliação, ou mesmo da administração e da arbitragem de coisas associadas a qualquer uma dessas companhias nas quais tenho interesse financeiro. ... Não terei absolutamente nada a ver com isso."[36]

- Almirante Bobby Inman, ex-vice-diretor da CIA, é um dos membros do conselho da Fluor. Ele também faz parte dos conselhos da SAIC e da companhia de petróleo Temple-Inland.

- Kenneth Oscar, vice-presidente de estratégia e serviços do governo na Fluor, era subsecretário do Exército antes de se juntar à Fluor em abril de 2002. Oscar negociou a obtenção do orçamento de US$ 35 bilhões por ano do Exército.[37]

UM VENCEDOR!

DynCorp

Contribuições de campanha, 1990-2002: US$ 1,2 milhão

Porcentagem para os republicanos, 1999-2002: 75%

Valor total do contrato no Iraque e no Afeganistão, 2002-2003: US$ 50,1 milhões

Preço da ação (Computer Sciences Corporation), antes da invasão do Iraque (13/03/03): US$ 28,15

Preço da ação, alta pós-invasão (04/09/03): US$ 44,95

Mudança no valor da ação: +60%

Subsidiária da Computer Sciences Corporation, a DynCorp está no negócio global de "aluguel de *tiras*" — e "aluguel de exércitos". A companhia ganhou um contrato de US$ 50 milhões para treinar a polícia e a equipe de segurança do Iraque. No final, o contrato poderia ser avaliado em meio bilhão de dólares. Em 2002, a companhia gastou US$ 1,1 milhão para fazer lobby junto a funcionários do governo em questões relacionadas à defesa e à privatização no governo.

Em 2000, dois funcionários da DynCorp montaram uma quadrilha que explorava sexualmente menores na Bósnia, onde estavam para cumprir um contrato com os EUA. Os empregados da DynCorp que revelaram esse crime foram demitidos. Mais tarde, processaram a companhia, que teve de pagar uma indenização de US$ 200 mil a um denunciante e fazer um acordo extrajudicial com outro. Embora os funcionários da DynCorp envolvidos no escândalo sexual tenham sido demitidos, nenhum deles teve de enfrentar processos criminais.[38] Entre numerosas alegações de fraude envolvendo a companhia, a Computer Sciences Corporation pagou uma multa de US$ 2,1 milhões para afiançar uma acusação em 1993 por ter feito afirmações falsas e enganosas e de superfaturamento num grande contrato da EPA.

Relações camaradas

- Van Honeycutt, presidente/diretor-executivo da Computer Sciences Corporation, preside o National Security Telecommunications Advisory Committee (NSTAC) [Comitê Consultivo de Telecomunicações de Segurança Nacional] do presidente Bush, sob os cuidados do Departamento de Segurança Interior.
- Ronald L. Dick, diretor de segurança de informações e iniciativas estratégicas da DynCorp, foi diretor do Centro de Proteção de Infra-Estrutura Nacional do FBI, parte da divisão de contraterrorismo da agência.

- Hayward D. Fisk, vice-presidente, conselheiro-geral e secretário, serviu em conselhos consultivos da Comissão Federal de Comunicações.

UM VENCEDOR!

Vinnell Corporation

Contribuições de campanha, 1990-2002: US$ 8,5 milhões

Porcentagem para os republicanos (para a companhia Northrop Grumman), 1999-2002: 76%

Valor total do contrato no Iraque e no Afeganistão, 2002-2003: US$ 48 milhões

Preço da ação, antes da invasão do Iraque (11/03/03): US$ 79

Preço da ação, alta pós-invasão (21/08/03): US$ 97,11

Mudança no valor da ação: +23%

A Vinnell Corporation, uma subsidiária da Northrop Grumman, é outra importante companhia global de "aluguel de *tiras*". A Vinnell ganhou um contrato de US$ 48 milhões para treinar o novo Exército iraquiano. Entre os seus subcontratados no Iraque estão a SAIC e a Military Professional Resources Incorporated.

O cliente mais conhecido da Vinnell é a Arábia Saudita, que desde 1970 vem empregando a companhia americana para treinar sua Guarda Nacional. A revista *Jane's Defence Weekly* descreveu a Vinnell como "um tipo de Guarda Pretoriana para a Casa de Saud, o último recurso de defesa da família real contra a oposição interna".[39] A fúria contra o regime saudita também tem sido dirigida à Vinnell. Um ataque a um complexo da Vinnell em 1995 matou cinco americanos e dois indianos. Em maio de 2003, um carro-bomba triplo matou 34 pessoas, incluindo 10 empregados da Vinnell, num conjunto residencial usado pela empresa na Arábia Saudita.

Você poderia pensar que o bombardeio de uma grande corporação americana despertaria o clamor público e pedidos de vingança. Mas esse foi um caso especial: a mídia corporativa reportou muito pouco sobre o fato de que a

Vinnell fora atacada. Assim como quase não foram mencionadas as relações diretas da companhia com a CIA e com outras agências de Inteligência, nem que seu contrato na Arábia Saudita é controlado pelo Exército dos EUA.

A Vinnell forneceu ao regime saudita algo em torno de 750 funcionários aposentados das Forças Armadas e da Inteligência para treinar a Guarda Nacional da Arábia Saudita, uma força militar de 55 mil homens cujo dever maior é proteger a monarquia de seu próprio povo, utilizando armas fornecidas pelos EUA.[40]

Como Bill Hartung escreveu na revista *The Progressive* depois da explosão do carro-bomba em 1995: "O presidente Clinton tentou pintar o bombardeio como apenas outro ato terrorista sem sentido efetuado por extremistas islâmicos armados... O bombardeio de novembro foi brutal, mas foi longe de ter sido sem sentido. Um oficial aposentado das Forças Armadas, familiarizado com as operações da Vinnell, disse: 'Não acho que foi por acaso que aquele escritório foi bombardeado. Se você quisesse fazer uma manifestação política sobre o regime saudita, você escolheria a Guarda Nacional, e se quisesse fazer uma manifestação sobre o envolvimento americano escolheria o único contratante americano envolvido no treinamento da guarda: a Vinnell.'"

No dia 14 de maio de 2003, quando a Vinnell foi atacada novamente na Arábia Saudita, fui convidada para ir à CNN. Fui avisada de que falaria sobre a guerra contra o terrorismo. Assim que o programa começou, levantei imediatamente a questão do bombardeio da Vinnell:

"Acho que vemos exatamente agora na Arábia Saudita o quão ameaçadora é a situação e acho que os EUA devem ser muito cuidadosos a respeito de suas políticas. Acho também que temos que olhar o que aconteceu na Arábia Saudita. [Foi um] ataque terrorista muito ameaçador — alguns americanos e outras pessoas foram mortos. Uma das empresas que foi alvo do ataque era basicamente um grupo executivo mercenário dos EUA chamado Vinnell Corporation, que pertence à Northrop Grumman, e que antes fazia parte do Carlyle Group, do presidente Bush I. Essa é uma organização mercenária que treina a Guarda Nacional da Arábia Saudita, que funciona apenas para sustentar o regime não-democrático do país. Os EUA deveriam estar de olho no que as suas corporações estão fazendo, lucrando com a guerra e a instabilidade."

O apresentador da CNN, Miles O'Brien, me cortou e se dirigiu ao outro convidado, Cliff May, da direitista Foundation for the Defense of Democracies

[Fundação para Defesa das Democracias], dizendo: "Vamos falar sobre a guerra contra o terrorismo só por um momento."

Não sei ao certo como O'Brien define terrorismo, mas eu pensava que estava falando sobre isso. Acrescentei: "O fato é que havia muito mais conexões entre o governo saudita e a Al-Qaeda do que jamais foi provado que houvesse entre Saddam Hussein e a Al-Qaeda."

O'Brien já ouvira o suficiente. "Falar sobre os sauditas realmente não foi o que começamos a fazer aqui. Por isso, vamos deixar esse assunto de lado."

Relações camaradas

- Vic Fazio, um ex-congressista democrata que presidiu o Democratic Caucus [Núcleo Democrático], faz parte do conselho da Northrop Grumman. Desde 1980, ele contribuiu com mais de US$ 110 mil para campanhas políticas, a maioria para candidatos democratas. Mais uma prova de que se aproveitar da guerra é um negócio bipartidário.

- Membro do conselho da Northrop Grumman, Philip A. Odeen é ex-presidente da TRW e trabalhou no gabinete do secretário de Defesa e no Conselho de Segurança Nacional. Já foi vice-presidente do Defense Science Board [Comissão de Ciência do Pentágono].

- William Studeman, vice-presidente e subgerente-geral para Inteligência e Superioridade da Informação da Northrop Grumman, foi subdiretor da CIA entre 1992 e 1995 e contribuinte da campanha de Bush.

UM VENCEDOR!

Bechtel Group

Contribuições de campanha, 1990-2002: US$ 3,3 milhões

Porcentagem para os republicanos, 1999-2002: 59%

Valor total do contrato no Iraque e no Afeganistão, 2002-2003: US$ 1 bilhão

Preço da ação: iniciativa privada

O grupo de engenharia sediado em São Francisco, que obteve mais de US$ 13 bilhões em rendimentos em 2002, recebeu mais de dois mil contratos do governo desde 1990, num valor de US$ 11,7 bilhões. Apenas seis meses depois da invasão do Iraque, o grupo Bechtel ultrapassara a marca de US$ 1 bilhão em contratos iraquianos. A companhia acumulou contratos para reconstruir usinas de energia, redes elétricas, sistemas de água e esgoto e aeroportos.[41]

A Bechtel foi uma das 24 companhias dos EUA que forneceram armas ao Iraque durante a década de 1980. Em 1976, o Departamento de Justiça dos EUA processou a companhia por participação num boicote aos negócios israelenses, liderado pela Liga Árabe. Na década de 1990, a Bechtel integrou um consórcio na Bolívia que privatizou o sistema de água. Depois que a companhia subiu o preço da água, houve muitos tumultos em sinal de protesto, e o consórcio foi retirado do projeto. A Bechtel tenta agora recuperar junto ao governo da Bolívia os US$ 25 milhões que perdeu no projeto.

Relações camaradas

A Bechtel é intimamente ligada ao esquema republicano:

- O secretário de Estado de Reagan e Bush, George Schultz, foi presidente da Bechtel e é membro do atual conselho da empresa.
- O secretário de Defesa de Reagan e Bush, Caspar Weinberger, foi conselheiro geral da Bechtel.
- O secretário de Energia de Reagan e Bush, W. Kenneth Davis, foi vice-presidente da Bechtel.
- O general Jack Sheehan (Corpo de Fuzileiros Navais, reformado) entrou na Bechtel em 1998, como vice-presidente. Ele também é membro do Conselho de Política de Defesa do Pentágono.
- Andrew Natsios, administrador da USAID [Agência dos Estados Unidos para o Desenvolvimento Internacional] de Bush II, responsável pela supervisão das licitações para contratos do pós-guerra, já foi secretário de administração em Massachusetts, onde supervisionou o projeto de construção do túnel Big Dig, em Boston, que teve a Bechtel como empreendedor principal Atualmente, o Big Dig está US$ 1,6 bilhão acima do orçamento previsto.

UM VENCEDOR!

The Washington Group International

Contribuições de campanha, 1990-2002: US$ 1,2 milhão

Porcentagem para os republicanos, 1999-2002: 67%

Valor total do contrato no Iraque e no Afeganistão, 2002-2003: US$ 500 milhões

Preço da ação, antes da invasão do Iraque (05/03/03): US$ 15,26

Preço da ação, aumento pós-invasão (04/12/03): US$ 34,33

Mudança no valor da ação: +124%

A companhia internacional de engenharia e construção Washington Group International emergiu da falência ao fechar um contrato para restaurar a eletricidade, reconstruir estradas e destruir armas e infra-estrutura bélica no Iraque e no Afeganistão. O contrato sem duração determinada para fornecer suporte ao Comando Central dos EUA vale, no mínimo, US$ 500 mil e pode chegar a mais de US$ 500 milhões com o passar do tempo.

Em 2000, a WGI dobrou de tamanho quando adquiriu a Divisão de Engenharia e Construção da Raytheon. A Securities and Exchange Comission [Comissão de Valores Mobiliários] vinha investigando como a Raytheon manipulava os seus livros-caixa. Depois da aquisição da WGI, a comissão deixou de lado a investigação. A compra da Raytheon levou a WGI à bancarrota, de onde ela saiu em 2002. Em fevereiro de 2003, a Raytheon pagou ao governo US$ 4 milhões num acordo sobre acusações de falso faturamento no seu programa de treinamento de jato.[42]

A WGI gastou US$ 1,5 milhão em lobby com defesa e outras questões em 2001 e 2002.

Relações camaradas

A liderança da WGI mostra que há uma porta giratória entre os grandes contratantes de defesa, o que ajuda a explicar por que a maioria deles faz subcontratos entre si. O Centro pela Integridade Pública relata o seguinte:

- O vice-presidente-executivo da WGI, George H. Juetten, foi vice-presidente e principal executivo de finanças da Dresser Industries, uma subsidiária da Halliburton.
- O vice-presidente-executivo sênior, Steve Johnson, entrou na WGI depois de quase 27 anos trabalhando para a Fluor.
- Gary Baughman, presidente da unidade de negócios do Washington Group's Industrial Process, passou 14 anos trabalhando para a Fluor Corporation.[43]

Camarada-chefe

NUM GOVERNO em que foi estabelecido o compromisso de enriquecimento dos colegas bilionários, um capitalista camarada supera todos os outros: o vice-presidente Dick Cheney.

Cheney, secretário de Defesa no governo de Bush I, passou anos no anonimato como diretor-executivo da Halliburton, uma das maiores empreendedoras de defesa e de serviços petrolíferos do mundo. Em setembro de 2003, Cheney declarou com audácia no programa *Meet the Press*: "Não tenho nem nunca tive nenhum tipo de interesse financeiro na Halliburton."[44]

A afirmação de Cheney era falsa. A Halliburton lhe pagará aproximadamente US$ 165 mil por ano de indenização até 2005, sem falar em seus mais de US$ 400 mil em ações. Tudo isso constitui um claro interesse financeiro, segundo o Serviço de Pesquisa Congressional [Congressional Research Service].

Para Cheney, os US$ 60 milhões em salário que ele recebeu da Halliburton entre 1995 e 2000 eram mera compensação por suas longas horas no escritório.[45] Quando o candidato a vice-presidente Joe Lieberman observou durante o debate entre ambos em 2000 que Cheney se dera muito bem na Halliburton, Cheney replicou: "Posso lhe dizer, Joe, que o governo não teve nada a ver com isso."

Ah, jura? Como a colunista Molly Ivins afirma: "O Sr. Cheney conduziu a Halliburton ao topo do ranking de prosperidade das corporações, beneficiando-se de quase US$ 2 bilhões em empréstimos assegurados do U. S. Export-Import Bank e da Overseas Private Investment Corporation. O Sr. Cheney também se especializou em conseguir contratos governamentais para a companhia. Durante seus cinco anos como diretor-executivo, a Halliburton conseguiu US$ 2,3 bilhões em contratos, comparados ao valor de US$ 1,2 bilhão nos cinco anos anteriores à sua participação."[46]

A Halliburton, fez contribuições de campanha no valor de US$ 708.770 entre 1999 e 2002 — 95% para os republicanos — e vem colhendo um ótimo retorno por seus investimentos.[47]

Como o protetor de Bush, Ken Lay, da Enron, Cheney se mostrou melhor em retirar dinheiro público do que em arrecadá-lo. Sob sua supervisão, a Halliburton obteve um lucro de US$ 234 milhões num período de quatro anos, gerando mais de uma dúzia de processos jurídicos por "irregularidade contábil"[48] — um eufemismo para mentir e roubar. Mas, se déssemos nomes aos bois, você poderia gritar para que pessoas como Cheney fossem presas como qualquer outro ladrão.

Talvez eu seja um pouco antiquada, mas tenho um problema com mentiras sobre US$ 234 milhões. Vocês se lembram do escândalo Whitewater? Foi aquele em que os republicanos gastaram US$ 60 milhões investigando um verdadeiro escândalo imobiliário em que os Clinton perderam US$ 46 mil. Os jornais e os "gênios" de direita ainda estão se empenhando nisso.

Onde está o ultraje quando isso acontece com o camarada-chefe de Bush?

O Iraque tem sido o voraz banco pessoal de Cheney desde que ele comandou o Pentágono durante a Guerra do Golfo, em 1991. Depois dessa guerra, Cheney designou a Brown & Root, uma subsidiária da Halliburton, para estudar a terceirização militar — a prática de pagar empresas privadas para fazer trabalhos previamente feitos pelos militares. Em seguida, o Pentágono escolheu a Brown & Root para implementar o plano de terceirização que ela mesma fizera. Mais tarde, a Halliburton contratou — quem mais? — Dick Cheney para dirigir os negócios e abrir o canal por onde escorreria o dinheiro público.

A idéia de terceirização de Cheney foi uma sorte inesperada para a Halliburton e para outras empresas privadas. Estima-se que um terço dos US$ 4 bilhões gastos mensalmente com a ocupação do Iraque esteja indo para empreendedores privados.[49]

Não que o vice-presidente não tenha escrúpulos. Apenas pergunte a ele. Depois da Guerra do Golfo, em 1991, Cheney criticou aqueles que pretendessem lucrar com negócios com o ditador iraquiano. E, mais tarde, ele disse a Sam Donaldson: "Eu tinha uma política firme de que não faria nada no Iraque."

Infelizmente, essa política era tão firme quanto uma mancha de óleo na água. Com Cheney, a Halliburton "teve participação em duas firmas que assinaram contratos para vender mais de US$ 73 milhões em equipamentos de produção de petróleo e peças sobressalentes para o Iraque", revelou o *Washington Post*.[50]

Mesmo com sua sorte inesperada no Iraque, a Halliburton quase foi à falência em 2001 por causa de suas práticas contábeis fraudulentas e por causa da aquisição insensata por parte de Cheney da Dresser Industries, que estava sobrecarregada de dívidas relativas ao uso de amianto.[51] Mas assim que Dick Cheney pegou a chave do cofre como vice-presidente, o socorro chegou. A "guerra ao terror" tem sido uma fábrica de dinheiro para a Halliburton, que rapidamente se tornou o maior contratante isolado do governo no Iraque.[52]

Eis a marca colossal da Halliburton: mais de US$ 5 bilhões em contratos do governo dos EUA durante a guerra do Iraque, até janeiro de 2004.

E isso é só o começo. A Halliburton está para conseguir centenas de milhões de dólares num contrato sem licitação com a Corporação de Engenheiros do Exército dos EUA, a fim de recuperar os poços de petróleo do Iraque. Em março de 2003, a Halliburton conseguiu um contrato exclusivo para apagar incêndios nos poços de petróleo iraquianos. Valor do contrato: mais de US$ 7 bilhões.[53]

Dois anos antes, a Halliburton assegurara um acordo de 10 anos sem precedentes no Pentágono, conhecido como o Logistics Civil Augmentation Program (LOGCAP) — um contrato que enviará a Kellogg, Brown & Root para qualquer lugar do mundo, a fim de coordenar operações militares lucrativas. Valor até hoje: cerca de US$ 830 milhões.[54]

A recompensa da Halliburton tem sido tão grande que, em agosto de 2003, até o grupo Bechtel — ele mesmo muito eficiente em lucrar com a guerra — retirou-se de uma licitação de projetos de petróleo no Iraque avaliados em US$ 1 bilhão, reclamando que a Halliburton conseguira um pistolão.[55]

Esse pistolão aumentou enormemente a fortuna da Halliburton. A companhia conseguiu um lucro de US$ 26 milhões no segundo trimestre de 2003, valor que contrasta com a *perda de US$ 498 milhões* no mesmo período do ano anterior. De meados de 2002 a meados de 2003, enquanto o mercado de ações afundava, o valor das ações da Halliburton subiu cerca de 50%.

A administração de Bush garantiu que a Halliburton e seus pares pudessem saquear o Iraque impunemente. Em maio de 2003, o presidente Bush assinou uma ordem executiva que fornece às companhias de petróleo — e *apenas* às companhias de petróleo — imunidade sem precedentes contra as disputas contratuais ou processos jurídicos resultantes de discriminação, desrespeito às leis trabalhistas, desastres ambientais e violações dos direitos humanos.

"Em termos de responsabilidade legal", diz Tom Devine, diretor jurídico do Government Accountability Project, "a ordem executiva extingue o conceito de responsabilidade corporativa e abandona as regras da lei. É um cheque em branco para a anarquia corporativa, potencialmente roubando dos iraquianos tanto seus direitos quanto suas riquezas."[56]

Isso tudo ainda não foi suficiente para o gigantesco fornecimento de petróleo do Texas. Em dezembro de 2003, uma auditoria do Pentágono revelou que a Kellogg, Brown & Root, subsidiária da Halliburton, pode ter cobrado ao Exército US$ 61 milhões a mais pela gasolina que estava provendo ao Iraque. Na mesma semana em que foi revelado que a velha empresa de Cheney estava passando a perna nos contribuintes americanos, o presidente Bush anunciou que nenhum contrato iraquiano iria para a França, a Rússia, o Canadá, a Alemanha ou qualquer outro país que se opôs à invasão do Iraque — assegurando assim que os colaboradores políticos de Bush pudessem continuar monopolizando os negócios iraquianos.

Defendendo a sua decisão de manter o Iraque como uma reserva exclusiva das corporações multinacionais dos EUA, Bush explicou por que o vencedor tem direito aos espólios da guerra. "É muito simples", disse ele. "Nosso povo arriscou sua vida... e portanto o contrato vai refletir isso, que é o que os contribuintes americanos esperam."[57]

O índice de Cheney

- Renda de Cheney na Halliburton em 2000: US$ 36.086.635
- Número de ações da Halliburton que Cheney ainda possui: 433.333
- Tamanho do seu pacote de aposentadoria (sem incluir as opções de ações): US$ 20 milhões
- Aumento dos contratos governamentais enquanto Cheney comandava a Halliburton: 91%
- Tamanho mínimo da "irregularidade contábil" que ocorreu enquanto Cheney era diretor-executivo: US$ 234 milhões
- Número de "patrocinadores oficiais do terror" (estabelecidos pelos EUA) com que a Halliburton fechou contratos: três, entre sete (Irã, Iraque e Líbia)
- Número de páginas dos documentos do Plano de Energia que Cheney se recusou a dar aos investigadores congressistas: 13.500
- Quantia que o setor de energia deu aos candidatos republicanos para as eleições de 2000: US$ 50 milhões
- Número de corporações de energia identificadas que ajudaram a Força-Tarefa de Energia de Cheney a formatar a política de energia nacional: 30

Fontes: Center for Responsive Politics, Center for Public Integrity, MoveOn.org, Departamento de Estado dos EUA.

3

PERFURANDO E MATANDO: A DITADURA DO PETRÓLEO DA NIGÉRIA E DA CHEVRON

Nós vemos as outras companhias mais como colaboradoras do que como adversárias... Não competimos tanto entre nós quanto com a Terra. E talvez essa seja uma maneira saudável de encarar os fatos.
— GEORGE KIRKLAND, DIRETOR-GERAL E DIRETOR-GERENTE DA CHEVRON NIGERIA LIMITED

É muito claro que a Chevron, assim como a Shell, usa as Forças Armadas para protegerem suas atividades petrolíferas. Elas perfuram e matam.
— ORONTO DOUGLAS, ADVOGADO ESPECIALIZADO EM DIREITOS HUMANOS DA NIGÉRIA

Orgulho-me muito de minha associação com a Chevron.
— CONDOLEEZZA RICE, CONSELHEIRA DE SEGURANÇA NACIONAL

Apenas uma pessoa do círculo íntimo de Bush pode reivindicar a honra de ter um petroleiro de 136 mil toneladas batizado com seu próprio nome: Condoleezza Rice. Integrante do conselho de diretores da Chevron no período de 1991 a 2001, Rice recebia honorários anuais de US$ 35 mil da companhia de petróleo, além das gratificações por reuniões.[1] Em 2000, ela tinha ações da Chevron no valor de US$ 250 mil dólares.[2] Nos seus dois últimos anos no cargo, ficou encarregada do comitê de política pública do conselho, quando este rechaçou as resoluções dos acionistas, pedindo que a Chevron melhorasse sua folha de serviços relativa aos direitos humanos e ambientais em sua atividade petrolífera na Nigéria.[3]

Em 1998, tive a oportunidade de testemunhar em primeira mão a política externa da Chevron. Viajei com meu colega Jeremy Scahill para a Nigéria, o país mais populoso e o maior produtor de petróleo da África, a fim de investigar as práticas da Chevron no Delta do rio Níger, lugar rico em petróleo.

O Delta do rio Níger está em chamas. Oleodutos de gás com vazamento explodem com freqüência. Num desses muitos desastres, uma explosão em outubro de 2000 matou mais de 700 pessoas. Mas, agora, um outro fogo também queima no Delta: a fúria de milhões de pessoas mantidas em uma pobreza desesperadora e que fornecem petróleo para os países mais poderosos do mundo, enquanto elas próprias são mantidas impotentes.

As companhias de petróleo dizem constantemente que estão trabalhando para o governo nigeriano. É verdade: as companhias de petróleo trabalham para sustentar ditaduras, que, por sua vez, mantêm o petróleo escoando e o povo pacificado. Uma ditadura amparada pelos EUA é a melhor amiga de uma corporação de petróleo. O renomado escritor nigeriano Ken Saro-Wiwa viajou pelo mundo expondo as relações entre as corporações multinacionais e a junta militar de seu país. Em 1994, Saro-Wiwa veio para os Estados Unidos, onde eu o entrevistei para a WBAI com meu colega Bernard White. Ele nos disse naquela época que era um homem marcado.

Tenho vergonha de dizer que nunca tinha ouvido falar em Ken Saro-Wiwa quando ele entrou sem ser anunciado nos estúdios da WBAI. Nosso programa matinal estava com a agenda cheia, mas já que ele vinha da Nigéria dissemos que poderíamos fazer uma breve entrevista. Nossos planos mudaram assim que ele começou a falar no programa; percebemos que uma pessoa extraordinária estava entre nós. Enquanto ele falava sobre a difícil situação de seu povo, ficamos envolvidos e acabamos cancelando um convidado após outro.

Saro-Wiwa nos descreveu a paisagem em Ogoniland, sua terra na região do Delta do rio Níger. A Nigéria ganha 90% de seu comércio exterior com a venda de petróleo, mas, para isso, tem um custo humano muito elevado.[4] Oleodutos atravessam a terra, disse ele, e clarões do tamanho de edifícios iluminam o céu o tempo todo. Vivendo sob o clarão das chamas, as crianças não conhecem a noite escura. Elas respiram na poluição oriunda desses clarões, um método barato de queimar resíduos de metano, raramente permitido nos EUA. O povo não tem gás nem petróleo para si mesmo.

Quando Saro-Wiwa retornou à Nigéria, o regime militar prendeu o escritor e outros oito ativistas defensores do meio ambiente e dos direitos humanos. Os representantes da Shell monitoraram os procedimentos do tribunal de araque. Segundo o irmão de Ken, Dr. Owens Wiwa, o diretor das operações nigerianas da Shell, Brian Anderson, prometeu "libertar Ken e os outros se nós parássemos de fazer campanhas de protesto no exterior". Wiwa continuou: "Mesmo que eu quisesse, não teria o poder de controlar os protestos ambientalistas no exterior."[5]

Na Nigéria, era a Shell que tinha o poder. Ken Saro-Wiwa e seus oito compatriotas se recusaram a parar de protestar. Eles foram enforcados no dia 10 de novembro de 1995.

Depois de ouvir Ken falar, prometi a mim mesma que um dia iria à Nigéria para ver o que ele descrevia.

Em agosto de 1998, finalmente fiz essa viagem. Embora o temível ditador, o general Sani Abacha, tivesse acabado de morrer de um enfarte, a brutalidade e a paranóia da junta militar resistiam. Um novo militar, o general-de-divisão Abdulsalami Abubaker, tomara o controle do país. Enquanto isso, o presidente democraticamente eleito da Nigéria, o chefe Moshood Abiola, também acabara de morrer — como prisioneiro. Muitos nigerianos, inclusive a família de Abiola, acreditam que ele foi envenenado. Logo depois de tomar uns goles de uma xícara de chá, Abiola morreu no colo do emissário do presidente Clinton, Thomas Pickering, que, junto com Susan Rice, subsecretária de Estado para negócios africanos, fora ao país para pressioná-lo a renunciar à Presidência como condição para sua libertação.[6] Quatro meses antes, quando Abiola e o ditador Abacha ainda estavam vivos, Clinton fez uma viagem à África e disse que não iria se opor se o general Abacha concorresse à Presidência.

Clinton estava comprometido a preservar o *status quo* na Nigéria — mantendo o fluxo de petróleo e de dinheiro, não importa quão brutais fossem os meios. Os nigerianos estavam gratos por essa proteção. Dois anos antes, a ex-senadora por Illinois e candidata à Presidência em 2004, Carol Moseley Braun, voltou de uma visita a Sani Abacha com uma carta na qual o ditador desejava a Clinton "uma campanha de sucesso e uma vitória estrondosa nas eleições".[7] Em 1998, Abacha anunciou que seria o único candidato às eleições.

Jeremy e eu sabíamos que chegar à Nigéria não seria fácil. Jornalistas estrangeiros e grupos defensores dos direitos humanos já haviam tido muita dificuldade para conseguir vistos. Fomos alertados por amigos nigerianos de que entrar sorrateiramente no país não era uma opção sensata. Por isso, decidimos dizer que éramos turistas.

Passamos dias lendo sobre os parques de animais selvagens e a cultura da Nigéria antes de nos dirigirmos ao consulado em Nova York, onde seríamos "entrevistados" como parte do processo para obtenção do visto. Depois de sermos interrogados durante uma hora por homens da junta militar, alguns dos quais usavam óculos escuros dentro do edifício, ganhamos nossos vistos de turistas. "Não deixem de visitar o Norte", disse nosso principal inquisidor. "É a parte mais bonita do meu país." O comentário nos deu calafrios, já que sabíamos que Abacha era do Norte, o epicentro de poder que reprimira brutalmente o Sul do país, rico em petróleo, por tanto tempo.

Em poucas semanas, fomos levados a um país governado por um dos regimes mais viciosos da África. O avião da Air France aterrissou em Paris, onde nos preparamos para a outra parte da viagem: a chegada a Lagos. Nos aeroportos JFK e Charles de Gaulle, vimos o aviso — pendurado em tantos aeroportos ao redor do mundo — que alertava os passageiros sobre os perigos de voar para o Aeroporto Murtallah Mohammed, em Lagos. Ao sentarmos no avião, copiamos dezenas de páginas de documentos à mão em minúsculos cadernos. Alguns eram relatórios sobre direitos humanos; outros eram contatos de pessoas que precisaríamos encontrar logo. Enquanto o avião se aproximava do espaço aéreo nigeriano, Jeremy e eu nos revezávamos em idas ao banheiro para rasgar os documentos originais e jogá-los na privada.

Saímos do avião e nos demos conta de que, com a exceção de alguns poucos nigerianos, os passageiros consistiam em nós dois e em negociantes de petróleo estrangeiros. Os militares marcavam presença em todo o aeroporto. Depois de passarmos pela alfândega, sem grandes problemas, percebemos que éramos as únicas pessoas no aeroporto sem seguranças esperando para nos escoltar.

Antes de deixarmos os EUA, fizéramos contato com alguns grupos e pessoas que tinham se oferecido para nos ajudar em nossa investigação na Nigéria. Agora estávamos agindo na base da confiança. O tempo passava e não havia nenhum sinal de que alguém viria nos encontrar. Soldados começaram a se aproximar, oferecendo-se para nos "ajudar". Decidimos que o melhor a fazer era simplesmente sair do aeroporto confiantes e nos dirigirmos para o primeiro táxi, como se já tivéssemos feito isso milhares de vezes, embora nenhum de nós dois tivesse ido à Nigéria antes.

Enquanto nos aproximávamos da saída, um aglomerado de policiais e soldados ficou nos olhando, os últimos dois passageiros. Mas assim que colocamos o pé fora do aeroporto avistamos um homem caolho segurando discretamente uma cartolina onde se podia ler "Amee Godman e Jermy Shill". Mais tarde, Olu ainda nos tiraria de muitas enrascadas.

Nossa prioridade depois de deixar o aeroporto era nos livrarmos de qualquer militar que pudesse estar nos seguindo. Déramos como nosso endereço em Lagos o elegante hotel Sheraton, o ponto de encontro preferido dos bandidos do regime e dos negociantes de petróleo. É claro que não fomos a nenhum lugar perto do Sheraton naquela noite. Em vez disso, fomos para um hotel pequeno e malcuidado, onde pensamos que poderíamos descansar um pouco, antes de irmos para o Delta do rio Níger. Ironicamente, estava se realizando no hotel uma conferência local sobre a mídia. Câmeras estavam espalhadas por toda parte, e todo mundo queria uma foto dos visitantes estrangeiros. De tanto tentarmos evitar as câmeras, implorando aos jornalistas que não nos filmassem, acabamos parando no noticiário noturno — cobrindo nossos rostos.

Nessa primeira noite, fomos seguidos por homens usando capas de couro. Nunca descobrimos quem eles eram; naquele momento, não queríamos saber. Nós nos enfurnamos no quarto e esperamos que Olu aparecesse na manhã seguinte. No meio da noite, ouvimos alguém batendo na porta. Pelo olho mágico, conseguimos ver Olu e um outro homem. Removemos os móveis e abrimos a porta. Quem entrou foi Oronto Douglas, um homem que nos ensinaria muito sobre seu país.

Advogado especializado em direitos humanos que trabalhara na equipe de defesa de Saro-Wiwa, Oronto passara parte de sua vida na prisão. Quando o conhecemos, ele acabara de fundar uma organização chamada Chicoco, um movimento de resistência pandelta que procurava chamar a atenção do mundo para a condição miserável do povo do delta nigeriano. Naquela noite, coordenamos com Oronto nosso plano para chegar ao Sul.

As estradas para o Delta do rio Níger são cheias de barreiras militares. Os soldados nas barreiras servem a dois propósitos: roubar o máximo de dinheiro possível e prevenir visitantes indesejados. A situação em qualquer uma dessas paradas pode rapidamente sair de controle, apresentando perigo mortal, especialmente para os nigerianos. Acompanhar estrangeiros indesejados como nós só poderia piorar a situação para eles. Oronto e Olu, juntamente com seus colegas, se arriscaram demais nos dando assistência em nossas investigações na Nigéria. Mas eles nos diziam repetidamente que os riscos seriam maiores se as palavras não fossem levadas ao mundo.

Quando viajávamos pelo Sul, chegamos perto do clarão de uma labareda de petróleo da Shell, próximo a um pequeno povoado. Saímos do carro e começamos a fotografar o acontecimento. Quando voltávamos a Port Harcourt pela estrada, vimos uma barreira militar que não estava lá quando entramos na área mais cedo. Pensamos em voltar e procurar outra saída, mas um de nossos guias, um jornalista nigeriano chamado Rex, disse que eles poderiam atirar em nós se déssemos a volta. Então, continuamos bem devagar na estrada. O vice de Oronto, Felix, estava sentado na frente, no banco do carona. "É o mata e corre", disse ele, referindo-se à temida patrulha policial da Nigéria.

Quando chegamos à barreira, um dos soldados cuspiu no rosto de Félix e nos mandou sair do carro. Eles começaram a nos perguntar por que estávamos tirando fotos, o que fazíamos em propriedade privada. Como eles se tornavam cada vez mais agressivos, começamos a temer que matassem os nigerianos e a nós. Um dos soldados segurava um chicote de couro e berrava com nosso motorista.

Mas Rex notou uma Mercedes-Benz subindo a estrada. Ele sinalizou para o carro e conseguiu envergonhar o alto oficial em seu interior, perguntando: "Como vão ficar os EUA quando descobrirem que seus cidadãos estão sendo tratados dessa maneira?" Rex sabia que o novo ditador do país estava, naquele momento, tentando solidificar sua relação com Washington. Enquanto o oficial ponderava sobre isso, aproveitamos a oportunidade para ir embora. Nossos colegas nigerianos se recusaram a acreditar que estávamos salvos até chegarmos a Port Harcourt.

Dali, viajamos de lancha e de canoa para Ilajeland, a fim de investigarmos um caso de envolvimento corporativo na matança do povo nativo do Delta do rio Níger. O incidente envolvia a gigante companhia de petróleo dos EUA, a Chevron. A corporação facilitou um ataque pela temida Marinha nigeriana e numerosas patrulhas de polícia a um grupo de pessoas de Ilajeland que ocupara uma das áreas de perfuração da Chevron. Entre as demandas do povo: tratamento da água, eletricidade, reparações ambientais, emprego e escolaridade para os jovens.

Em maio de 1998, um grupo de aproximadamente 100 aldeões viajou de barco para o petroleiro da Chevron e disse que não sairia de lá até que pudesse negociar com o responsável pela companhia. Eles sabiam que os americanos estavam essencialmente no controle. Queriam falar com George Kirkland, o diretor da Chevron Nigeria Ltd., que é uma subsidiária da Chevron da Califórnia. A Chevron enviou um interlocutor para negociar. Os mais velhos da comunidade se encontraram com ele enquanto outros ficaram no petroleiro. Os manifestantes esperaram para saber se haveria alguma indenização pelos derramamentos de petróleo e empregos para os jovens locais. Queriam saber também se os moradores da região teriam finalmente algum retorno por parte dessas corporações que estavam extraindo a riqueza de seu país.

No dia 28 de maio, depois de ocupar o petroleiro por três dias, os aldeões julgavam estar prestes a receber uma resposta final da Chevron para suas reivindicações quando helicópteros começaram a descer. "Nós olhamos para esses helicópteros pensando... as pessoas dentro deles deveriam ter sido enviadas pela Chevron para dialogar conosco", disse um dos ativistas, conhecido como Parrere. "Eles estavam prestes a aterrissar quando ouvimos tiros e explosões de bombas de gás lacrimogêneo." No lugar de negociadores da companhia, policiais nigerianos e soldados pularam dos helicópteros da Chevron. As tropas nigerianas atiraram e mataram dois manifestantes, Jola Ogungbeje e Aroleka Irowaninu; feriram gravemente um terceiro homem, Larry Bowato; e deixaram feridos outros 30. Bowato nos disse: "Quando eles atiraram naqueles rapazes, eu corri até lá para salvá-los... foi quando atiraram em mim."

Passamos vários dias entrevistando sobreviventes e testemunhas do ataque, visitando os idosos e viajando pela comunidade ribeirinha. A área é realmente bonita — até que sejam vistos os grandes petroleiros, o ecossistema devastado, os peixes mortos e os animais estendidos na margem.

Depois de ouvir as histórias de Ilajeland, voltamos para a sede da Chevron em Lagos. Aqui, no meio da Nigéria, encontramos o que parecia ser um subúrbio americano. Havia exuberantes gramados verdes com piscinas numa perfeita comunidade protegida, como num filme. A única pista de que talvez a companhia não fosse tão bem-vinda ali era que todo o complexo era cercado por um fosso e por homens que faziam a segurança.

Uma vez negociada a nossa entrada, perguntamos ao porta-voz da Chevron, Sola Omole, sobre as mortes em Ilajeland. Especificamente, quem levou a milícia nigeriana?

Omole respondeu: "Fomos nós. Fomos nós. A Chevron levou. Nós os levamos até lá."

Como eles foram transportados?, continuamos.

"Helicópteros", respondeu Omole. "Sim, nós os levamos lá."

E quem autorizou o chamado para os militares irem lá?

"O gerente da Chevron", disse Omole.

Depois, pedimos uma posição a esse respeito por parte da sede da Chevron em São Francisco. Michael Libbey, o gerente de comunicação da companhia, nos escreveu uma carta afirmando que as declarações de Sola Omole "representam completamente os pontos de vista tanto da nossa unidade de negócios nigeriana quanto da Chevron".

O chefe de segurança da Chevron na Nigéria, James Neku, admitiu que voou com os militares no dia do ataque. Ele revelou ainda que a força de ataque naval incluiu membros da polícia — o notório "mata e corre". Como Oronto Douglas, que expusera o registro brutal do "mata e corre" em Ogoniland, os descreve: "Eles atiram sem pensar. Matam, mutilam, estupram, destroem."

O porta-voz da Chevron, Omole, admitiu que os aldeões estavam desarmados. "Eu não posso dizer que eles vieram armados", disse ele. "Houve um boato sobre feitiços nativos, mas não se sabe ao certo." Quando o pressionamos para saber se os manifestantes tinham embarcado no petroleiro com armas, a sua resposta foi não.

A Chevron afirma que, quando os helicópteros aterrissaram numa barcaça, os soldados desceram e emitiram um alerta. Já os aldeões dizem que não houve alerta; os soldados simplesmente saíram atirando. Depois do incidente, 11 ativistas foram detidos numa barcaça de carga durante horas e depois encarcerados por três semanas. Bola Oyinbo diz que, no tempo em que esteve preso, foi algemado e dependurado durante horas em um gancho num ventilador de teto por ter se recusado a assinar uma declaração escrita pelas autoridades nigerianas que afirmava que os manifestantes haviam destruído um helicóptero.

Para o povo do Delta do rio Níger, é um fato evidente que os militares nigerianos agem como uma força contratada pelas companhias de petróleo transnacionais. Mas a maioria das companhias de petróleo não quer admitir isso.' Quando interrogado sobre quem pagou os militares, o porta-voz da Chevron, Omole, disse: "Esses [soldados] estavam trabalhando para o empreiteiro; acho que você tem que perguntar isso a ele." Mas Bill Spencer, gerente de área da ETPM, a companhia que arrendou a barcaça para a Chevron, nos disse que isso não é verdade. "[As forças de segurança] não eram nossas. Elas foram pagas. Elas foram fornecidas pela Chevron, todas elas. Todas as que estavam lá."

Logo depois de nossa visita, Oronto Douglas entrou com um processo jurídico nos Estados Unidos contra a Chevron em nome das vítimas do ataque. "É muito claro que a Chevron, assim como a Shell, usa os militares para protegerem suas atividades petrolíferas", disse ele. "Eles perfuram e matam."

Os Estados Unidos compram praticamente a metade de todo o petróleo da Nigéria e têm sua própria aliança entre a corporação e o governo. Como disse Steve Lauterbach, na época porta-voz da embaixada dos EUA na Nigéria: "É a política da embaixada apoiar as companhias americanas e suas operações no exterior."

Quando voltamos aos Estados Unidos, Jeremy e eu produzimos um documentário para a rádio chamado *Drilling and Killing: Chevron and Nigeria's Oil Dictatorship* [Perfurando e matando: a ditadura do petróleo da Nigéria e da Chevron]. Em resposta, a Chevron ameaçou nos processar. Eles proibiram os repórteres da Pacifica de participar de suas coletivas de imprensa. Mas não era só a Chevron que estava prestando atenção. Inúmeros representantes do Congresso se envolveram no assunto e interrogaram funcionários da Chevron sobre os assassinatos.

Em abril de 1999, consegui participar de um encontro de acionistas da Chevron na Califórnia. Não costumo usar hábitos, mas usei, sim, a procuração das Irmãs Ursulinas de Tildonk, uma ordem de freiras belgas. Senti que era importante questionar os altos funcionários da Chevron. Levantei-me no momento das perguntas, quando é permitido que os acionistas se dirijam ao superprotegido executivo da empresa. Perguntei ao diretor-geral da Chevron, Kenneth Derr, se ele interromperia a prática da Chevron de conceder aos militares nigerianos o direito de matar manifestantes em áreas da companhia.

"Não, isso é uma pergunta ridícula", ele respondeu. E foi embora.

Para o povo do Delta do rio Níger, é uma questão de vida ou morte. Em janeiro de 1999, oito meses depois das mortes de Ilajeland, os militares nigerianos usaram um helicóptero e barcos da Chevron para atacar dois povoados no delta. Ao menos quatro pessoas foram mortas (a conta não é certa), e os povoados foram queimados por completo.[8]

Condoleezza Rice fazia parte do quadro de diretores da Chevron na época desses assassinatos. Ela deixou o cargo em janeiro de 2001 — não em protesto contra o incrível histórico de violações dos direitos humanos da sua companhia, mas para se tornar a conselheira de Segurança Nacional do presidente Bush. "Eu fico muito orgulhosa da minha associação com a Chevron", contou Rice ao canal FOXNews, "e acho que deveríamos estar muito orgulhosos do trabalho que as companhias de petróleo americanas fazem em explorações no exterior e no país, garantindo assim que tenhamos um fornecimento seguro de energia."[9]

O processo de Oronto Douglas contra a Chevron pelas mortes em Ilajeland segue lentamente pelos tribunais da Califórnia. Anos depois dos assassinatos apoiados pela Chevron, ele espera que finalmente a justiça seja feita.

A Chevron retirou o nome de Condoleezza Rice de seu petroleiro "para eliminar qualquer atenção desnecessária" depois que ela se tornou conselheira de Segurança Nacional.[10] No final de 2003, o presidente Bush colocou-a na liderança dos esforços de reconstrução do Iraque. Apoiada na ordem executiva de Bush de maio de 2003, que imuniza legalmente as companhias de petróleo com negócios no Iraque de qualquer conseqüência por abuso dos direitos humanos ou poluição do meio ambiente, Rice não tem de se preocupar com qualquer processo similar contra seus amigos da corporação trabalhando nesse país.

O povo iraquiano, por sua vez, tem muito com o que se preocupar.

4

REPRIMINDO

Primeiro, eles vieram atrás dos comunistas, mas eu não era comunista e por isso não me manifestei. Depois, vieram por causa dos socialistas e dos sindicalistas, mas eu não era nem um nem outro, e por isso não me manifestei. Então, vieram atrás dos judeus, mas eu não era judeu, e por isso não me manifestei. E quando vieram atrás de mim, não havia mais ninguém para se manifestar por mim.

— MARTIN NIEMÖLLER (1892-1984), PASTOR PROTESTANTE NA ALEMANHA NAZISTA

O RAPAZ SENTOU-SE do lado oposto ao banheiro público e manteve distância dos outros presos no Centro de Detenção da Imigração em Denver. Ele parecia estar no lugar errado. Confuso. Com medo.

Em resumo, ele parecia como muitos estrangeiros nos Estados Unidos, pego no fogo cruzado da nova guerra contra os imigrantes.

O nome do rapaz é Yashar Zendehdel. O estudante iraniano era um calouro na Universidade do Colorado em Boulder. Na primavera de 2002, ele decidiu se transferir do curso de computação para o de economia. Seu orientador acadêmico sugeriu que ele não fizesse uma matéria muito difícil do curso de computação, reduzindo temporariamente sua carga acadêmica de 14 para 10 créditos. Para mim, isso pareceu mais uma manobra comum de cursos universitários.

Mas, para o secretário de Justiça, Ashcroft, isso trazia todos os indícios do terrorismo internacional. Zendehdel foi rapidamente trancafiado.

Escolha uma das opções sobre o motivo da prisão de Yashar:

(A) assalto

(B) estupro

(C) assassinato

(D) créditos universitários insuficientes

A resposta correta? D.

Yashar Zendehdel foi um de pelo menos seis estudantes do Oriente Médio no Colorado que foram para a cadeia naquele outono por não terem cumprido 12 horas obrigatórias de crédito. Por ser um iraniano com visto de estudante, Yashar foi convocado a se registrar no Serviço de Naturalização e Imigração (INS), em dezembro de 2002, como parte de um registro especial que o governo dos EUA estava requisitando aos cidadãos de 25 países distintos.

Ele nunca poderia ter imaginado o que aconteceria em seguida. "Decidi mudar de curso depois de falar com vários instrutores vocacionais e orientadores", disse Yashar no *Democracy Now!*. "Meu orientador sugeriu que eu não fizesse uma disciplina de computação que era muito difícil. O escritório internacional me disse que existe uma lei que determina que preciso ter uma permissão da universidade para fazer menos de 12 horas de crédito. Foi o que eu fiz. No dia em que fui fazer o registro especial no INS em Denver, o agente não conhecia essa lei, e por isso me deixou em custódia e cobrou uma fiança de US$ 5 mil. E então me levou para a cadeia."

Yashar pediu ao funcionário do INS que ligasse para a sua universidade, já que ele tivera aprovação para não cursar a disciplina no primeiro semestre, mas não estava com a permissão escrita naquele momento. Yashar já retomara a carga de 12 créditos na ocasião em que esteve falando com o oficial, mas este continuou argumentando sobre o horário escolar do semestre anterior.

"Eu até disse [ao funcionário do INS] que deixaria meu cartão de crédito, minha identidade, meu passaporte — qualquer coisa de que ele precisasse — e pegaria a carta." Nada feito. Não permitiram nenhuma ligação para os funcionários da universidade, que poderiam comprovar a história de Yashar.

Em vez de virar a noite estudando, Yashar passou a noite na cadeia até que três de seus amigos pagaram a fiança. Foi uma lição que Yashar não imaginava ter de aprender nos Estados Unidos. "Mesmo se não existisse essa lei, eles não deveriam ter me enviado para a cadeia por ter feito dois créditos a menos do que o necessário."

No clima paranóico do pós-11 de Setembro, Yashar Zendehdel teve sorte. Ele tinha amigos do lado de fora e uma universidade de prestígio para virem em sua defesa. Outros imigrantes, sem tais aliados, foram simplesmente aterrorizados e sofreram abusos durante a caça às bruxas que Bush e Ashcroft lançaram. Os defensores das liberdades civis calculam que mais de cinco mil estrangeiros tenham sido submetidos a prisões preventivas desde o ataque do 11 de Setembro. Mas, segundo David Cole, professor de direito na Universidade de Georgetown e autor de *Enemy Aliens*, apenas três desses detidos foram acusados de crimes relacionados ao terrorismo: dois deles foram inocentados das acusações, e para o caso do único homem condenado por apoiar terroristas houve recurso.[1] "Centenas de pessoas foram detidas nessa busca cega por terroristas sem qualquer evidência real de terrorismo, e afinal sem pegar virtualmente nenhum terrorista de qualquer espécie", acusou Cole.[2] E, como apontaram os defensores das liberdades civis, abusar dos direitos dos imigrantes é geralmente apenas o aquecimento para um assalto completo aos direitos dos americanos.

Apenas 45 dias depois do 11 de Setembro, sem qualquer debate, George W. Bush cravou o Decreto Patriota no Congresso em pânico. Esperava-se que o decreto — seu nome é um acrônimo de Uniting and Strengthening America by Providing Appropriate Tools Required to Intercept and Obstruct Terrorism — facilitasse a repressão ao terror depois do 11 de Setembro. Antes que os senadores fossem forçados a votar a favor da lei, não foram permitidas quaisquer discussões ou alterações. Como afirma Nat Hentoff, foi o alvorecer da era "Você está conosco ou então com os terroristas". A votação do Congresso pelo Decreto Patriota foi de 96 a 1. Apenas o senador Russ Feingold, de Wisconsin, estava com os terroristas naquele dia.

Com a nação cambaleando por conta dos ataques terroristas e das cartas com antraz, a administração de Bush sugeriu que os membros que questionassem o Decreto Patriota fossem culpados por qualquer ataque terrorista futuro.[3] Ashcroft alertou o Comitê Judiciário do Senado no dia 6 de dezembro de 2001: "Para aqueles que assustam as pessoas amantes da paz com fantasmas de perda da liberdade, minha mensagem é a seguinte: suas táticas ajudam apenas os terroristas, pois elas corroem nossa unidade nacional e diminuem nossa resolução. Eles dão munição aos inimigos dos Estados Unidos e causam hesitação entre os amigos."

Com os políticos intimidados, receosos de colocar a boca no trombone, a administração de Bush embarcou numa campanha antiterror pelo mundo afora. As táticas incluem detenção preventiva, interrogação coercitiva e audiências secretas de deportação.

Não há limite para as provisões alarmantes do Decreto Patriota. Como a União Americana das Liberdades Civis explica, o Decreto Patriota:

- Expande as leis do terrorismo para incluir "terrorismo doméstico", que pode sujeitar as organizações políticas à vigilância, grampo telefônico, molestamento e ação criminal para defensores políticos.

- Expande a capacidade das forças da lei para conduzir buscas secretas, concede-lhes amplos poderes para vigiar telefones e a internet, além de acesso a dados médicos, financeiros, de saúde mental e registros escolares altamente confidenciais com o mínimo de supervisão judicial.

- Permite que os agentes do FBI investiguem cidadãos americanos para assuntos criminais sem a causa provável do crime se afirmarem que é para "propósitos da inteligência".

- Permite que os não-cidadãos sejam presos por meras suspeitas e que tenham a readmissão nos EUA negada por defenderem a liberdade de expressão. Suspeitos condenados por crime nenhum podem ficar detidos indefinidamente com acréscimo de seis meses sem qualquer revisão judicial significativa.[4]

A agressão às liberdades civis não termina com o Decreto Patriota. O presidente Bush decidiu que pode declarar qualquer cidadão americano um "combatente inimigo", que poderá ser preso, ter negado o direito a um advogado e ser julgado perante um tribunal militar no lugar de um tribunal comum. Os Estados Unidos podem enviar esses prisioneiros para o inferno legal na baía de Guantánamo, em Cuba.

De quem é essa visão distorcida dos Estados Unidos?

Questionado sobre como funciona a cláusula "combatente inimigo", um promotor federal preocupado confiou recentemente a meu irmão: "Isso significa que quando não temos provas contra alguém podemos simplesmente exportá-lo para uma espécie de zona sem Constituição. Então, podemos fazer o que quisermos com ele. Isso zomba de todo o nosso sistema legal."

Michael Ratner, diretor do Centro pelos Direitos Constitucionais e advogado de detidos em Guantánamo, observa: "É como se Guantánamo fosse um outro planeta, uma colônia penal permanente dos Estados Unidos, flutuando em outro mundo."

Chave de cadeia

JUSTO QUANDO O ENTENDIMENTO INTERCULTURAL está tão escasso, a administração de Bush escolheu os acadêmicos como os principais alvos para investigação e assédio. Estudantes e pesquisadores estão sendo muito mais investigados do que turistas. Não importa que um terrorista possa ter muito mais facilidade para entrar no país fingindo estar em férias do que fazendo o que Yashar Zendehdel fazia, graduando-se em economia pela Universidade do Colorado. E que apenas um dos seqüestradores do 11 de Setembro estivesse nos Estados Unidos com um visto de estudante, embora ele nunca tenha aparecido na sala de aula (mas o INS emitiu vistos de estudante para dois dos outros seqüestradores — seis meses depois, eles morreram colidindo com os aviões no World Trade Center).[5]

A repressão diminuiu drasticamente o índice de admissão de estudantes estrangeiros, levando-o ao nível mais baixo desde 1995. Em 2002-2003, mais de 586 mil estudantes estrangeiros foram estudar nos Estados Unidos.[6] Muitos deles poderiam cair na mesma armadilha que prendeu Yashar Zendehdel. Agora, as escolas são obrigadas por lei a fornecerem informações extensas sobre cada aluno internacional num programa de computador chamado Sistema de Informação de Estudantes e Visitantes Estrangeiros (SEVIS). O SEVIS é dirigido pelo Departamento de Segurança Interior dos EUA, e seus dados são acessados pelos funcionários da imigração em todas as entradas do país e pelos funcionários consulares nos outros países.

As universidades precisam colocar no SEVIS minúcias da vida dos estudantes: o que eles fazem, o que estão estudando, onde moram e em que estão se formando. Se houver um erro — até mesmo de tipografia —, ele pode resultar na deportação do estudante ou na proibição de sua entrada nos Estados Unidos. Funcionários das universidades têm se encontrado com administradores e professores, alertando-os para não cometerem nenhum erro. As universidades estão sendo forçadas a representar o papel de um policial, e elas querem evitar a incitação de qualquer prisão indevida.

Mas mesmo que os professores não cometam erros, o SEVIS certamente o fará. O sistema "é agora conhecido pelos seus erros e ineficiências", escreveu no *Los Angeles Times* Catharine Stimpson, diretora da Faculdade de Ciências e Artes da Universidade de Nova York.[7]

Mas a bisbilhotice do campus não termina aí, e as conseqüências são graves para toda a comunidade. "Nós acreditamos que, como resultado de tais táticas", escreveu Stimpson, "os vistos para nossos estudantes têm sido negados neste ano mais do que nunca. Nossos alunos estrangeiros estão no centro do futuro científico e tecnológico da nação. Quarenta e um por cento dos graduados em engenharia são estrangeiros, assim como 39% dos graduados em matemática e computação. Dois terços de nossos alunos estrangeiros que recebem diploma em ciências e em engenharia permanecem nos Estados Unidos, onde dão contribuições educacionais, econômicas e intelectuais. Um terço de todos os vencedores do Nobel pelos EUA não nasceu aqui."

Stimpson falou no *Democracy Now!* que os alunos que são admitidos em sua escola, quando vão requerer um visto, "ouvem de um funcionário do consulado que eles são muito bobos de irem para a Universidade de Nova York".

Uma experiência na Johns Hopkins University mostra o efeito desagradável que esse ataque multifacetado está tendo sobre a comunidade acadêmica, particularmente nos interessados em saúde pública. Os alunos estrangeiros, principalmente os desses países julgados "suspeitos", têm tanto o visto de entrada para estudantes quanto o de reentrada, depois de uma visita a seu país natal, negados. A Johns Hopkins Bloomberg School of Public Health, a maior e mais antiga escola de saúde pública do mundo e um ímã para alunos estrangeiros, tem visto seus melhores candidatos terem o visto negado. Até mesmo pesquisadores americanos que estudam possibilidades de reduzir a transmissão do HIV têm sido notificados de que seus estudos e propostas estão sujeitos a investigações especiais pelos Institutos Nacionais de Saúde e pelo Congresso. E a disciplina inteira de epidemiologia — o estudo da causa e da contaminação das doenças — foi colocada numa lista de observação do Departamento de Estado por causa de estudantes e cientistas visitantes.

Numa época em que doenças como SARS, Aids e a febre do Nilo cruzam rapidamente fronteiras internacionais, o governo Bush tenta restringir o movimento e a pesquisa de médicos e especialistas em saúde pública que buscam desacelerar essa contaminação. Pesquisadores internacionais que vêm para encontros ou para monitorar pesquisas de seus países natais têm sido detidos nos aeroportos e enviados de volta. Recentemente, foi realizada uma investigação "sem causa" da universidade pelas secretarias de Comércio e Defesa, interessados ostensivamente nas "exportações" da John Hopkins.*

Quais eram as "exportações" que atraíam os interesses do governo? Estudantes.

O resultado desses procedimentos opressivos do governo é que estudantes estrangeiros talentosos estão saindo dos Estados Unidos para o Canadá e a Europa. Eles vão em busca de uma educação melhor, em vez de prisões noturnas e deportações que agora pairam sobre suas cabeças aqui. E a contribuição que eles deveriam ter feito aos Estados Unidos — incluindo os US$ 12 bilhões com que eles contribuem para a economia com despesas de moradia e ensino — será feita a partir de agora para países que respeitem os seus direitos.[8]

"Nenhuma lei se aplica"

FAZENDO UM NOTICIÁRIO DIÁRIO, encontro freqüentemente pessoas que estão no meio de uma crise. Esse era o caso quando Eugene Angelopoulos chegou ao estúdio do *Democracy Now!*. O distinto professor da Universidade Técnica Nacional de Atenas nos fora levado por um amigo grego dele. Ele fora convidado pela Universidade de Nova York para fazer uma conferência sobre filosofia, em fevereiro de 2003.

Seus colegas o consideram um erudito. O FBI o considera um terrorista em potencial.

* Trocadilho entre *exports* e *experts*. (N. T.)

Angelopoulos sabe como é o fascismo. Ele é da Grécia, onde uma junta militar brutal governou de 1967 a 1974. Ele só não esperava um sopro tão forte disso ao descer do avião em Nova York.

No aeroporto, Angelopoulos esperava ser recebido por um comitê de boas-vindas da universidade. Longe disso. "Quando cheguei, eles me disseram que seguisse um homem até seu escritório." O professor foi então algemado e passou cinco horas sendo interrogado numa sala sombria. "Eu disse: 'Se vou ser algemado, quero saber quais são as acusações contra mim.' Eles disseram: 'São apenas as regras. Não leve pelo lado pessoal.' Eu disse: 'Não vou cooperar com vocês. Não vou resistir, mas também não vou ajudá-los.' Então, eles me algemaram à força. Disseram que oficialmente eu não estava em território dos EUA; por isso, nenhuma lei se aplicava."

Ele disse que então o agente começou o interrogatório:

"O senhor é contra a guerra?"

"Foi por isso que o senhor me algemou?", perguntou Angelopoulos, incrédulo.

"Responda à pergunta. O senhor é contra a guerra?"

"Sim, eu sou."

"O senhor é antiamericano?"

"O quê?", respondeu, atônito, o professor. "O que o senhor quer dizer? Eu sou contra a guerra, como muitas pessoas. Isso é antiamericanismo? É contra os próprios interesses dos Estados Unidos fazer a guerra do Iraque."

Ele disse que, então, o agente escreveu: "Ele é contra a guerra no Iraque."

O agente perguntou a Angelopoulos sobre seu envolvimento com um grupo terrorista grego. Ele estava ciente do grupo e tinha conhecido um de seus membros na juventude, cerca de 40 anos atrás. Angelopoulos estava entre um punhado de pessoas que escreveram cartas para o editor de um jornal grego protestando contra a condenação daquele homem. Ele não o via há muitos anos, mas como era um acadêmico eminente pediram a Angelopoulos que depusesse como testemunha no seu julgamento.

"Por que eles me tratariam como terrorista, embora eu não seja um?", perguntou ele. "Estou confiante de que a razão vai prevalecer no FBI e nos outros serviços."

O professor aloprado. Ele deveria estar pensando em outra América, de outros tempos.

O professor Angelopoulos foi finalmente liberado do Aeroporto JFK depois de concordar com a solicitação do FBI para uma segunda entrevista. Ele insistiu para que a entrevista fosse na Universidade de Nova York, sentindo que lá ao menos o território seria neutro. Mas quando voltou ao seu hotel, depois de deixar o nosso estúdio, recebeu uma mensagem telefônica do FBI. A mensagem dizia que os agentes não iriam à universidade. Eles o instruíram a ir ao seu escritório para uma "conversa ininterrupta".

Naquele momento, o professor Angelopoulos telefonou para o consulado grego em Nova York. Eles contactaram o FBI para informar que Angelopoulos não iria à entrevista. Ele saiu imediatamente do hotel.

O professor foi para a sua conferência, mas reescreveu seu texto para poder refletir o evento perturbador que acabara de vivenciar. No domingo, ele me telefonou para dizer que estava encurtando a sua viagem e deixaria o país sob a proteção do cônsul-geral da Grécia. Fui até o consulado, toquei a campainha e perguntei se o professor estava lá. Provavelmente com medo de que eu fosse do governo, o funcionário não me respondeu.

Então, o professor surgiu no meio-fio. Um carro com vidros escuros o esperava para levá-lo ao aeroporto. Eu lhe pedi um último comentário antes que partisse.

"Eu ainda acho que os Estados Unidos são um grande país democrático e que as esperanças do mundo inteiro estão depositadas nas ações do povo americano." Refletindo sobre o dia anterior, 15 de fevereiro, quando milhões de pessoas marcharam ao redor do mundo pedindo paz, Angelopoulos disse: "Ontem, houve demonstrações no mundo inteiro. Eu acho que podemos todos viver em paz e acredito que a democracia vai prevalecer no final."

O cônsul-geral da Grécia acenou para que o professor entrasse no carro diplomático. Ele estava no último avião para Paris antes de uma tempestade de neve fechar o Aeroporto JFK.

Agrupamento

EM DEZEMBRO DE 2002, fui até Long Beach, na Califórnia, para um encontro do Conselho de Relações Públicas Muçulmano [MPAC]. Mais de 1.500 muçulmanos estavam lá. Era 21 de dezembro, o dia seguinte ao segundo registro especial de imigrantes nos Estados Unidos. Originalmente, o registro especial cobriria apenas cinco países, mas a cada mês o INS adicionava outro grupo de países à lista. Entre novembro de 2002 e abril de 2003, todos os homens não-cidadãos acima de 16 anos vindos de 25 países diferentes — quase todos eram nações predominantemente muçulmanas ou árabes — foram requisitados para serem registrados e "entrevistados" pelo INS.* No dia anterior, o registro especial terminara para os homens do Irã, Iraque, Líbia, Sudão e Síria. No início da semana, milhares de iranianos-americanos haviam protestado.

O que o governo apresentou como um ato burocrático inofensivo mostrou ser um plano bem-arquitetado. No Registro de Imigração em Los Angeles, a polícia prendeu tantas pessoas que as algemas acabaram.[9] Centenas foram detidas por infrações de rotina de visto. Em 24 horas, os homens foram enviados para locais de detenção em quatro estados diferentes. Famílias horrorizadas procuravam, às vezes em vão, descobrir onde seus entes queridos estavam.

Ouvir as histórias que as pessoas me contaram naquele dia me mostrou os diferentes mundos em que vivemos. O que está acontecendo nas comunidades de imigrantes, especialmente entre os muçulmanos, muçulmanos-americanos, árabes, árabes-americanos e pessoas de países do Sul da Ásia, é um pesadelo. Eles estão sendo atingidos duplamente pela repressão do governo e por um aumento nos crimes de ódio.

Joseph Zogby, um advogado do Departamento de Justiça no encontro do MPAC, estimulou os muçulmanos a reportarem qualquer um desses crimes. Então, um homem na audiência perguntou: "Mas não é verdade que, se chamarmos a divisão dos direitos civis para reportar um crime de ódio, nosso nome pode ser entregue ao INS, que então começa uma investigação sobre nós?"

---

* O Departamento de Segurança Interior, que herdou o programa do INS, acabou com o programa de registro especial em janeiro de 2004. Mas os estragos já haviam sido feitos: dos 83.519 homens dos 25 países que se registraram voluntariamente, aproximadamente um a cada seis — cerca de 17% — foi colocado em procedimentos de deportação. O governo disse que 2.870 pessoas foram detidas durante o registro especial. Entre elas, 11 tinham "laços terroristas suspeitos", embora o porta-voz do Departamento de Segurança Interior não tivesse qualquer informação sobre esses casos (*Los Angeles Times*, 2 de dezembro de 2003). Laura W. Murphy, diretora do escritório legislativo de Washington da ACLU [America Civil Liberties Union], advertiu: "Essas mudanças... deixam intocadas as outras provisões que ainda detêm e deportam imigrantes injustamente por causa de sua religião, etnia ou origem nacional" (*Pittsburgh Post-Gazette*, 3 de dezembro de 2003).

Sim, foi a resposta.

Os direitos civis não valeram nada.

Connie Rice, prima em segundo grau da conselheira de Segurança Nacional de Bush, Condoleezza Rice, também estava no encontro. Ela é uma fervorosa advogada especializada em direitos civis e estava no encontro para mostrar sua solidariedade com os presentes. Ela comparou sua luta com a luta pelos direitos civis dos afro-americanos. "Sei pelo que vocês estão passando", disse ela, visivelmente irritada com as prisões que haviam sido decretadas.

Banafsheh Akhlaghi, advogada iraniano-americana dos imigrantes detidos, falou vigorosamente no encontro sobre sua experiência na tentativa de representar as pessoas que estavam sendo recolhidas. Ela disse que seus clientes haviam sido enviados para diferentes lugares do país e que eles tiveram negado o direito a um conselho legal.

"Eles foram colocados num avião e enviados para o Arizona, e então para o Kentucky, depois para Chicago e depois de volta para o Arizona, para Oakland e Bakersfield. Por volta das quatro horas da mesma manhã, foram levados ao INS em San Diego. Nós nem temos acesso a eles. Estou representando 12 deles, e só consegui falar com meus clientes há algumas horas, quando puderam finalmente estar num lugar onde podiam falar com os seus representantes."

"O que aconteceu com a Sexta Emenda? O que aconteceu com o devido processo legal?", perguntou Akhlaghi.

Ela continuou: "Não é uma questão muçulmana. Não é uma questão iraniana. Não é uma questão árabe. É uma questão humana... Hoje, são os homens com mais de 16 anos desses países. Amanhã, serão as mulheres com mais de 16 anos desses países. Depois, chegaremos aos residentes permanentes... É uma chamada para despertarmos."

Imigrantes, muitos dos quais passaram toda a sua vida adulta nesse país trabalhando durante longas horas por baixos salários para alimentar suas famílias, foram postos diante de um dilema impossível: registrarem-se — e arriscarem-se a ser presos e deportados por motivos desconhecidos. Ou não se registrarem — e arriscarem-se a ser presos e deportados por não terem se registrado.

Perguntem às pessoas no Little Pakistan. Essa comunidade do Brooklyn, que abrigava 120 mil paquistaneses antes de começar a repressão, tem visto um êxodo enorme desde que se tornou o foco de um cerco de agentes do FBI e do INS. Cerca de 15 mil pessoas deixaram os EUA em pânico, rumo ao Canadá, à Europa ou ao Paquistão.[10] Muitas outras foram deportadas em pontes aéreas secretas.

Os imigrantes estão aterrorizados: residentes paquistaneses chegam em casa e descobrem o cartão de visitas de um agente do FBI ou do INS pendurado na porta, com uma nota arrepiante instruindo-os a se apresentar. Hoje em dia, todo paquistanês do Brooklyn conhece alguém que teve de ligar para um agente federal — e que, então, desapareceu.

Famílias no Little Pakistan tiraram seus filhos do colégio e deram sumiço neles no meio da noite para evitar que "desaparecessem". Para alguns, no entanto, não há escapatória: funcionários do governo canadense começaram a mandar de volta os paquistaneses na fronteira, durante o inverno de 2003. Centenas foram presos depois de terem sido forçados a voltar para os Estados Unidos. Por toda parte no Little Pakistan, casas, empregos, famílias e vidas foram abandonados apressadamente, por causa do medo de um governo americano fora de controle.

Esses são os Estados Unidos de Bush e Ashcroft.

O Departamento de Justiça prendeu centenas de pessoas ao longo dessa campanha. Mas o secretário de Justiça Ashcroft recusou-se a revelar os nomes desses detidos, "por falta de respeito à privacidade deles, e preocupação em salvar vidas".[11] Quando são presos, alguns imigrantes não conseguem ligar para um advogado. Muitos são retidos em celas de imigração e deportados para lugares como o Paquistão, que recebe aviões secretos de meses em meses.

O *Democracy Now!* e outros programas da mídia alternativa começaram a reportar essas histórias logo depois do 11 de Setembro, mas demorou até junho de 2003 para que o Departamento de Justiça reconhecesse que estavam ocorrendo violações à lei. O inspetor-geral do Departamento de Justiça revelou que as pessoas que foram presas depois do 11 de Setembro por suspeita de terrorismo ou por violações rotineiras de imigração — qualquer coisa, desde falha na renovação do visto até mudar de endereço sem notificar as autoridades ou ter um vizinho que suspeita que você é terrorista — foram detidas por uma média de oito dias, em vez de terem sido liberadas imediatamente sob fiança. Os detidos sofreram abusos, foram surrados, algemados nas mãos e nos pés e presos em celas iluminadas 24 horas por dia. Geralmente, mentiam para suas famílias sobre seu paradeiro. Até mesmo quando juízes ordenavam a liberação de um detido, o governo simplesmente ignorava a ordem e mantinha o homem preso.

"Eles eram tratados como terroristas, embora não o fossem", disse Michael Ratner, do Centro para os Direitos Constitucionais.

O secretário de Justiça Ashcroft não pediu desculpas.

Herói ou terrorista?

ESSES INCIDENTES revelam a premissa em funcionamento na guerra contra o terror: culpado até que se prove o contrário. Princípios constitucionais básicos são deixados de lado, substituídos por perfis raciais e culpa por associação.

Isso foi o que a família de Mohammed Salman Hamdani aprendeu com o 11 de Setembro de 2001. Hamdani era um cadete da polícia e técnico médico de emergência que correu ao World Trade Center assim que soube da colisão dos aviões. Nunca mais houve sinal dele.

Talaat e Mohammed Hamdani lançaram-se numa busca angustiada pelo filho de 23 anos, espalhando a sua fotografia por toda a comunidade. Por três semanas, eles procuraram em necrotérios e esperaram por alguma notícia sobre o que se passara com ele. Em outubro, foram a Meca para rezar pelo filho.

Em 12 de outubro de 2001, quando estavam fora dos EUA, os Hamdani ficaram chocados ao saber de uma história que saiu no jornal *New York Post*. DESAPARECIDO... OU ESCONDIDO? O MISTÉRIO DO CADETE PAQUISTANÊS DA NYPD, gritava a manchete do *Post*. "Na última vez em que foi visto, Hamdani, com o Alcorão nas mãos, saía de sua casa no Queens para seu trabalho como assistente de pesquisa na Universidade Rockefeller", reportou o *Post*, em tons obscuros, "mas ele nunca chegou ao trabalho".

Em uma noite, Mohammed Salman Hamdani passou de herói a vilão. Nas semanas seguintes, agentes federais fizeram cerco à casa dos Hamdani, e repórteres os interrogaram sobre seu filho, o suspeito terrorista.

O DNA de Hamdani foi posteriormente encontrado no local da tragédia do 11 de Setembro. Os funcionários do governo foram obrigados a se desculpar. Seu funeral, numa mesquita local, foi acompanhado pelo prefeito de Nova York e pelo chefe da polícia. O presidente Bush o elogiou, e ele foi citado no Decreto Patriota como um herói. Mas danos irreparáveis já haviam sido feitos para sua família e sua comunidade.

Entrevistei Talaat Hamdani e seu esposo na noite do segundo aniversário do 11 de Setembro, quando se juntavam a centenas de pessoas numa procissão silenciosa pelas ruas de Nova York até o local da colisão dos aviões. Talaat disse que quando a sua família foi, como tantas outras, registrar o nome de Salman como um dos desaparecidos, eles tiveram medo de dizer que seu primeiro nome era Mohammed, chamando-o então de Sal. Seus sobrinhos e sobrinhas, que estavam na segunda e na terceira série colegial quando os aviões colidiram contra o World Trade Center, também sentiram o mesmo medo.

"Armeen se tornou Amy", disse Talaat ao *Democracy Now!* no dia 10 de setembro de 2003; "outro se tornou Mickey, outro Mikey e o quarto se tornou Adam. Nós lhes perguntamos: 'Por que vocês trocaram seus nomes?' E eles disseram: 'Porque, você sabe, não queremos ser chamados de terroristas na escola.'"

Os sobrinhos e as sobrinhas aprenderam isso não apenas pelo que aconteceu com o tio Salman, mas também por causa das discussões em sala de aula. A própria Talaat é professora. Em sala, pediu aos alunos que definissem o que é um terrorista. "A primeira palavra que todos pronunciaram foi *muçulmano*", disse Talaat. "O segundo passo foi definir o Islã. E a primeira palavra que disseram foi *Bin Laden*."

"E é aí que eu me encontro", disse Talaat, com o olhar triste. "Defendendo minha fé, meu povo, minha comunidade, meus companheiros americanos que são muçulmanos e a mim mesma."[12]

"Não levem meu pai!"

NADINE YOUNG — Ulvie estava no banho, em seu apartamento no Brooklyn, às seis e meia da manhã do dia 8 de novembro de 2002, quando ouviu um barulho na porta. Sua filha de sete anos, Brittany, foi ver o que estava acontecendo. Ela foi saudada por homens que lhe pediram para entrar. Eles haviam quebrado a porta da frente do edifício. Nadine gritou para que sua filha não os deixasse entrar, mas a menina, assustada, gritou que era a polícia. Nadine pulou para fora do chuveiro e tentou fechar a porta do banheiro enquanto colocava a roupa. Mas os homens já haviam entrado na casa e mandaram que ela deixasse a porta do banheiro aberta enquanto se vestisse. Eles gritaram para que o filho de três anos de Nadine fosse para o quarto. Então, eles ordenaram que o marido de Nadine, Faisal, vendedor em uma loja de roupas, saísse da cama.

Faisal Ulvie é um paquistanês especialista em *tae kwon do* que viajou para os Estados Unidos em 1996 para uma competição de artes marciais e, então, pediu asilo político. Ele faltara à sua última reunião daquele ano relativa ao asilo e, por isso, teve ordenada sua deportação. Mas Ulvie permaneceu no país. Como tantos outros, o imigrante sem documentos penava para sobreviver. Em abril de 2001, ele se casou com Nadine Young, uma cidadã americana. Ele ajudou a criar os dois filhos de Nadine, Devon e Britanny. Em 2001, eles tiveram um filho juntos, chamado Shaheen.

Faisal nunca tivera problemas com a lei antes desse episódio. Mas ele foi pego nessa batida policial antiterrorismo, e a sua família ficou aterrorizada:

"Eles disseram ao meu marido que saísse da cama e fosse para a sala", contou Nadine no *Democracy Now!*. "Eu perguntei: 'Qual é a situação? O que está acontecendo?'"

"O policial respondeu: 'Nós só fazemos perguntas a ele. E você tem mais é que se preocupar com as suas coisas.' Aí, eu disse algo como: 'Mas você precisa me dar um mandado de busca ou um mandado de prisão dele.' Eles me disseram que não. Essa foi a resposta deles." O que já dá o tom do que estava por vir.

"Eles pediram [a Faisal] que deixasse suas impressões digitais num pedaço de papel. Depois de lhe perguntarem algumas coisas, ordenaram: 'Vista-se. Nós vamos levá-lo. Você tem de vir conosco.'"

"Meu filho disse ao policial: 'Não levem meu pai!' E eu apenas dei um abraço e um beijo de despedida nele. E disse para Faisal: 'Não se preocupe. Eu vou enfrentar isso.'"

Na noite de domingo, 17 de novembro, nove dias depois de ser detido, Faisal ligou para Nadine. "Eles colocaram uma carta escrita à mão ao lado da minha fotografia para que eu arrume minhas coisas e me vista", ele disse a ela. Ele tinha medo, com razão, de ser deportado. Nadine contactou imediatamente Ahsanullah (Bobby) Khan, diretor do projeto da Coney Island Avenue, um grupo que defende os imigrantes paquistaneses, que, por sua vez, ligou para a procuradora Elizabeth OuYang.

Bobby não teve tempo de deixar sua esposa e sua filha de dois anos em casa. Então, ele buscou OuYang, e correram todos para a prisão onde estava Faisal. No caminho, Nadine ligou para o celular de Bobby para dizer que também estava indo. OuYang disse que não havia garantia de que ela veria Faisal.

Nadine respondeu: "Não me importo. Ele é meu marido. Preciso estar lá."

Caía um temporal quando eles chegaram à cadeia. "Quando entrei lá," disse OuYang, "Faisal estava algemado e vestido. E aterrorizado."

Faisal disse a ela: "Eu não sei o que está acontecendo. Eles nos pediram que colocássemos nossas roupas e arrumássemos nossas coisas. Há mais 22 homens lá atrás que foram obrigados a fazer o mesmo. Eles não nos dizem para onde vamos, nem o que estão fazendo." Apesar das algemas em seus tornozelos, ele continuava andando para a frente e para trás.

Ela disse a Faisal: "Fique calmo. Vamos tentar fazer tudo o que for possível." Assim que OuYang deixou a cadeia, Nadine chegou. Mas não teve permissão para falar com o marido.

OuYang queria ter certeza de que o INS sabia que Faisal era casado com uma cidadã americana e estava em processo para conseguir uma residência legal no país. Mas ela tinha outra preocupação: "Eu fora alertada, eu ouvira histórias, eu recebera e-mails, de que estavam acontecendo deportações em massa."

Os rumores se tornaram realidade às três e meia da manhã, quando um ônibus branco parou em frente ao centro de detenção. SERVIÇO DE IMIGRAÇÃO E NATURALIZAÇÃO — era o que estava escrito em letras grandes e verdes na lateral do ônibus.

OuYang entrou de volta correndo e pediu: "Eu quero falar com a Imigração. Quero saber para onde estão levando Faisal."

No tenso encontro que se desenrolou, um guarda da prisão apareceu para alertar OuYang de que "[O INS] não vai falar com você. Eles têm ordem de levá-lo." Ela disse que ele ainda fez uma ameaça: "Se qualquer um de vocês seguir aquele ônibus, será preso."

Do lado de fora, na chuva, OuYang acalmou Nadine o quanto pôde. Nadine queria seguir o ônibus. OuYang argumentou com ela: "Se você for presa, como vai poder ajudá-lo?"

Então, cada um foi para a sua casa usar os telefones. Nadine ligou para o consulado do Paquistão, para sua representante no Congresso, Nydia Velázquez, e para a senadora Hillary Clinton. Às cinco da manhã, OuYang conseguiu falar com um funcionário de deportação de emergência. Ela explicou o que acabara de acontecer. "Eu não sei para onde o estão levando. Preciso de uma informação — por favor", implorou a procuradora. Às sete da manhã, um outro funcionário da deportação telefonou de volta. Ele estava levando Faisal para o aeroporto. Ele disse: "Tudo o que posso lhe dizer é que ele estará num vôo hoje às onze e meia da manhã." OuYang perguntou se ela conseguisse a sua permanência, como poderia encontrá-lo. Foi quando ela conseguiu uma informação crucial: o número do celular do funcionário.

Só restava uma opção. OuYang correu para o tribunal de Nova Jersey. Enquanto Bobby dirigia, ela se adiantou ligando para a secretária do tribunal para alertá-la de que estava a caminho com um pedido de emergência contra uma ordem de deportação.

Exatamente quando eles estavam prestes a entrar no túnel Holland, a secretária do tribunal de Nova Jersey disse que o arquivo de Faisal estava em Manhattan. Eles viraram o carro e se dirigiram ao 26 Federal Plaza, no sul de Manhattan. O juiz do caso Faisal não estava mais lá, de forma que o caso teve de ser designado a um outro juiz da imigração.

Enquanto isso, o tempo passava. Às dez e quinze, a juíza Patricia Rohan aprovou o pedido de emergência contra a deportação, concordando em marcar uma audiência para Faisal numa outra data. "A juíza Rohan deu um novo ânimo ao princípio da Constituição do devido processo legal", disse OuYang. "Graças a Deus, conseguimos que a juíza assinasse o pedido de permanência."

Mas o drama ainda não acabara. Depois que a juíza Rohan assinou a permanência, OuYang anunciou: "Meritíssima, não tenho para onde passar o fax com a ordem, e eles já estão no aeroporto. Ele está embarcando." OuYang implorou à juíza que ligasse para o celular do funcionário da deportação. Enquanto isso, ela teve de descer correndo para pagar a taxa de US$ 110 pela ação judicial. Quando OuYang voltou, a secretária do tribunal disse que não conseguira falar por telefone com o funcionário da deportação.

OuYang saiu da sala do tribunal a fim de telefonar para o funcionário. Estava ocupado. OuYang pensou então que era provavelmente Nadine implorando pela última vez ao funcionário que libertasse seu marido. OuYang alcançou Nadine e disse a ela que desligasse o telefone. Então, o telefone de Bobby Khan tocou. Era o funcionário da deportação, perguntando quem estava tentando falar com ele. OuYang agarrou o telefone e correu até a sala do tribunal. Um funcionário surgiu do nada e gritou: "É proibido portar celular no tribunal!" OuYang continuou correndo, gritando: "É para a juíza!" O oficial a seguiu ferozmente. Ela irrompeu na sala do tribunal. A juíza já começara uma nova audiência. Quando viu OuYang, ela saiu do banco e pegou o telefone. "Aqui é a juíza Rohan. Juíza da Imigração, de Nova York. Estou lhe ordenando que tire Faisal Ulvie do avião."

Pouco antes de as portas do avião se fecharem, os agentes retiraram Faisal. Dezenas de outros homens foram deportados para o Paquistão naquele dia.

Faisal Ulvie voltou para sua família. Ele está seguindo o processo normal de imigração para obter residência permanente nos Estados Unidos.

O filho de Nadine, que está na quarta série, ainda está abalado por ter visto Faisal, o homem que ele chama de papai, desaparecer com homens armados.

Ele diz: "Eu tenho medo."

5

DETONANDO

Podemos bombardear o mundo em pedaços. Mas não podemos bombardeá-lo em paz.
— MICHAEL FRANTI, ARTISTA DE *HIP-HOP*

NA MANHÃ DE 9 DE abril de 2002, Lynne Stewart estava em seu apartamento quando ouviu uma agitação na porta da frente. Ela olhou pela janela e viu quatro ou cinco estranhos. Logo imaginou que fossem policiais. A veterana advogada das liberdades civis pensou que eles tivessem vindo para levar seu marido, um ativista conhecido. Ele estava na rua falando animadamente com os visitantes.

"Acalme-se, acalme-se, nós vamos cuidar disso", Stewart disse a seu marido quando saiu do apartamento para intervir na conversa. Era um papel que ela já estava acostumada a representar.

Um agente do FBI olhou para a advogada e disse: "Não estamos aqui por causa dele. Estamos aqui por sua causa." Com isso, algemaram-na e arrastaram-na para a sede do FBI em Manhattan.

As coisas chegaram a este ponto: o fanatismo de Bush e Ashcroft agora trancafiava advogados. E quem melhor do que Lynne Stewart, a advogada do xeique cego Omar Abdel Rahman, que cumpre pena de prisão perpétua por conspiração para explodir vários pontos de referência de Nova York e para assassinar o presidente egípcio Hosni Mubarak? Ela foi acusada de passar mensagens entre o xeique e uma organização terrorista egípcia.

Uma legítima advogada das liberdades civis, com um longo histórico de defesa de dissidentes e ativistas, Stewart foi um prêmio para o regime de Bush. Mais importante ainda, a prisão dessa proeminente advogada radical teve a intenção de enviar uma mensagem: não são apenas os imigrantes e os dissidentes que estão sob ataques ferozes. Quem ousar representá-los também será derrubado.

Naquela noite, o secretário de Justiça, Ashcroft, foi ao programa *Late Show with David Latterman* e contou ao apresentador que os federais haviam acabado de prender uma advogada terrorista. "Nós simplesmente não vamos permitir que pessoas acusadas de terrorismo continuem... dirigindo a atividade a partir da prisão", disse ele a Letterman.

Como foi perspicaz o secretário de Justiça. Evitar perguntas difíceis numa entrevista e levar sua mensagem a um programa de televisão noturno, por meio do qual a maioria das pessoas fica sabendo das notícias. Letterman não desafiou Ashcroft, é claro. Nenhuma pergunta difícil sobre o desrespeito aos direitos civis. Nenhuma pergunta sobre se Stewart era realmente culpada. Em vez disso, o apresentador cômico ficou totalmente sem expressão: "Deus abençoe a América", respondeu Letterman, aplaudindo. A audiência caiu no jogo.

Lynne Stewart foi ao *Democracy Now!* no dia seguinte. A advogada de 62 anos, avó de sete crianças, estava aturdida, mas resoluta. "Eu gostaria que David Letterman me deixasse ir ao seu programa... porque acho que a nossa mensagem de liberdade e justiça é tão urgente quanto a mensagem de Ashcroft de 'nós vamos caçá-los onde quer que estejam'."

Como o *MetroTimes* de Detroit afirmou, Ashcroft "brincou com a avó errada".[1] Stewart não é nada além de uma batalhadora. "Se John Ashcroft quer fazer de mim um exemplo", declarou ela em nosso programa, "fico feliz em aceitar essa responsabilidade."

Longe de intimidar outros advogados, o caso de Stewart acabou insuflando outros. Toda vez que Stewart aparece no tribunal por conta de seu caso, a sala fica repleta de torcedores, entre os quais muitos são advogados. "Esse caso foi, desde o início, um alerta para estimular o exercício de uma advocacia vigorosa", disse o advogado de Stewart, Michael Tigar.

Stewart acrescentou: "Na verdade, o caso é sobre duas coisas: a primeira é que isso pode acontecer com qualquer um, já que não fiz nada que qualquer bom advogado não fizesse. E a segunda é que, se isso acontecer com você, não haverá nenhum advogado para chamar."[2]

Em julho de 2003, a principal acusação terrorista contra Stewart — a de que conspirou para apoiar uma organização terrorista — foi rejeitada pelo tribunal federal. O juiz decretou que as acusações eram inconstitucionalmente vagas e "revelavam uma falta de padrões processuais".

Ashcroft recusou-se a desistir. Em novembro de 2003, o Departamento de Justiça impetrou um "indiciamento reformulado", adiantando uma nova teoria sobre por que Stewart deveria ser acusada de terrorismo. O governo substituiu as acusações rejeitadas por novas acusações de que ela apoiava terroristas, entre outros delitos, fazendo "barulhos acobertadores" enquanto seu cliente, prisioneiro, mantinha discussões com o seu tradutor. Ela alertou o xeique de que ele poderia ter um ataque cardíaco por comer tanto chocolate. O governo acusou Stewart de ter usado códigos com seu cliente.

"Esse tipo de indiciação com 'novas' acusações baseadas nos mesmos fatos era praticamente inexistente na era pré-Ashcroft", escreveu Elaine Cassel. "Nenhum promotor pode se igualar a Ashcroft em persistência e caráter vingativo... Quem quer que se defronte com Ashcroft, melhor sair deste país."[3]

Se Letterman aplaudiu o secretário de Justiça, Jay Leno teve recentemente uma perspicácia que raramente se tem em programas noturnos de entrevistas — inclusive o dele. "Ouvi dizer que os iraquianos precisam de uma nova Constituição", gracejou Leno no *The Tonight Show*. "Por que não pegam a nossa? Nós não estamos usando!"

Jogos patriotas

NA PRIMAVERA DE 2003, Jason Halperin aprendeu da pior maneira aquilo que os imigrantes já sabem há muito tempo: a Constituição dos EUA é um pedaço de papel sem valor diante do Decreto Patriota.

Halperin, que na época trabalhava para uma organização internacional de auxílio humanitário, saíra para jantar no centro de Manhattan, quando, de repente, deu de cara com o horror do sistema judicial de Bush. Ele contou sua história no *Democracy Now!* e a descreveu num artigo para o *Los Angeles Times* e para a AlterNet:[4]

No dia 20 de março, eu e meu amigo Asher estávamos indo assistir a *Rent*, um espetáculo da Broadway. Nós ainda tínhamos uma hora de bobeira antes do horário do show, e resolvemos ir a um restaurante indiano logo depois da Times Square, bem no centro...

Nós nos servimos no bufê e então nos sentamos para jantar. Eu estava a ponto de dizer a Asher que comera ali e que o curry vegetariano era delicioso, mas nem tive chance. De repente, houve uma agitação terrível e cinco policiais do NYPD [a polícia de Nova York], com coletes à prova de bala, desceram a escada com enorme furor. Eles tinham as armas carregadas e as apontavam indiscriminadamente para os funcionários do restaurante e para nós.

"Vá para trás, vá para a parte de trás do restaurante!", eles berraram.

Eu hesitei, perdido em meu próprio pânico.

"Você não me ouviu? Vá para trás e fique sentado!", ordenaram eles.

Obedeci e olhei em volta para os outros fregueses. Havia oito homens, incluindo o garçom, todos descendentes de sul-asiáticos e de idade variada, desde adolescentes a idosos. Um dos policiais apontou sua arma para o rosto do garçom e gritou: "Tem mais alguém no restaurante?" O garçom, aterrorizado, acenou para a cozinha.

Os policiais colocaram o dedo no gatilho e arrombaram as portas da cozinha. Vieram gritos de lá e, alguns segundos depois, cinco hispânicos foram obrigados a engatinhar para fora sob a mira dos revólveres.

... Dois [agentes] caminharam até a nossa mesa e se identificaram como funcionários do INS e do Departamento de Segurança do Interior.

Expliquei que estávamos apenas jantando e perguntei por que estávamos sendo detidos. Fomos avisados pelo agente do INS de que seríamos liberados assim que eles tivessem a confirmação de que não havia mandados de busca pendentes contra nós e de que a situação de nossa imigração estava em dia.

Nos Estados Unidos pré-11 de Setembro, a legalidade desse ato seria questionável. Afinal, a Quarta Emenda da Constituição atesta: "O direito das pessoas de estarem seguras em suas casas, seus documentos e suas posses, contra buscas sem explicações e apreensões, não pode ser violado; e nenhum mandado pode ser expedido senão com uma causa provável, sustentada por um juramento ou uma afirmação, e descrevendo particularmente o local onde será feita a busca e as pessoas ou coisas a serem apreendidas."

"Vocês não têm o direito de nos prender", insistiu Asher.

"Sim, nós temos todos os direitos", respondeu um dos agentes. "Vocês estão sendo presos pelo Decreto Patriota, sob suspeita, em uma investigação interna do Departamento de Segurança do Interior."

... Quando pedi para falar com um advogado, o funcionário do INS me informou que, sim, eu tinha direito a um advogado, mas, primeiro, eu tinha de ser levado à sede e esperar pela liberação da segurança para então poder entrar em contato com um. Quando perguntei quanto tempo isso levaria, ele me respondeu com um sorriso tímido: "Talvez um dia, talvez uma semana, talvez um mês."

Insistimos que tínhamos todo o direito de sair e que, portanto, era o que faríamos. Um dos policiais se adiantou com a arma na mão e zombou: "Vá em frente e saia, vá em frente."

Continuamos sentados. Nossas identidades foram levadas para funcionários com laptops. Questionaram-me sobre o fato de minha licença ser de outro estado e perguntaram se eu tinha "algo a esconder". O policial continuou a molestar os funcionários da cozinha, pedindo documentos e datas de nascimento. Um dos empregados da cozinha tremia histericamente e só conseguia dizer, sem parar, a data em que estávamos, 20 de março de 2003.

Como continuei pressionando para falar com um advogado, uma funcionária que estivera ocupada digitando as informações num laptop em frente ao restaurante veio até mim e pôs o dedo na minha cara. "Nós estamos em guerra, em guerra, e isso é para a sua segurança!", ela exclamou. Enquanto se afastava da mesa, ficou repetindo para si mesma: "Nós estamos em guerra, estamos em guerra. Como eles podem não entender isso?"

... Depois de uma hora e meia, o agente do INS foi até nós e devolveu nossos documentos. Um policial nos pegou pelo braço e nos conduziu para fora do prédio. Antes de chegar à rua, o policial se desculpou. Explicou, em voz baixa, que eles não pensavam que nós dois estivéssemos no restaurante.

Vários dos outros clientes, embora descendentes de sul-asiáticos, eram cidadãos americanos. Havia quatro motoristas de táxi, dois estudantes, um vendedor de jornal — clientes inadvertidos, como eu e Asher. Mas duvido que eles tenham recebido qualquer pedido de desculpas do INS ou do Departamento de Segurança do Interior.

Todo cidadão americano, quer apóie a guerra ou não, deveria ser avisado da velocidade e da facilidade com que essas mudanças em nossos direitos fundamentais estão sendo efetuadas. E todos aqueles que pensavam que essas leis nunca os afetariam, que pensavam que o Decreto Patriota aplicava-se apenas aos culpados, deveriam prestar atenção nessa história como um alerta. Por favor, aprendam com a minha experiência. Estamos todos vulneráveis; portanto, falem com todos e se organizem; nossos direitos da Quarta Emenda dependem disso.

Uma voz da consciência

EM 1941, AS AUTORIDADES MILITARES declararam os americanos de descendência japonesa subversivos e parte de uma raça inimiga. Cerca de 110 mil pessoas de origem japonesa tiveram suas propriedades confiscadas e foram levadas para campos de detenção durante a Segunda Guerra Mundial.

Fred Korematsu, um nipo-americano de 22 anos, recusou as ordens e apelou à Suprema Corte dos Estados Unidos para impedir o recolhimento. Numa decisão infame, o tribunal manteve os internamentos, submetendo-se às autoridades militares em tempos de guerra. Anos depois, a condenação de Korematsu por desafiar o governo foi cancelada e ele acabou recebendo a Presidential Medal of Freedom [Medalha Presidencial da Liberdade]. E, em 1988, em reconhecimento à vasta violação dos direitos civis que ocorrera, o Congresso aprovou a indenização de US$ 20 mil para cada interno sobrevivente.

Em 2003, Fred Korematsu, já frágil e idoso, reapareceu para lutar novamente — desta vez a favor dos mais de 600 prisioneiros que estavam sendo detidos sem acusação e sem acesso a advogados na baía de Guantánamo, em Cuba. Korematsu deu entrada num processo de *amicus curiae*, apoiando os detidos de Guantánamo, que estão sendo mantidos indefinidamente e sem acusação por capricho do governo dos EUA. Sua ação é também um apoio a Yaser

Esam Hamdi, cidadão americano que foi acusado de inimigo combatente pelo presidente Bush e para quem foi negada a proteção da Declaração de Direitos [*Bill of Rights*]. Hamdi está sendo mantido isolado, preso num navio de guerra na Virgínia, sem direito a advogado. Pelas leis do inimigo combatente, Hamdi pode ser detido indefinidamente.

Por que sem advogado? Porque, argumenta o governo, iria perturbar o seu isolamento e o interrogatório e, assim, atrapalhar o esforço para conseguir informações dele. Em dezembro de 2003, depois de a Suprema Corte ter começado a considerar um requerimento de revisão do caso de Hamdi, o Pentágono finalmente permitiu que ele se encontrasse com um advogado, dizendo que acabara de interrogá-lo. Os especialistas dizem que isso pode ser apenas um ardil para gerar um debate sobre o recurso de Hamdi na Suprema Corte, marcado para 2004.

Korematsu disse o seguinte a respeito de sua experiência em defender as liberdades civis: "Para que situações como essa nunca aconteçam, temos que protestar... Portanto, não tenham medo de colocar a boca no trombone."[5]

Bibliotecários lutando pela liberdade

ALGUNS HERÓIS ATÍPICOS têm se colocado à frente para defender nossas liberdades civis: os bibliotecários. Na guerra de George Bush contra o terror, os bibliotecários se tornaram uma frente de combate.

De acordo com a Seção 215 do Decreto Patriota, um agente do FBI pode entrar numa livraria ou numa biblioteca e pedir a lista de livros que um cliente leu ou os sites da internet que ele visitou. Caso um agente faça esse requerimento, fica proibido aos bibliotecários contar a qualquer pessoa sobre a visita. Eles não podem dizer nada a seus colegas bibliotecários, nem aos jornalistas e, é claro, não podem contar ao cliente. Só podem tocar no assunto com um colega de trabalho se este tiver a informação que o agente do FBI está requerendo. Se um bibliotecário falar alguma coisa sobre um requerimento do FBI, pode ser processado.

"As livrarias estão sujeitas à mesma medida que as bibliotecas e os provedores de serviço de internet", disse Leigh Estabrook, diretor da School of Library and Information Science da Universidade de Illinois, no *Democracy*

Now!. "Eles podem invadir qualquer negócio que mantenha qualquer tipo de registro em qualquer tipo de formato ou em qualquer mídia, e exigi-lo, caso consigam uma dessas autorizações do tribunal da Lei de Vigilância de Inteligência Externa."

Um levantamento feito em 2002 revelou que funcionários federais ou locais já haviam pedido informações sobre clientes em 83 das 1.029 bibliotecas pesquisadas. Cerca de 118 bibliotecas dizem que sua equipe está agora mais restritiva no uso da internet pelos clientes.[6] Esse dado contradiz a afirmação feita por Ashcroft, em agosto de 2003, de que nenhuma biblioteca fora visitada.

O número de bibliotecários que estão sendo azucrinados pode ser bem maior do que se imagina. "Existe uma grande possibilidade de não estarmos sabendo desse tipo de busca simplesmente porque eles são proibidos por lei de falar a respeito. Por isso, é muito difícil descobrir exatamente o que está acontecendo", disse Estabrook.

E quando os federais aparecem numa biblioteca, os bibliotecários têm pouco controle sobre os registros que as autoridades pegam. O diretor de um centro de mídia comunitário me disse que o FBI esteve no local um dia, alegando buscar informações sobre um indivíduo específico. Mas, antes de eles saberem o que estava acontecendo, o FBI já copiara todos os arquivos do computador do centro.

Por causa da maneira como estão sendo alvo, os bibliotecários estão agora debatendo se devem sinalizar, como alguns já fizeram, alertando os clientes de que agentes do governo podem monitorar os registros deles. Mas existe uma pequena diferença entre alertar as pessoas e espantá-las de um desses preciosos recursos do país. Infelizmente, as pessoas mais atingidas pela vigilância bibliotecária serão as que não têm dinheiro suficiente para ter um computador ou comprar livros na Barnes & Noble.*

A Associação das Bibliotecas Americanas [ALA] encontrou uma maneira inteligente de combater a busca e proteger a privacidade de seus clientes. A ALA tem encorajado as bibliotecas a não guardarem qualquer papel desnecessário e a usarem softwares que apaguem automaticamente qualquer registro de empréstimo dos livros — depois que o livro é devolvido e que todas as multas

---

* Livraria norte-americana. (N. T.)

são pagas. É uma grande idéia para o anúncio da campanha de uma biblioteca nacional: devolva seu livro no prazo ou...

Hoje em dia, bibliotecas em Boulder, Colorado, e Santa Cruz, na Califórnia, destroem os arquivos de empréstimo de livros várias vezes por semana. É apenas outra tarefa para o bibliotecário: jogar o lixo fora, varrer os corredores e apagar as informações dos clientes a cada dia, para manter o secretário de Justiça bem longe.

Mas não é assim que Ashcroft vê as coisas. Ele ficou enfurecido com os bibliotecários insolentes. No dia 15 de setembro de 2003, ele atacou severamente os bibliotecários e a American Library Association, chamando-os de "histéricos" e "ridículos". Um porta-voz do Departamento de Justiça acrescentou mais tarde que a maior associação bibliotecária do mundo era "desonesta".[7]

Os bibliotecários apreciaram a denúncia. "Se ele está nos atacando", disse Emily Sheketoff, diretora-executiva do escritório da ALA em Washington, "é porque devemos estar causando algum impacto."

A revisão do Decreto Patriota vai tornar ilegal a leitura do Decreto Patriota

WASHINGTON, D.C. — O presidente Bush defendeu na segunda-feira uma versão revisada do Decreto Patriota de 2001 que tornaria ilegal a leitura do Decreto Patriota. "Conforme a lei federal corrente, há obstáculos exorbitantes para que se possam investigar e processar atos de terrorismo, incluindo o acesso público às informações sobre como a Polícia Federal vai investigar e processar atos de terrorismo", disse Bush em entrevista coletiva. "Para o bem do povo americano, peço ao Congresso que aprove essa lei tão importante, proibindo o acesso ao decreto." Bush também propôs estender os direitos dos estados para impor a pena de morte "na esteira do 11 de Setembro".

— retirado da revista satírica *The Onion*, 17 de setembro de 2003.

Conhecimento Total da Informação*

NÃO SÃO APENAS os bibliotecários e progressistas desse país que estão preocupados com essas questões. Ao atacar nossas liberdades civis, George W. Bush acabou unindo diferentes partes da sociedade... contra ele.

Primeiro, surgiu a operação inspirada em Ashcroft, o Terrorism Information and Preventions System [TIPS — Sistema de Prevenção e Informação do Terrorismo], que incentivou todos — do motorista da UPS** ao leiturista e ao morador ao lado — a espionarem a vida dos vizinhos. Com o TIPS, o governo tinha a meta de recrutar 10 milhões de americanos para "dar uma espiadinha" em seus vizinhos e delatar qualquer coisa suspeita que eles observassem.

Então veio o Total Information Awareness (TIA). Uma das críticas mais fortes ao TIA veio de uma fonte inusitada: o colunista do *New York Times* William Safire. Em novembro de 2002, ele escreveu uma coluna arrepiante, intitulada "Você É um Suspeito":

> Se a Lei de Segurança Interior não for retificada antes da transição, eis o que acontecerá com você:
>
> Toda compra que você fizer com cartão de crédito, toda assinatura de revista que adquirir, toda receita médica que aviar, todo site que visitar, todo e-mail que enviar ou receber, toda nota acadêmica que receber, todo depósito bancário que fizer, toda viagem que reservar e todo evento de que participar — todas estas transações e comunicações irão para o que o Departamento de Defesa descreve como "um enorme e centralizado banco de dados virtual".
>
> A esse dossiê computadorizado adquirido de fontes comerciais sobre sua vida privada adicione cada pedaço de informação que o governo tem sobre você — formulário de passaporte, carteira de motorista, registro de pedágios de ponte, registros judiciais, reclamações de vizinhos intrometidos

* TIA — Total Information Awareness. Este projeto visa coletar e centralizar todas as formas de dados privados e públicos em um grande banco de dados centralizado para determinar modelos de comportamento e, assim, detectar e identificar ameaças de terrorismo. (N. T.)

** United Parcel Service Inc. Empresa americana de transporte expresso e *e-commerce* com atuação em cerca de 200 países. (N. T.)

feitas ao FBI, e ainda a última câmera de segurança escondida — e você terá o sonho de todo grande bisbilhoteiro: um "Conhecimento Total da Informação" sobre cada cidadão americano.[8]

Sim, é o antigo redator dos discursos de Nixon dando o alarme sobre a guerra do governo Bush contra a privacidade. Mas Safire sabe uma coisa ou outra sobre vigilância — Henry Kissinger grampeou seu telefone quando eles dois trabalhavam na Casa Branca de Nixon. Safire não estava sozinho entre os conservadores, muitos dos quais se juntaram ao ataque contra o Total Information Awareness.

"[O TIA] vai contra nosso perfil de nação ao aceitar que todo mundo é culpado até que se prove o contrário nos Estados Unidos", disse Lori Waters, diretor-executivo do Eagle Forum, o grupo conservador fundado por Phyllis Schlafly. Ao Eagle Forum juntou-se uma coalizão única da direita e da esquerda que incluía a National Rifle Association, a American Conservative Union, a American Civil Liberties Union, a People for the American Way e a Americans for Tax Reform.[9]

A gritaria forçou o Pentágono a repensar o programa. O homem que produzia esses programas, John Poindexter, fora ressuscitado. Depois de sua condenação criminal por ter conspirado, mentido para o Congresso, defraudado o governo e destruído provas do escândalo Irã/Contras, podia-se presumir que a vida pública de Poindexter* estava no fim. Mas Poindexter ainda tinha alguns truques na manga.

Em primeiro lugar, o Pentágono tentou mudar o nome do programa: Total Information Awareness [Conhecimento Total da Informação] virou Terror Information Awareness [Conhecimento da Informação sobre o Terror]. Como em muitos outros aspectos da vida americana pós-11 de Setembro, o Pentágono tentou brincar com o medo das pessoas ao renomear o programa. Foi esperto, mas não o suficiente. Finalmente, o escritório do Total Information Awareness no Pentágono foi fechado em setembro de 2003.

---

* Poindexter foi condenado em 1990 por ter mentido ao Congresso, mas, no ano seguinte, um tribunal de recorrência transformou a condenação por cinco crimes devido a uma tecnicidade. O tribunal de apelos decretou por 2 a 1 que o testemunho de Poindexter ao Congresso, que foi usado contra ele pela acusação, fora dado sob uma concessão de imunidade.

Um outro programa chegou ao fim em setembro de 2003: o Policy Analysis Market, também conhecido como Terrorism Betting Parlor ou Terror Futures. Esse foi um esquema de US$ 8 milhões que teria permitido às pessoas apostar na probabilidade de ataques terroristas, assassinatos e golpes. Exemplos dados no site do Total Information Awareness incluíam apostas no assassinato de Yasser Arafat ou na deposição da monarquia jordaniana. O Congresso se recusou a financiar o programa, e Poindexter foi forçado oficialmente a deixar seu emprego em agosto de 2003.

Mas o término oficial desses programas certamente não é o fim da espionagem. O governo criou um Índice Terrorista — uma enorme lista computadorizada que conterá cerca de 100 mil nomes de indivíduos que o governo declara serem terroristas conhecidos e suspeitos. O secretário de Justiça, John Ashcroft, elogiou a lista, dizendo que ela vai "fornecer a possibilidade de que qualquer funcionário federal antiterrorista trabalhe no mesmo banco de dados — seja um investigador de aeroporto, um funcionário de embaixada emitindo vistos no exterior ou um agente do FBI na rua".[10]

Michael Ratner, diretor do Center for Constitutional Rights, replica: "Todo mundo naquela lista é inocente. A questão é: afinal, por que existe uma lista em vez de o governo simplesmente dizer às pessoas que elas são culpadas até que provem o contrário?"[11]

Se isso não pegar você, talvez isso pegue: o Computer Assisted Passenger Profiling System, ou CAPPS II, um banco de dados de 100 milhões de passageiros aéreos, divididos em categorias, de acordo com o perigo que representam ou com o seu índice de risco. Por causa da paixão do secretário de Segurança do Interior por esquemas de códigos coloridos, você será rotulado como verde, amarelo ou vermelho — como um sinal de trânsito:

Verde: Você conseguirá entrar no avião sem muita controvérsia.

Amarelo: Você poderá sofrer alguns atrasos e buscas.

Vermelho: Encontre um hotel ou um advogado. Vermelhos não voarão.

Por esse programa, basta alguém fazer o *check in* no aeroporto para desencadear uma avaliação dos dados de seu registro criminal, sua história de crédito e, potencialmente, sua religião e etnia. Isso, por sua vez, entrará em algumas fórmulas matemáticas misteriosas que vão delinear seu coeficiente de risco potencial. Isso tudo dá um novo significado à idéia de bagagem de mão.

Ler, escrever, somar e recrutar?

OS DIREITOS À PRIVACIDADE das crianças nas escolas de ensino médio também estão sob ameaça. Meu irmão David escreveu um artigo na revista *Mother Jones* intitulado "Nenhuma criança sem recrutamento: os militares deveriam ter acesso aos nomes de cada aluno do ensino médio dos Estados Unidos?"

> Sharon Shea-Keneally, diretora da Mount Anthony Union High School, em Bennington, Vermont, ficou chocada ao receber uma carta, em maio de 2002, de recrutadores militares pedindo uma lista de todos os seus alunos, incluindo nomes, endereços e números de telefone. A escola convida recrutadores para participarem de apresentações profissionais e feiras de trabalho, mas, como a maioria das escolas, mantém as informações dos alunos como estritamente confidenciais. "Não damos a lista de nossos estudantes a ninguém", diz Shea-Keneally, "nem a colegas, nem a igrejas, nem a empregadores — a ninguém."
>
> Mas quando Shea-Keneally insistiu em receber uma explicação teve outra surpresa. Os recrutadores citaram o Decreto No Child Left Behind [Nenhuma Criança Deixada para Trás], uma abrangente lei de educação do presidente Bush, aprovada em 2002. Entre suas 670 páginas, encontra-se uma provisão que requer não apenas que as escolas públicas de ensino médio recebam os recrutadores militares, mas também que forneçam informações de contato de cada aluno — ou então que enfrentem um corte da ajuda federal. ... Os militares reclamaram que mais de 15% das escolas nacionais são "escolas-problema".[12]

Eu costumava achar que as escolas problemáticas eram aquelas escolas onde as crianças não liam nem escreviam. Mas, para os recrutadores, a expressão tem um significado diferente. Em 1999, o Pentágono disse que o acesso dos recrutadores às escolas fora negado em cerca de 20 mil ocasiões. Assim, o congressista republicano David Vitter, da Louisiana, adicionou esse parágrafo pouco conhecido ao Decreto No Child Left Behind.

Os estudantes podem optar por ter seus nomes enviados aos militares — *caso* conheçam os seus direitos. Quando as escolas informam às famílias sobre essa cláusula de escolha, os alunos a utilizam. Em Bennington, Vermont, a diretora da escola pública enviou uma carta para a casa dos alunos explicando a nova medida do recrutamento militar e incluiu um simples formulário onde os alunos poderiam fazer a sua opção, pedindo aos pais e aos alunos que assinassem e devolvessem o documento. O resultado: um sexto dos alunos optou por não enviar os seus nomes. Uma escola em Fairport, Nova York, enviou uma carta com um formulário similar. O resultado foi que, entre 1.200 alunos, apenas 43 famílias escolheram deixar os seus nomes serem enviados aos recrutadores.[13]

As escolas estão agora se transformando em extensões dos postos de recrutamento militar. Já os alunos alheios à situação têm seus nomes entregues de bandeja aos militares. Como conclui o artigo da *Mother Jones*: "Os recrutadores estão firmes em seus planos de utilizar as listas das escolas para persuadir agressivamente os estudantes através de cartas, telefonemas e visitas pessoais — mesmo que os pais sejam contra. O major Johannes Paraan, diretor do recrutamento para o Exército dos EUA em Vermont e no nordeste de Nova York, disse o seguinte: 'A única coisa que irá nos impedir de contactar a família é se eles ligarem para um congressista. Ou talvez se a criança tiver morrido. Aí, nós a tiraremos da nossa lista.'"

Uma amostra da repressão

O ex-porta-voz da Casa Branca Ari Fleischer alertou no dia 26 de setembro de 2001 que os americanos "precisam prestar atenção no que dizem, prestar atenção no que fazem".[14] O *Democracy Now!* relata com freqüência casos que provam que o governo Bush falava sério.

Eis um exemplo pós-11 de Setembro que mostra como as liberdades civis estão sob ameaça diária:

Manifestante com cartaz é acusado de ameaçar a segurança do presidente

Brett Bursey, diretor-executivo da South Carolina Progressive Network, foi preso por segurar um cartaz em que estava escrito "Não à guerra pelo petróleo" do lado de fora de um local onde o presidente Bush fazia um discurso, em outubro de 2002. Ele foi acusado de ameaçar a segurança do presidente. Bursey, que estava bem longe de Bush, disse que a polícia pediu-lhe que fosse para uma zona de liberdade de expressão. Ele se recusou, dizendo: "Pensei que o país inteiro fosse uma zona de liberdade de expressão." (*Democracy Now!*, 24 de junho de 2003.)

Comentários em sala de aula levam a interrogatório

Num debate em sala de aula na Oakland High School sobre política e Bush, dois garotos fizeram comentários que a professora alegou serem uma ameaça ao presidente. Agentes do Serviço Secreto apareceram no colégio no dia seguinte para interrogar os meninos de 16 anos sem o conhecimento ou o consentimento de seus pais. Um dos alunos disse que a polícia "fez perguntas do tipo 'Você é um bom atirador?'. Fiquei com muito medo", afirmou. "Fiquei chorando por causa do que eles nos disseram." (*In These Times*, 19 de setembro de 2003.)

Ashcroft interdita a Parada do Orgulho Gay

Em junho de 2003, o homem encarregado de reforçar os direitos civis da nação, o secretário de Justiça, John Ashcroft, interditou um evento do orgulho gay organizado por cerca de 200 empregados do Departamento de Justiça. Trabalhadores da agência promovem eventos do gênero há anos — inclusive em 2002, quando o oficial número 2 de John Ashcroft, o subsecretário Larry Thompson, discursou para cerca de 150 empregados. (*Democracy Now!*, 10 de junho de 2003.)

Malhando com o Big Brother

Enquanto malhava na sua academia de ginástica em São Francisco, Barry Reingold conversava sobre "Bush, Bin Laden e a política do petróleo". Quando voltou para casa, encontrou dois agentes do FBI na sua porta, esperando para questioná-lo sobre seus pontos de vista. O aposentado de uma empresa de serviços públicos aprendeu a lição: malhar e conversar são duas coisas que não se misturam. "Antes disso, eu era muito, muito mais aberto para falar com qualquer pessoa", disse ele. "Agora, vou ser muito mais seletivo." (*Democracy Now!*, 24 de dezembro de 2001.)

Os milicos descobrem o *hip-hop*

Um dia depois que a banda do artista de *hip-hop* Michael Franti, a Spearhead, tocou num comício antiguerra, a mãe de um dos membros do grupo recebeu a visita de alguns "fãs" inusitados: investigadores militares uniformizados. O irmão do integrante da banda estava servindo no Golfo Pérsico. Os agentes interrogaram a mãe do músico, mostrando-lhe os registros bancários e de viagem do seu filho, assim como as fotos de sua apresentação no dia anterior. No dia seguinte, Franti disse: "Eles... estavam basicamente intimidando; disseram-lhe com que representantes da imprensa ela poderia falar e com quais ela não poderia falar." (*Democracy Now!*, 27 de março de 2003.)

Policial caça professor pacifista

Em Barre, Vermont, o policial John Mott foi para a Spaulding High School à uma e meia da manhã para tirar fotografias da sala de aula de Tom Treece, professor de história e pacifista. As fotos, que não faziam parte de nenhum relatório oficial, apareceram em poucos dias no site do arquiconservador apresentador de programas de entrevista de rádio e usuário confesso de drogas Rush Limbaugh. (*Democracy Now!*, 9 de maio de 2003.)

FBI confisca correspondência de repórteres

Em setembro de 2002, um repórter da Associated Press nas Filipinas enviou para um colega da AP em Washington um pacote via FedEx com documentos não-confidenciais do FBI que estavam sendo usados para uma reportagem. O pacote nunca chegou. A FedEx declarou que caíra do caminhão de entregas. A AP logo descobriu que o pacote fora confiscado pelo FBI. Funcionários do FBI que não se identificaram disseram ao *New York Times* que os documentos eram muito delicados para se tornarem públicos. (*Democracy Now!*, 25 de abril de 2003.)

Policiais espionam ativistas antiguerra

A polícia de São Francisco coordenou uma vigilância secreta e não autorizada dos ativistas antiguerra, gravando protestos em outubro de 2002 e em janeiro e fevereiro de 2003. Os policiais alegaram que as gravações eram necessárias para investigações criminais, mas o Escritório de Reclamações de Civis [Office of Civilian Complaints] da cidade e o delegado de polícia exigiram uma investigação completa sobre o caso e a destruição das fitas. (*Democracy Now!*, 14 de março de 2003.)

Preso por vestir uma camiseta da paz

No dia 3 de março de 2003, pai e filho foram fazer compras num shopping nas proximidades de Albany, NY. Compraram camisetas e vestiram-nas ali mesmo. Na camiseta de Stephen Downs estava escrito "Dê uma Chance à Paz" e "Paz na Terra". Seu filho, Roger, usava uma em que se podia ler "Deixem os Inspetores Trabalharem" e "Não à Guerra do Iraque". Um segurança do shopping exigiu que os dois tirassem suas camisetas. Quando Stephen Downs se recusou, a polícia foi chamada. Em pouco tempo, Downs, advogado aposentado da Comissão de Conduta Judicial do estado de Nova York, estava algemado sob a acusação de transgressão. Dois dias depois, 150 pessoas vestindo camisetas de paz protestaram no local em apoio a Downs, forçando o shopping a retirar as acusações. (*Democracy Now!*, 6 de março de 2003.)

Espionagem no céu

No início de fevereiro de 2003, o FBI enviou secretamente um avião espião para monitorar residentes em torno de Bloomington, Indiana. Os agentes do FBI disseram à Associated Press que não sabiam de nenhuma ameaça à região, mas confirmaram que estavam observando muitos estudantes estrangeiros que poderiam ter conexões com terroristas. (*Democracy Now!*, 5 de março de 2003.)

Algemando a polícia de Nova York

Durante muito tempo, a polícia de Nova York foi impedida de monitorar atividades políticas. No início de 2003, um tribunal deu parecer favorável a um requerimento da instituição que pedia o fim dessas restrições, a fim de que seus homens pudessem combater o terrorismo. Mas o tribunal impôs novamente as restrições depois que a polícia de Nova York quebrou suas próprias regras ao fazer interrogatórios políticos com manifestantes detidos durante um comício contra a guerra, em 15 de fevereiro de 2003. (*Democracy Now!*, 2 de outubro de 2003.)

Ator contra a guerra é banido

Por causa da crítica pública que o ator Danny Glover fez, em novembro de 2001, a respeito da utilização de tribunais militares, o conselho municipal de Modesto, na Califórnia, tentou cancelar o convite feito a ele para ser o orador principal da celebração oficial do Dia de Martin Luther King, em 2002. Glover questionou se King, que chamava o país de "o grande gerador de violência no mundo hoje", teria sido convidado para a celebração de seu próprio aniversário se ainda estivesse vivo. (*Democracy Now!*, 15 de janeiro de 2002.)

Defensora da paz é obrigada a abandonar o Instituto da Paz dos EUA

Barbara Wien, ativista e educadora da paz por muito tempo, deixou o Instituto da Paz dos EUA sob forte pressão, depois de ter afirmado publicamente que esperava que os Estados Unidos não retaliassem os ataques do 11 de Setembro de maneira apressada e impensada. (*Democracy Now!*, 9 de janeiro de 2002.)

Colégio suspende aluna por causa de uma camiseta contra a guerra

Katie Sierra, uma estudante do ensino médio de 15 anos em Charleston, Virgínia Ocidental, vestiu uma camiseta para ir ao colégio com a seguinte mensagem: "Quando vi as crianças afegãs mortas ou à beira da morte na TV, tive um renovado sentimento de segurança nacional. Deus abençoe a América." A escola suspendeu a menina. Sierra e sua mãe processaram o colégio, argumentando que sua liberdade de expressão fora violada. Mas um juiz da Virgínia Ocidental sentenciou a favor da escola, alegando que a confusão que ela causara no colégio ultrapassou sua liberdade de expressão. A mãe de Sierra tirou a filha da escola depois que ela recebeu ameaças físicas e até mesmo acusações de traição por parte de funcionários, quando ela os procurou para protestar contra sua suspensão. (*Democracy Now!*, 11 de dezembro de 2001.)

Lista negra acadêmica

O conservador American Council of Trustees and Alumni compilou uma lista de 117 declarações "antiamericanas" feitas por professores e alunos nos *campi* universitários desde o 11 de Setembro. Joel Beinin, professor de história do Oriente Médio na Universidade de Stanford e presidente da Associação de Estudos do Oriente Médio, foi citado no relatório do conselho por ter dito que os Estados Unidos deveriam levar Osama bin Laden ante um tribunal internacional se ele fosse considerado culpado, em vez de bombardear o Afeganistão. (*Democracy Now!*, 26 de novembro de 2001.)

Liberdade de expressão aprisionada

Sherman Austin, *webmaster* de 20 anos de idade de um site anarquista intitulado raisethefist.com, começou a cumprir em setembro de 2003 uma sentença de prisão de um ano, depois da qual ele foi proibido de se associar com qualquer pessoa que queira "mudar o governo de qualquer jeito". Austin foi acusado de coordenar um servidor onde alguém teria inserido informações sobre como fazer coquetéis molotov. (*Democracy Now!*, 3 de setembro de 2003.)

Isso poderia acontecer aqui?

O AUTOR CHILENO Ariel Dorfman escapou por pouco da morte no dia 11 de setembro de 1973, quando uma mudança de última hora o manteve longe de seu trabalho no Palácio Presidencial em Santiago, onde era assessor cultural do presidente Salvador Allende. Allende morreu naquele dia, quando tropas chilenas invadiram o palácio, e Dorfman, por sua vez, foi forçado a se exilar. No segundo aniversário dos ataques do 11 de Setembro nos Estados Unidos, ele escreveu um ensaio intitulado "Lições de uma Catástrofe", do qual retirei o seguinte trecho:

> Isso não pode acontecer aqui.
>
> Há 30 anos, era isso o que cantávamos nas ruas de Santiago do Chile.
>
> Isso não pode acontecer aqui. Nunca poderá haver uma ditadura neste país, nós proclamávamos aos ventos da história que estavam prestes a nos atacar com tanta fúria; nossa democracia é muito sólida, nossas Forças Armadas muito comprometidas com a soberania popular, nosso povo muito apaixonado pela liberdade.
>
> Mas isso aconteceu.
>
> O bombardeio das Forças Aéreas ao Palácio Presidencial [no dia 11 de setembro de 1973] inaugurou uma ditadura que durou 17 anos e que, hoje, mesmo depois de termos reinstalado a democracia, continua a assombrar e corroer o meu país.
>
> ... Nos últimos anos, poderia acontecer algo similar a nações com democracias aparentemente estáveis?

Poderia a corrosão da liberdade, que tantas pessoas aceitaram no Chile como necessária, encontrar uma recorrência nos Estados Unidos, na Índia ou no Brasil, na França, na Espanha ou na Inglaterra?

O que vem acontecendo nesses dois anos depois dos ataques desastrosos em Nova York e Washington não é nem de longe encorajador...

Isso não pode acontecer aqui.

Nós também pensávamos, nessas nem tão remotas ruas de Santiago, que poderíamos fechar os olhos para os terrores que estavam nos esperando num futuro muito próximo.[15]

6

CONFINANDO

Imagine morar, comer, dormir, fazer as necessidades, sonhar acordado, chorar — mas, sobretudo, esperar num quarto mais ou menos do tamanho de um banheiro —, mas, sobretudo, esperar pelo resto da vida. Imagine esperar — esperar — para morrer.
— MUMIA ABU-JAMAL[1]

EM 1997, O *DEMOCRACY NOW!* tomou uma decisão que resultou na saída do programa de 12 estações de rádio de uma só vez. Isso nos deixou completamente fora do ar em todo o estado da Pensilvânia.

Nosso crime foi colocar no ar os comentários de um condenado à morte chamado Mumia Abu-Jamal.

Ex-jornalista e ativista na Filadélfia, Abu-Jamal está no corredor da morte na Pensilvânia desde sua condenação pelo assassinato de um policial, em 1981. Abu-Jamal sustenta que é inocente das acusações, e um movimento de solidariedade internacional cresceu em torno de seu caso. Entre os que apóiam a sua causa estão Nelson Mandela e o Parlamento europeu. A Anistia Internacional diz que Abu-Jamal nunca teve um julgamento justo.

Mumia Abu-Jamal tem sido uma voz representativa para as centenas de pessoas em corredores da morte em todo o país. Ele escreveu artigos para a *Yale Law Review*. Seu livro, já bastante popular, *Live from Death Row*, é uma reunião de seus ensaios.

Os ensaios de Abu-Jamal tocam num leque variado de assuntos. Nenhum deles é sobre o seu próprio caso. Ele fala da pena capital como punição para os que não têm capital. E ele fala sobre a fome de pai — a idéia de que tantos homens negros na cadeia não têm pais. Abu-Jamal refletiu sobre a ironia de ser uma figura paterna para esses prisioneiros, apesar de não poder ser pai para seus próprios filhos e netos. Ele escreve o seguinte em *Death Blossoms*:

> Aqui, neste lugar restritivo de pais sem seus filhos e homens que não têm pai, é possível sentir e ver os custos sociais dessa perda. As pessoas que não são amadas acreditam ser virtualmente impossível amar, e aquelas que não têm pai se encontram alienadas e em guerra com suas próprias comunidades e famílias.

Em outubro de 1996, o Projeto de Rádio Penitenciária, de São Francisco, gravou 13 ensaios com Abu-Jamal, e o *Democracy Now!* começou a transmiti-los no início de fevereiro de 1997. (A Fraterna Ordem da Polícia da Filadélfia recusou nosso convite para participar do programa.) Mas, alguns minutos antes da primeira transmissão, as 12 estações na Pensilvânia, donas da Universidade Temple que levavam ao ar o *Democracy Now!*, não transmitiram o programa e cancelaram o contrato com a rede Pacifica. Eles argumentaram que era "inapropriado" transmitir comentários de Mumia Abu-Jamal; sua voz não deveria ser ouvida nas transmissões públicas.

A Temple é uma universidade pública. Portanto, para nós não se tratava apenas de uma questão sobre a liberdade de imprensa, mas também sobre a liberdade acadêmica e a liberdade de expressão numa instituição com recursos públicos. As estações da Temple substituíram o *Democracy Now!* por jazz.

Um tremendo alvoroço sucedeu à suspensão do programa. O reitor da Temple recebeu mais de 100 telefonemas, e-mails, cartas e fax de associações acadêmicas e ativistas de todo o país. Tanto o *Washington Post* quanto o *New York Times* retrataram o incidente como uma questão de liberdade de expressão. Centenas de estudantes saíram à rua para pedir um fórum contra a censura na Escola de Direito da Universidade Temple.

Um dos motivos por que os comentários de Abu-Jamal causaram tanto rebuliço é que é muito raro ouvir a voz de alguém que está na cadeia — os jornalistas estão, cada vez mais, sendo proibidos de entrar nas prisões. Virgínia,

Califórnia, Pensilvânia, Indiana e Illinois estão entre os estados que têm restringido ferozmente o acesso dos jornalistas às cadeias. A Califórnia proíbe qualquer entrevista cara a cara. A Câmara da Virgínia pôs fim a um projeto de lei que garantiria permissão aos repórteres para entrevistar prisioneiros. E apenas alguns dias depois de Abu-Jamal ter gravado seus comentários, o Departamento de Correções da Pensilvânia proibiu as entrevistas individuais com prisioneiros.[2]

Abu-Jamal teve de enfrentar muitos obstáculos ao tentar levar sua voz para fora da prisão. No dia 12 de agosto de 1999, Mumia Abu-Jamal telefonou ao *Democracy Now!* para comentar a liberação de 16 presos políticos porto-riquenhos. Quando Abu-Jamal começou a falar, um guarda da cadeia arrancou o telefone da parede. Abu-Jamal ligou novamente um mês depois e contou que "outro guarda apareceu na porta da cela aos berros de 'A ligação terminou'. Chamei o sargento imediatamente e, de pé e o encarando, perguntei: 'Sargento, de onde veio essa ordem?' Ele balançou os ombros e respondeu: 'Não sei. Nós apenas recebemos uma ordem para cortar seu telefonema.'"[3]

Essas regras não costumam ser estabelecidas por legisladores; são éditos transmitidos por várias autoridades presidiárias. Como jornalistas, precisamos garantir que as prisões sejam acessíveis ao público. Trata-se de instituições públicas e não de um feudo de alguns diretores de prisão. E como as prisões têm sido cada vez mais privatizadas temos de garantir que as liberdades civis dos prisioneiros sejam respeitadas.

A Sociedade dos Jornalistas Profissionais [SPJ — Society of Professional Journalists] percebeu como foi ameaçadora a ação da Temple. "Sinto-me ultrajado pelo fato de os administradores da Universidade Temple terem decidido silenciar uma voz alternativa", disse o então presidente da SPJ, Steve Geimann, ao *Washington Post*. "A SPJ, assim como a Pacifica Radio, não está tomando partido na discussão sobre a inocência ou culpa de Abu-Jamal. A questão hoje é simplesmente dar a ele — e a outros prisioneiros — o direito de ser ouvido."[4]

O complexo carcerário industrial

PRECISAMOS saber o que está acontecendo dentro das prisões, porque a população carcerária está aumentando numa velocidade sem precedentes. Em 2002, o número de prisioneiros nos Estados Unidos excedeu dois milhões pela primeira vez na história — em 1970, eram 200 mil.[5] A taxa de encarceramento nos Estados Unidos — 701 prisioneiros para cada 100 mil pessoas (em 2002) — é a maior taxa registrada do mundo.[6]

As disparidades raciais na prisão são alarmantes. Em 2002, 45% dos prisioneiros eram negros; 18%, hispânicos. Segundo o Departamento de Justiça, os homens negros têm cerca de 35% de chance de parar na cadeia em algum momento de suas vidas. Leis draconianas sobre drogas respondem por uma taxa particularmente alta: 57% dos prisioneiros federais são encarcerados por acusações relacionadas a drogas; um quinto dos prisioneiros estatais está na cadeia pelo mesmo motivo.

Tudo isso tem ajudado o *boom* da indústria carcerária. O encarceramento é hoje um negócio avaliado em US$ 50 bilhões anuais. Devido em parte às prisões de imigrantes e às duras leis antidrogas, as penitenciárias, como as fábricas de armas, são uma indústria em crescimento. De 1994 a 2002, o número de pessoas em prisões estatais cresceu cerca de 30%. Durante o mesmo período, o número de prisioneiros nas casas de custódia federais BCIS (Bureau of Customs and Immigration Services) e ICE (Immigration and Customs Enforcement) aumentou cerca de 275%. O aumento do número de prisioneiros imigrantes sucede ao início, entre novembro de 2002 e janeiro de 2004, dos registros especiais para imigrantes de 25 países. O orçamento do governo federal para prender imigrantes foi de US$ 672 milhões.

Ninguém está arrecadando tanto com a detenção de imigrantes quanto as corporações privadas que dirigem as prisões. A indústria carcerária privada, que suga dos cofres públicos de US$ 3 bilhões anuais, lucra enormemente quando os imigrantes vão parar em suas celas. O governo federal paga às prisões municipais US$ 35 por dia por assassinos, estupradores e ladrões de colarinho-branco, mas as cadeias recebem entre US$ 75 e US$ 100 por dia por imigrante detido.[7] E certamente não é porque os prisioneiros imigrantes têm mais regalias.

"É evidente que, desde o 11 de Setembro, está havendo um foco bem maior em detenções, [e] ainda mais pessoas serão presas", informou alegremente Steve Logan, diretor da Cornell Corrections, uma empresa carcerária privada, aos seus acionistas. "Portanto, eu diria que é positivo. O negócio federal é o melhor negócio para nós, e o 11 de Setembro está aumentando esse negócio."[8]

Os corredores da morte americanos também têm sido lugares bastante ocupados. Os Estados Unidos executaram mais de 885 pessoas desde 1976. Mais de 3.500 homens e mulheres estão agora no corredor da morte.[9]

O corredor da morte é um monumento à injustiça racial. Como um estudo do General Accounting Office confirma: "O único fator confiável para prever se alguém vai ou não ser condenado à morte é a raça da vítima."[10] Mais de 80% das pessoas executadas foram condenadas por ter matado brancos, embora metade das vítimas de homicídio no país sejam pessoas de cor. E um estudo do Departamento de Justiça revelou que "80% dos pedidos de revisão de condenações à morte submetidos por advogados federais envolvem réus de minorias raciais. Em mais da metade desses casos, o réu é afro-americano".[11]

Em Oklahoma e na Carolina do Norte, os assassinos de vítimas brancas têm uma chance quatro vezes maior de receber a pena de morte do que os assassinos de pessoas negras. No Mississipi, a chance é cinco vezes maior; em Maryland, sete. Quarenta por cento das pessoas no corredor da morte são negras — embora os afro-americanos constituam apenas 12% da população. Só na Pensilvânia, mais de dois terços das pessoas no corredor da morte são afro-americanas.

O fato mais desconcertante talvez seja este: desde 1977, 140 prisioneiros condenados à pena de morte (até janeiro de 2004) foram absolvidos.[12] Se não fosse o trabalho incansável das famílias, dos ativistas, advogados e repórteres que se preocuparam com eles, essas pessoas inocentes teriam sido executadas.

Condenado ao silêncio

A UNIVERSIDADE TEMPLE insistiu que a idéia de interditar Mumia Abu-Jamal das rádios não foi sua: eles apenas seguiam as instruções da Rádio Pública Nacional [National Public Radio (NPR)]. "Nós compartilhamos o mesmo ponto de vista da NPR sobre os comentários de Abu-Jamal", disse o porta-voz da Temple, George Ingram.[13]

A Temple estava se referindo ao fato de que, em 1994, a NPR autorizou Mumia Abu-Jamal a fazer uma série de comentários que não estavam relacionados com seu caso em particular. Quando a editora da NPR saiu da prisão onde ele se encontra, ela disse que aqueles eram alguns dos comentários mais articulados que já ouvira.[14] Esses comentários foram programados para ir ao ar, e a NPR promoveu intensamente a série.

"Nós lemos o material e apreciamos o conteúdo", disse Ellen Weiss, produtora-executiva do programa *All Things Considered*, da NPR. "Ele é um bom escritor e traz uma perspectiva única para a rádio."[15] Ela disse ainda que os comentários eram um meio para a rádio pública expandir a cobertura de crimes e condenações.

A NPR sabia que essa série seria controversa, como de fato foi. Na véspera do dia previsto para os comentários irem ao ar, líderes da Fraterna Ordem da Polícia da Filadélfia participaram de um evento nacional em Washington. A polícia pressionou a NPR para não colocar os comentários no ar. O senador Bob Dole censurou a transmissão da rádio no próprio Senado.

A NPR não se dispôs a comprar uma briga. Em poucos dias, tirou os comentários do ar, mudando abruptamente o tom sobre eles. "Existe um padrão diferente para um assassino condenado", disse Bruce Drake, editor-administrativo da NPR. "No final, não achei que o que ele tinha a dizer fosse forte o suficiente para superar a nossa apreensão."[16]

Então, a NPR colocou as fitas num cofre e se recusou a devolvê-las a Mumia Abu-Jamal — mesmo agora, uma década depois. Mas os comentários finalmente apareceram — no livro de Abu-Jamal *Live from Death Row.*

A covardia da NPR teve um efeito propagador. Eles abriram um precedente para a pressão da polícia e acabaram tomando isso como um princípio. Então, pequenas transmissoras, como a Rádio Pública da Universidade Temple, começaram a citar a NPR como o exemplo de por que eles não colocariam no ar uma voz controversa.

Em abril de 1997, a NPR pediu ao poeta Martin Espada que escrevesse um poema para a comemoração do Mês da Poesia Nacional. O poema iria ao ar no *All Things Considered*. Espada, um renomado poeta e professor de inglês na Universidade de Massachusetts em Amherst, ficou feliz com o convite. De passagem pela Filadélfia, ele leu um artigo sobre o desenrolar do caso de Abu-Jamal: uma "prostituta anônima" aparecera com novas informações importantes. Espada ficou intrigado. Então, escreveu "Outra Prostituta Anônima Diz que o Homem É Inocente", um poema sobre o caso de Abu-Jamal, e o enviou por fax para a NPR.

De repente, Espada tornou-se um poeta *non grato*. A NPR nunca retornou suas ligações.

Espada não conseguia entender o que acontecera. Ele já lera poemas no *All Things Considered* anteriormente. A NPR o persuadira a escrever esse poema, e ele achava que o texto estava muito bom. Tudo foi feito do jeito que a NPR queria: uma poesia que também falava de notícias atuais. Finalmente, ele conseguiu falar com uma editora da NPR e perguntou o que estava acontecendo.

"Nós não vamos colocar o poema no ar", foi a resposta.

"Mas vocês me pediram um poema", protestou Espada.

"É verdade, mas não podemos colocar esse poema no ar", replicou a editora, "porque ele trata de Mumia Abu-Jamal."

Espada logo entendeu o que estava acontecendo. "A NPR está se recusando a transmitir esse poema por causa de seu conteúdo político?"

"Sim", foi a resposta da produtora do *All Things Considered*, Diantha Parker. Segundo Dennis Bernstein, da KPFA, estação da Pacifica, Parker disse que Espada deveria estar mais informado sobre o assunto.

Kathy Scott, diretora de comunicação da NPR, disse ao *Boston Globe*: "A NPR já tinha sido criticada por não ter colocado os comentários no ar. Obviamente, Espada acha que Mumia é inocente. No nosso ponto de vista, isso foi um jeito de jogar essa história na nossa cara."[17]

A NPR agora tentava amordaçar os dois, Mumia Abu-Jamal e Martin Espada. Mas ambos se recusaram a ficar calados. Espada veio ao *Democracy Now!* falar sobre seu caso. A revista *The Progressive* publicou seu poema, que também circulou livremente pela internet.

"Se eu não falasse abertamente, então estaria sendo tomado pelo mesmo medo que governa a NPR, e isso estaria errado", disse Espada. "Tudo o que um escritor quer é ser julgado pelo mérito de seu trabalho. Eles censuraram meu poema por questões políticas."[18]

Jornalistas não são animadores. Somos repórteres. Vamos a lugares que não são populares. Transmitimos vozes que são controversas. Não estamos aqui para ganhar concursos de popularidade. Estamos aqui para cobrir temas que são fundamentais para uma sociedade democrática. Temos que pressionar a mídia, envergonhá-la, indo para esses lugares esquecidos onde tantas pessoas são descartadas em silêncio.

Aqui está o poema que a NPR não quis transmitir:

Outra Prostituta Anônima Diz que o Homem É Inocente[19]

—para Mumia Abu-Jamal, Filadélfia, Pa./Camden, N.J., abril de 1997

por Martin Espada

As janelas blindadas sabiam o que aconteceu;
os sem-teto da Filadélfia, gemendo
em seu sono infestado de fantasmas, sabiam o que aconteceu;
todo homem negro abençoado
com sobrancelhas feridas por cassetetes
sabia o que aconteceu;
até mesmo Walt Whitman sabia o que aconteceu,
poeta morto há um século, em vigília
de seu túmulo do outro lado da ponte.

Há mais de 15 anos,
o olhar opaco dos faróis dianteiros da radiopatrulha,
o impossível ângulo da bala,
afluentes e lagos de sangue,
policial Faulkner morto, o suspeito Mumia baleado no peito,
as testemunhas que viram o atirador
fugindo; coração e pés batendo forte.

As prostitutas anônimas sabem,
pressentindo no meio-fio, pernas nuas arrepiadas,
suas faces inclinando-se para ver aquela noite,
manchas roxas, agora as faces empalidecem.
Talvez os olhos putrefatos de uma testemunha abram num leito imundo,
ou flutuem na corrente quente de seu vício,
ou se escondam dos sussurros armados da polícia
no túmulo de Walt Whitman,
onde a porta de granito está aberta
e escravos fugitivos podem descansar.

Mumia: a boina dos Panteras Negras, pensativos *dreadlocks*,
palavras dissidentes que inundam o microfone como colméia,
compartilhando comida com um povo chamado África,
clamando por seus nomes mesmo após o bombardeio da polícia
que crestou seus negros corpos.
Então o governante assinou a sentença de morte.
A agulha do executor vai injetar o veneno
na mão com que Mumia escreve,
então os dedos se enrolam como uma aranha queimada;
sua calma boca questionadora ficará dormente,
e em todo lugar as rádios num silencioso chiado, em sua memória.

As prostitutas ocultas já se foram, para a sacada segregada das putas.
Mas o jornal noticia que uma outra prostituta anônima
diz que o homem é inocente, que ela vai testemunhar na próxima audiência.
Do outro lado da corte, uma multidão de testemunhas canta, reza,
grita para que a prisão desmorone, como uma cabana num furacão.

Mumia, se a última prostituta anônima
se dilui como turbante de fumaça,
se as togas dos juízes viram nuvens de tinta
rodopiando com ilusão tentacular,
se a mortalha se torna sua colcha de Amish,
se seus *dreadlocks* são cortados durante a autópsia,
então flutuam sobre a fábrica arruinada da RCA
que um dia criou rádios
na direção do túmulo de Walt Whitman,
onde a porta de granito está aberta
e escravos fugitivos podem descansar.

7

MENTIRAS DO NOSSO *TIMES*

Do ponto de vista do marketing, não devem ser lançados novos produtos em agosto.
— ANDREW H. CARD, CHEFE DO ESTADO-MAIOR DA CASA BRANCA, FALANDO SOBRE A CAMPANHA A FAVOR DA GUERRA DO IRAQUE, 6 DE SETEMBRO DE 2002[1]

NO MEIO DA PREPARAÇÃO para a guerra, um escândalo de grandes proporções foi revelado no *New York Times* — o jornal que estabelece a pauta para outros meios de comunicação. O jornal admitiu que, durante muitos anos, um repórter de 27 anos, Jayson Blair, zombou de seus editores e falsificou histórias. Ele fingiu ter ido a lugares a que nunca fora, inventou citações e mentiu descaradamente para poder contar uma história sensacionalista. Por isso, Blair foi demitido. Mas o *Times* foi ainda mais longe: publicou um texto de cinco páginas, com sete mil palavras, sobre o jovem repórter, expondo seus furos pessoais e profissionais.

O *Times* disse que teve um ponto negativo pela primeira vez em sua história de 152 anos. Concordei. Mas não por causa do caso Jayson Blair. E sim pela cobertura do *Times* sobre o caso Bush-Blair.

Quando George W. Bush e Tony Blair criaram sua fraude para atacar o Iraque, o jornal, assim como a maioria da mídia corporativa dos Estados Unidos, entrou para a torcida organizada pela guerra. E, enquanto Jayson Blair era crucificado por seus pecados jornalísticos, a veterana correspondente de segurança nacional do *Times* e escritora de *bestsellers* Judith Miller ocupava as primeiras páginas do jornal com incontestadas propagandas do governo. Ao contrário das trapaças de Blair, as mentiras de Miller forneceram o pretexto para a guerra. Suas mentiras custaram vidas.

Se ao menos o *New York Times* fizesse o mesmo tipo de investigação sobre as reportagens de Miller que fizera sobre o caso de Jayson Blair...

O BOMBARDEIO DE PROPAGANDA da Casa Branca foi lançado no dia 7 de setembro de 2002, na coletiva de imprensa em Camp David. O primeiro-ministro Tony Blair ficou de pé ao lado do seu co-conspirador, o presidente George W. Bush. Juntos, declararam que as evidências de um relatório publicado pela Agência Internacional de Energia Atômica (IAEA) da ONU mostravam que o Iraque estava "a seis meses" de fabricar armas nucleares.

"Eu não sei de que outras evidências precisamos", protestou Bush.

Na verdade, *qualquer* evidência ajudaria — já que esse relatório da IAEA não existia. Mas, na época, poucos jornalistas americanos questionaram as mentiras cabais dos grandes líderes. Em vez disso, no dia seguinte, as "evidências" pipocaram no *New York Times* de domingo com a assinatura dupla de Michael Gordon e Judith Miller. "Mais de uma década depois de Saddam Hussein ter concordado em desistir das armas de destruição em massa", afirmaram eles com autoridade, "o Iraque começou sua jornada para as armas nucleares e embarcou numa caça internacional por materiais para fazer uma bomba atômica, disseram hoje funcionários do governo Bush."[2]

Num exemplo revelador de como a reportagem aumentou a estratégia do governo, os autores incluíram uma frase que logo viria a ser repetida por Bush e todos os seus altos funcionários: "O primeiro sinal de uma 'prova irrefutável',* argumentaram [os funcionários do governo], pode ser uma nuvem de cogumelo.**"

O editor da *Harper*, John R. MacArthur, autor de *Second Front: Censorship and Propaganda in the Gulf War*, sabia o que fazer com essa bomba de primeira

* "Smoking gun" no original. (N. T.)

** Referência ao efeito da bomba atômica. (N. T.)

página. "Num infeliz pedaço de estenografia", escreveu ele, Gordon e Miller "transformaram um vazamento do governo em algo parecido com um Armagedon iminente".

A administração de Bush sabia exatamente o que fazer com a história que eles tinham dado a Gordon e Miller. No dia em que saiu a matéria no *Times*, o vice-presidente Dick Cheney foi aos programas de entrevista de domingo para dar continuidade às falsas declarações do governo. No programa *Meet the Press*, da NBC, Cheney declarou que o Iraque adquirira tubos de alumínio para fabricar urânio enriquecido. Não importava que a IAEA tivesse refutado a acusação antes e depois de ela ter sido feita. Mas Cheney não queria que os telespectadores apenas o ouvissem. "Há uma matéria no *New York Times* dessa manhã", disse ele presunçosamente. "E eu quero citar o *Times*."[3]

Essa foi a clássica desinformação de dois níveis: a Casa Branca divulga uma mentira para o *Times*, que, por sua vez, publica essa mentira como se fosse uma grande revelação. E então a Casa Branca se esconde convenientemente por trás da credibilidade do *Times*.

"O que importava", escreveu MacArthur, "era o livre desenrolar de uma propaganda pela guerra."[4]

Judith Miller estava apenas se aquecendo. Escrevendo para o jornal mais influente dos Estados Unidos, ela continuou a alardear as divulgações do governo e de outras fontes fictícias como base para matérias chocantes que apoiavam as falsas premissas do governo a favor da guerra. "Se os repórteres que vivem por suas fontes fossem obrigados a morrer por suas fontes", escreveu posteriormente Jack Shafer, em *Slate*, "Miller estaria cavando sua sepultura agora mesmo."

Depois da guerra, Shafer apontou: "Nenhuma das declarações sensacionais que fizeram para Miller sobre armas químicas, biológicas ou nucleares deu resultado, apesar da furiosa caça às armas feita no Iraque pelos Estados Unidos."[5]

O *New York Times* publicou alguma correção? Algum esclarecimento? Cabeças rolaram? Sem chance: os "furos" de Judith Miller continuaram a aparecer nas primeiras páginas.

Eis algumas das correções que o *Times* deveria ter feito depois de uma campanha de um ano com falsas afirmações de primeira página escritas por uma de suas principais repórteres, Judith Miller:

Da editoria de correções do *New York Times*

O furo: "EUA dizem que Hussein intensifica a busca por componentes de bomba atômica", por Judith Miller e Michael R. Gordon, 8 de setembro de 2002. Os autores citam Ahmed al-Shemri (um pseudônimo), que afirma ter trabalhado no programa de armas químicas do Iraque antes de desertar do governo, em 2000. "'O Iraque inteiro é um enorme depósito', afirmou Shemri, que diz ter trabalhado durante vários anos na Muthanna State Enterprise, que já foi a fábrica de armas químicas do Iraque." Os autores citam Shemri, afirmando que o Iraque está estocando "47.000 litros de antraz, 9.500 litros de *gás gangrene*, 4.700 litros de aflatoxina e 7.500 litros de *Clostridium botulinum* por todo o país".

A correção: Como os inspetores de armas da ONU afirmaram anteriormente — e os inspetores de armas dos EUA confirmaram em setembro de 2003 —, nenhuma dessas afirmações é verdadeira. A fonte não nomeada é um dos vários desertores iraquianos que fizeram falsas afirmativas sensacionalistas que foram acolhidas por Miller e pelo *Times*.

O furo: "A Casa Branca lista os passos do Iraque para construir armas proibidas", por Judith Miller e Michael Gordon, 13 de setembro de 2002. O artigo cita a alegação da Casa Branca de que o Iraque estava tentando adquirir tubos de alumínio para o seu programa de guerra nuclear.

A correção: Em vez de escreverem um texto sobre como os Estados Unidos citaram falsamente a ONU para apoiar a sua afirmação de que o Iraque estava expandindo seu programa de guerra nuclear, Miller e Gordon repetiram e enfeitaram a mentira.

Compare isso com o parágrafo inicial de uma matéria publicada no jornal inglês *The Guardian*, no dia 9 de setembro: "A Agência Internacional de Energia Atômica não tem nenhuma prova de que o Iraque esteja fabricando armas nucleares num antigo local previamente destruído pelos inspetores da ONU — como Tony Blair afirmou ao longo da semana —, disseram ontem fontes diplomáticas ocidentais ao *The Guardian*." A matéria continua para dizer que a IAEA "fez uma afirmação insistindo que não havia 'nenhuma informação nova' sobre o programa nuclear do Iraque desde dezembro de 1998, quando os inspetores deixaram o país".[6]

A história forjada por Miller contribuiu para o clima da ocasião e do *Times*. Um mês depois, inúmeros representantes do Congresso citaram a ameaça nuclear como um dos motivos para se votar a favor da guerra.

O furo: "EUA falham no esforço de unir os dissidentes iraquianos", por Judith Miller, 2 de outubro de 2002. Citando Ahmed Chalabi e Richard Perle, assessor do Departamento de Justiça, a matéria afirmava o seguinte: "O INC [Congresso Nacional do Iraque] tem sido sem dúvida alguma a fonte mais importante da inteligência sobre Saddam Hussein."

Miller publica a reclamação do chefe do INC: "Os dissidentes iraquianos e os funcionários do governo reclamam que [o Departamento de Estado e a CIA] também tentaram lançar dúvidas sobre as informações fornecidas pelos desertores que a organização de Chalabi tirou do Iraque."

A correção: Miller defendeu a causa de Chalabi, o líder do Iraque no exílio que vem influenciando Washington há mais de uma década para apoiar a derrocada do regime de Saddam Hussein. Como o *Washington Post* revelou, Miller escreveu para o veterano correspondente do *Times*, John Burns, que trabalhava em Bagdá na época, para dizer que Chalabi "fornecera a maior parte das notícias exclusivas de primeira página sobre armas de destruição em massa para o nosso jornal".[7]

Os leitores do *Times* talvez estivessem interessados em saber os detalhes de como Ahmed Chalabi fora trazido e pago pela CIA. Chalabi dirige o INC, uma organização de iraquianos exilados criada pela CIA em 1992, com a ajuda do Rendon Group, poderosa companhia de relações públicas que trabalhou extensivamente para os dois governos Bush. Entre 1992 e 1996, a CIA repassou US$ 12 milhões para a INC de Chalabi.[8] Em 1998, a administração de Clinton deu a Chalabi o controle de outros US$ 98 milhões do dinheiro dos contribuintes americanos. A credibilidade de Chalabi sempre foi questionável: ele foi condenado à revelia na Jordânia por ter roubado cerca de US$ 500 milhões de um banco que fundou, deixando os acionistas sem nada e furiosos. Ele também tem sido acusado por exilados iraquianos de embolsar pelo menos US$ 4 milhões dos fundos da CIA.[9]

Na preparação para a guerra, a CIA demitiu Chalabi por falta de confiança. Mas ele era o queridinho dos trapaceiros do Pentágono, colocando um rosto iraquiano no fomento da guerra. Então, o Pentágono estabeleceu uma nova entidade, o Escritório de Planos Oficiais, para defender os pontos de vista dos desertores desacreditados da INC e ajudar a preparar um motivo para a guerra.

Como Howard Kurtz perguntou posteriormente ao *Washington Post*: "Será que Chalabi poderia estar usando o *Times* para alardear que o Iraque escondia armas de destruição em massa?"[10]

O furo: "CIA procura a relação do Iraque com a varíola russa", por Judith Miller, 3 de dezembro de 2002. A matéria afirma que "o Iraque obteve uma variante poderosa da varíola com um cientista russo". A reportagem acrescenta ainda: "A informação chegou ao governo americano por meio de um informante cuja identidade não foi revelada."

A varíola foi citada pelo presidente Bush como uma das "armas de destruição em massa" possuídas pelo Iraque que justificavam um perigoso programa de inoculação nacional — e uma invasão.

A correção: Depois de uma busca de três meses no Iraque, "a 'equipe de doenças eruptivas' só mostrou sinais do contrário: equipamentos inutilizados que foram considerados sem perigo pelos inspetores da ONU, cientistas iraquianos confiáveis que não deram qualquer indicação de ter trabalhado com a varíola e um laboratório que se acreditava estar em uso novamente e estava coberto por teias de aranha", relatou a Associated Press em setembro de 2003.[11]

O furo: "Armas ilícitas mantidas até o início da guerra, assegura um cientista iraquiano", por Judith Miller, 21 de abril de 2003. Neste artigo de primeira página, Miller cita um oficial militar americano que repassa afirmações de "um homem que disse ser um cientista iraquiano" sob a custódia dos EUA. O "cientista" afirma que o Iraque acabou com seu estoque de armas de destruição em massa alguns dias antes do início da guerra, que o regime transferira armas proibidas para a Síria e que Saddam Hussein estava trabalhando em estreita colaboração com a Al-Qaeda.

Quem é o mensageiro dessa baita informação? Miller nos diz apenas que "foi autorizada a vê-lo a uma determinada distância dos locais onde ele disse que o material do programa de armas fora enterrado. Vestido com roupas não descritas e um boné de beisebol, ele apontou para vários pontos na areia onde precursores químicos e outros materiais bélicos teriam sido enterrados".

E então houve os termos para as revelações dele: "Essa repórter não estava autorizada a entrevistar o cientista nem visitar a sua casa. Nem estava autorizada a escrever sobre a descoberta do cientista, e, por isso, a matéria foi então submetida ao controle dos militares. Esses militares pediram que os detalhes sobre os elementos químicos que haviam sido descobertos fossem apagados."

Nenhuma prova. Nenhum nome. Nenhuma substância química. Apenas um boné de beisebol — e a credibilidade de Miller e do *Times* — para dar o testemunho de um "cientista" que apóia convenientemente as principais afirmações da administração de Bush.

Miller, que acompanhava a MET Alpha, uma unidade militar que procurava armas de destruição em massa, potencializou ainda mais as suas afirmativas sensacionalistas, no dia seguinte, no programa da PBS *NewsHour with Jim Lehrer*:

> **P.:** Como a unidade com a qual você estava viajando encontrou provas de armas de destruição em massa no Iraque?
>
> **JUDITH MILLER:** Bem, acho que eles encontraram mais do que simplesmente uma prova cabal. O que eles encontraram... foi uma bala de prata em forma de pessoa, um iraquiano, um cientista, como nós o chamamos, que de fato trabalhou nos programas, que os conhece em primeira mão.
>
> **P.:** Isso confirma num certo sentido a insistência por parte do governo americano de que, depois da guerra, muitos iraquianos falariam o que sabiam, e que provavelmente muitas pessoas queriam ajudar?
>
> **JUDITH MILLER:** Confirma, claro... Isso é o que o governo Bush finalmente fez. Eles mudaram o ambiente político e, assim, permitiram que pessoas como o cientista que a MET Alpha encontrou aparecessem.[12]

A correção: A bala de prata foi perdendo o brilho enquanto era examinada. Três meses depois, Miller ficou sabendo que o cientista era meramente "um oficial da inteligência militar iraquiana". Suas afirmações explosivas viraram vapor.

Uma nota final da Editoria de Correções: o *Times* lamenta profundamente quaisquer guerras ou perdas de vida para as quais esses erros possam ter contribuído.

Para o espaço

CERTA VEZ, Tom Wolfe escreveu sobre um correspondente pró-guerra do *Times* no Vietnã (a mesma idéia, uma guerra diferente): o governo estava "tocando [o repórter] do *New York Times* como se ele fosse uma ocarina, como se eles estivessem soprando fumaça pela embocadura do instrumento, e o movimento dos dedos estivesse correto, e a música vindo ainda melhor do que eles mesmos poderiam tocar".[13]

Mas quem estava tocando quem? O *Washington Post* relatou que, enquanto Miller acompanhava a MET Alpha, seu papel nas operações da unidade se tornou tão fundamental que a Alpha ficou conhecida como a "equipe de Judith Miller". Em primeira instância, ela discordou da decisão de realocar a unidade para outra área e ameaçou publicar uma reportagem crítica no *Times* sobre a ação. Quando ela levou sua contestação a um general de duas estrelas, a decisão foi revertida. Um oficial do Exército disse ao *Post*: "Judith sempre ameaçava ir ao *New York Times* ou ao secretário de Defesa. Não havia nada velado sobre essa ameaça."[14]

Depois disso, ela representou o papel principal numa cerimônia em que o líder da MET Alpha estava sendo promovido. Outros oficiais ficaram surpresos ao ver Miller colocar uma nova patente no uniforme do subtenente Richard Gonzales. Ele agradeceu a Miller por suas "contribuições" para a unidade.[15] Em abril de 2003, a MET Alpha viajou para o complexo do líder do Congresso Nacional Iraquiano, Ahmed Chalabi, "seguindo a direção de Judy", onde interrogaram e detiveram um iraquiano que estava na lista de procurados do Pentágono — apesar de que a única função da MET Alpha fosse procurar armas de destruição em massa. Como um oficial disse ao *Post*: "É impossível exagerar o impacto que ela teve na missão dessa unidade, e não para melhor."

Depois de um ano de falsos furos de Miller, o jornal deu a si próprio um pouco de cobertura. Não correções — apenas coberturas. No dia 28 de setembro de 2003, surpreendentemente, Jehl Douglas, o repórter do *Times*, saiu de baixo da saia das fontes de Miller. Em sua reportagem intitulada AGÊNCIA SUBESTIMA AS INFORMAÇÕES DADAS PELOS DESERTORES IRAQUIANOS, Jehl revelou:

> Uma avaliação interna da Agência de Inteligência da Defesa concluiu que a maioria das informações fornecidas pelos desertores iraquianos que foram disponibilizadas pelo Congresso Nacional do Iraque era de pouco ou nenhum valor, de acordo com funcionários federais instruídos sobre o acordo.
>
> Além disso, diversos desertores apresentados à agentes da Inteligência americana pela organização de exilados e seu líder, Ahmed Chalabi, inventaram ou exageraram suas referências como pessoas com conhecimento direto do governo iraquiano e de seu suspeito programa de armas não-convencionais, disseram os funcionários.
>
> O Congresso Nacional do Iraque disponibilizara alguns desses desertores para o... *New York Times*, que relatou suas declarações sobre prisioneiros e sobre o programa de armas do país.

Puf! Foram para o espaço milhares de palavras do que só pode ser chamado de propaganda indecente.

Essa confissão do *Times* foi muito pequena, muito tardia. Depois de uma guerra desnecessária, durante uma ocupação brutal, e de milhares de vidas perdidas, o *Times* descobriu por tabela que se tratava de desinformação reciclada. As reportagens de Miller tiveram um papel inestimável na guerra de propaganda do governo. Elas deram legitimidade pública às mentiras cabais, fornecendo o que parecia ser a confirmação independente de especulações selvagens e falsas acusações. "O que Miller fez nesse tempo violou seriamente diversas regras do *Times* sobre o código de conduta dos departamentos de notícias e editoriais", escreveu William E. Jackson em *Editor & Publisher*. "Jayson Blair foi apenas um desvio do acaso... Miller acertou bem no âmago de todo o funcionamento da máquina de notícias."[16]

Mais do que isso, as reportagens falsas de Miller foram a chave para se justificar a guerra.

E a servidão impassível do *Times* à agenda de guerra do governo não terminou com o Iraque.

No dia 16 de setembro de 2003, o *Times* publicou uma reportagem intitulada ALTO FUNCIONÁRIO DOS EUA LEVANTA ACUSAÇÕES SOBRE ARMAS CONTRA A SÍRIA. O artigo incrivelmente parcial era virtualmente um excerto do testemunho que seria dado naquele dia pelo trapaceiro John R. Bolton, subsecretário de Estado responsável pelo controle de armas. O artigo incluía essa curiosa advertência: o testemunho "foi fornecido ao *New York Times* por pessoas que acham que as acusações contra a Síria receberam pouca atenção". O artigo certamente resolveu esse problema.

A autora? Judith Miller — preparando-se para a nova frente de combate.

Manifestantes? Que manifestantes?

No dia 26 de outubro de 2002, a equipe do *Democracy Now!* se dirigiu a Washington para cobrir um enorme protesto contra um ataque ao Iraque. Embora a polícia em Washington não divulgasse mais as estimativas oficiais do tamanho das multidões, soubemos extra-oficialmente que havia de 150 mil a 200 mil pessoas.

No dia seguinte, o *New York Times* reportou que "menos pessoas do que os organizadores esperavam participaram do protesto". A NPR relatou que "menos de 10 mil pessoas" apareceram.

Ficou claro para todos nós que estávamos de fato *lá*, inclusive para a polícia, que o tamanho da multidão era significante. Além da nossa transmissora na Pacifica, a C-SPAN estava transmitindo o protesto ao vivo. Qualquer um que estivesse assistindo de casa poderia ver claramente o número de pessoas que havia. Nem todos os veículos noticiaram o evento de maneira errada. A manchete do *Washington Post* era: O MAIOR PROTESTO ANTIGUERRA DESDE OS ANOS 60; ORGANIZADORES DIZEM QUE 100 MIL PESSOAS COMPARECERAM.

O *Times* errou tão feio que precisamos perguntar: a repórter esteve mesmo lá?

O produtor do *Democracy Now!*, Mike Burke, investigou o caso. Ele reconheceu as pessoas citadas no artigo do *Times*: elas haviam falado numa conferência de imprensa alguns dias antes. Então, ele foi atrás de cada um dos citados na reportagem: um professor do MIT, um estudante da Universidade da Carolina do Norte e Eli Pariser, um integrante da equipe da organização MoveOn.org.

Pariser confirmou que o *Times* o entrevistara uns dias antes. O professor do MIT disse a mesma coisa a Mike.

O universitário disse: "Ela me entrevistou no comício — pelo celular. Eu perguntei por que ela não estava lá. Ela me respondeu que estava trabalhando em outra reportagem." Descobriu-se depois que a repórter do *Times* encarregada de cobrir o comício estava afastada para trabalhar numa reportagem sobre o atirador de Washington.

Ora, sabemos que o *Times* tem uma infinidade de repórteres de que pode dispor para cobrir qualquer matéria, mas a questão é com o que eles se preocupam e onde decidem colocar suas equipes.

Três dias depois, o *New York Times* publicou outra matéria sobre o mesmo protesto. A manchete declarava que o comício "foi feito para revigorar o movimento antiguerra".

"O número de participantes surpreendeu até mesmo os organizadores, que haviam conseguido uma permissão para 20 mil pessoas", afirmava a notícia, e melhorava a matéria do *Times*. "Eles esperavam 30 ônibus, e foram surpreendidos por cerca de 650, vindos de lugares tão distantes quanto Nebrasca e Flórida." O artigo continuava: "A manifestação de domingo em Washington reuniu 100 mil pessoas, segundo a estimativa da polícia, e 200 mil, segundo os organizadores." A legenda de uma foto que ilustrava a reportagem dizia que o comício fora "o maior protesto antiguerra desde os tempos do Vietnã".

Em que jornal vocês acreditam: no *New York Times*... ou no *New York Times*?

O *Democracy Now!* tentou questionar a repórter e seus editores do *Times* sobre a cobertura, mas o *Times* se recusou a comentá-la. Finalmente, depois de termos feito nosso programa sobre os erros da reportagem, a repórter nos ligou para confirmar que saíra do protesto antes mesmo de ele começar. Ela vira apenas as primeiras pessoas chegando e não a manifestação real. Quando se deu conta de que o comício era muito maior, ela telefonou para seus editores para consertarem a informação, mas eles não mudaram os números.

Inúmeras pessoas que participaram do comício ou assistiram a ele telefonaram tanto para a NPR quanto para o *Times* para reclamar. No dia 30 de outubro, a NPR levou ao ar uma correção. O apresentador Robert Siegel afirmou: "Relatamos erroneamente no *All Things Considered* que na multidão havia menos de 10 mil pessoas. Embora os funcionários do Park Service não tenham dado uma estimativa oficial, é evidente que a multidão foi bem maior do que isso... Nós nos desculpamos por nosso erro."

Depois que o *Democracy Now!* fez uma matéria sobre a discrepância dos artigos sobre o comício, a produtora Kris Abrams perguntou a um editor do *Times*: "Por que vocês não publicaram uma errata dizendo que o primeiro artigo estava incorreto?"

"Porque nós não cometemos um erro", respondeu ele.

"Bem, então como você chama isso?", perguntou ela.

"Uma questão de ênfase", respondeu ele.

8

MÍDIA ESTATAL, ESTILO AMERICANO

Bom-dia, Bagdá!

— Dan Rather, diretor do CBS Evening News, ao descrever a mensagem enviada pelo presidente Bush com as primeiras bombas em Bagdá, 19 de março de 2003

George Bush é o presidente... Onde quer que ele deseje que eu me alinhe, basta me dizer onde e ele fará a chamada.

— Dan Rather no programa Late Night with Letterman, 17 de setembro de 2001

Uma das coisas que não queremos fazer... é destruir a infra-estrutura do Iraque, porque, em poucos dias, seremos os donos do país.

— Tom Brokaw, NBC Nightly News, 19 de março de 2003

Pouco antes de a Guerra do Iraque começar, cada uma das redes de TV teve de tomar uma decisão jornalística bem difícil: que nome chamativo elas deveriam escolher para sua cobertura especial?

O Pentágono tinha a resposta, e as emissoras MSNBC, NBC e FOX acataram-na: a Operation Iraqi Freedom [Operação de Liberdade do Iraque]. Na verdade, esta não foi a primeira opção do Pentágono. Correu um rumor de que os mexeriqueiros do Departamento de Defesa tinham originalmente um outro nome para a invasão: Operation Iraqi Liberation [Operação de Liberação do Iraque]. Mas ficaram preocupados com a abreviação — OIL.[1]*

Como se adotar o *slogan* do Pentágono para a cobertura não fosse o suficiente, as emissoras bombardearam os espectadores com desfiles intermináveis de generais e coronéis pagos para oferecer suas análises aos programas. Isso deu um novo significado ao termo *notícias gerais*.**

Uma vez lançadas as bombas, a diversidade das programações foi algo como um relato ao vivo do Pentágono, seguido por um relato da Casa Branca, seguido pelo do Departamento de Estado, depois por uma atualização do Ministério da Defesa britânico, depois por alguns comerciais, e então de volta ao estúdio para a análise de generais reformados, depois novamente para o CENTCOM [Comando Central dos EUA] e, enfim, para os repórteres que acompanhavam as tropas.

Os generais das emissoras eram pagos para falar — bem, praticamente o que se esperava que eles falassem. Tomemos o exemplo do vice-almirante McGinn no MSNBC: "Nós estamos chegando, e vocês não podem fazer nada em relação a isso."

Então, seguia-se uma série de perguntas, como no exemplo da conversa entre Greta Van Susteren e o general-de-divisão Thomas McInerney no programa *On The Record with Greta Van Susteren*, na FOX:

> **VAN SUSTEREN:** General McInerney, sobre o helicóptero Apache hoje — dois prisioneiros de guerra. Por que eles estavam usando um helicóptero Apache no combate? Por que não usar um avião de caça?
>
> **MCINERNEY:** Essa é uma boa pergunta...[2]

E que tal por que qualquer uma dessas armas deveria ser usada? E quando eles chegarão à parte em que discutirão quantas crianças iraquianas morreram em decorrência da explosão dessas espantosas armas em seus bairros?

---

* Petróleo. (N. T.)

** No original, *general news*. Trocadilho entre *general* (geral) e *general* (general). (N. T.)

É basicamente o *This Old House* indo à guerra: um programa de entrevistas apresentando nossas armas letais e os homens que mais as admiram.

Foi contra esse duplo estado de coisas que Michael Moore reagiu ao ganhar o Oscar por seu documentário *Tiros em Columbine*: "Eu gostaria de pedir a remoção imediata de todas as tropas americanas — da CBS, da ABC, da NBC, da FOX e da CNN!"

Acrescente a essa conversa mole sobre a guerra a obsessão de colocar os repórteres junto aos militares; o boicote a quase todas as vozes contra a guerra nos noticiários das emissoras; o ataque a jornalistas que mostraram ceticismo em relação à guerra, e será preciso fazer a seguinte pergunta: se nós tivéssemos mídia estatal nos Estados Unidos, faria diferença?

Por que a mídia corporativa lidera o entusiasmo pela guerra? Uma possível resposta encontra-se nas próprias corporações — as que são donas dos maiores canais de notícias. Na época da primeira Guerra do Golfo, a CBS era propriedade da Westinghouse, e a NBC, da General Electric (GE). Duas das maiores fábricas de armas nucleares eram donas das duas maiores redes de televisão. A Westinghouse e a GE fizeram a maioria das peças para inúmeras armas utilizadas na Guerra do Golfo. Não era nenhuma surpresa, portanto, que grande parte da cobertura dessas emissoras parecesse um programa de armas dos militares. Era possível ver repórteres na cabine de aviões de guerra, entrevistando pilotos sobre como se sentiam por estar no controle. Quase nunca víamos jornalistas na outra ponta, perguntando às pessoas amontoadas em suas casas como era não saber o que aconteceria nos próximos segundos.

A mídia tem a responsabilidade de mostrar a verdadeira face da guerra. A face sangrenta. Brutal. Pessoas de verdade morrendo. Mulheres e crianças sendo mortas. Famílias sendo dilaceradas; povoados sendo destruídos.

"A cobertura da guerra pela imprensa tem um tema consistente e pernicioso — a adoração por nossas armas e por nosso poder militar", escreveu Chris Hedges, uma veterana correspondente de guerra do *New York Times* e autora do livro *What Every Person Should Know About War* [O que cada um deveria saber sobre a guerra]: "Oficiais reformados, repórteres esbaforidos, sisudos âncoras de noticiários mal podem esconder seu entusiasmo, que é perverso — ao menos para quem não se delicia ao assistir à destruição de outros seres humanos — e asqueroso. Estamos nos isolando, perdendo contato com o mundo externo, dilacerando nossa própria humanidade e transformando a guerra em divertimento e numa maneira de nos fortalecermos como nação e indivíduos."

"Nenhum de nós é inocente", acrescenta Hedges. "É a emoção suja que as pessoas costumavam ter ao assistir a execuções públicas. Somos os carrascos. E a excitação que sentimos é diretamente proporcional à raiva e à fúria que geramos em todo o mundo. Vamos pagar por todas as bombas que lançamos no Iraque."[3]

Desde a primeira Guerra do Golfo, a mídia tem se tornado cada vez mais homogênea — e as notícias, mais uniformes e entusiasmadas com a guerra. Seis corporações enormes controlam agora a maior parte da mídia americana: a Rupert Murdoch's News Corporation (FOX, HarperCollins, *New York Post*, DirecTV e 34 canais de televisão), a General Electric (NBC, CNBC, MSNBC, Telemundo, Bravo e 13 canais de televisão), a Time Warner (AOL, CNN Warner Bros., *Time* e suas 130 revistas), a Disney (ABC, Disney Channel, ESPN, 10 canais de televisão, 29 estações de rádio e a Hyperion, a nossa editora), a Viacom (CBS, MTV, Nickelodeon, Paramount Pictures, Simon & Schuster e 185 estações de rádio americanas) e a Bertelsmann (Random House e seus mais de 100 selos editoriais e Gruner + Jahr e suas 80 revistas).

A falta de diversidade por *trás* dos noticiários ajuda a explicar a falta de diversidade *nos* noticiários. Em 2001, os observadores da mídia do grupo Fairness and Accuracy in Reporting (FAIR) prestaram atenção em quem aparecia nos noticiários noturnos dos canais ABC, CBS e NBC. Noventa e dois por cento de todas as fontes americanas entrevistadas eram brancas, 85% eram homens e, onde a filiação partidária era identificada, 75% eram republicanas.[4]

No rádio, isso é ainda pior. Na maioria das grandes e pequenas cidades dos Estados Unidos, existem milhares de estações de rádio, mas apenas um ponto de vista — de direita. Tomemos o exemplo de Albany, na Geórgia. A Cumulus Media é dona de 8 das 15 estações de rádio da cidade, e de 160 estações em todo o país.[5] Durante a invasão, não se podia ouvir a banda Dixie Chicks na maioria das estações de Albany porque a Cumulus Media interditou a transmissão do grupo depois que a sua cantora, Natalie Maines, declarou a uma platéia em Londres que tinha vergonha de o presidente George W. Bush ser do mesmo estado natal que ela, o Texas. A Cumulus até mesmo patrocinou um evento na Louisiana no qual um trator de 15 toneladas destruiu uma coleção de CDs, fitas e outros produtos voltados para os fãs da Dixie Chicks.

Foi exatamente como uma antiquada queima de livros.

Há também o gigante do rádio, a Clear Channel Communications. A companhia, que em 1972 tinha apenas uma estação de rádio em San Antonio, no Texas, é dona, hoje, de 1.200 estações de rádio, 36 canais de televisão e 776 mil exibições de comerciais em 66 países. A enorme expansão da companhia ocorreu no rastro da Lei das Telecomunicações de 1996, uma transação entre Clinton e Gore para retirar as restrições a quantas estações uma única companhia poderia possuir em uma única região de escuta.

A Clear Channel está fortemente ligada à máquina política de Bush. O co-diretor da companhia é Tom Hicks, que comprou o Texas Rangers de George W. Bush em 1998, um negócio que fez do presidente um multimilionário.[6] Durante a Guerra do Iraque, as estações da Clear Channel financiaram os comícios pró-guerra em todo o país. Depois de patrocinarem esses eventos previamente planejados, as estações faziam reportagens sobre eles em seus noticiários como se fossem de algum modo uma manifestação espontânea de apoio a George W. Bush. A apresentadora de um programa da Clear Channel, que fora eleita a melhor do ano na Carolina do Sul, foi forçada a participar de um comício em prol da guerra. Mas ela foi logo demitida quando fez declarações antiguerra no ar (ver Capítulo 10, "Matando o mensageiro").

Logo depois do 11 de Setembro, o cineasta Michael Moore escreveu sobre um e-mail que recebeu do diretor de uma estação de rádio de Michigan. O diretor encaminhou a Moore um memorando confidencial do conglomerado de rádio proprietário de sua estação: a Clear Channel. "A companhia", escreveu Moore, "ordenou que suas estações não tocassem uma lista de 150 músicas durante essa 'situação crítica nacional'. A lista, inacreditavelmente, incluía 'Bridge Over Troubled Water', 'Peace Train' e a canção 'Imagine', de John Lennon."

"Canções de guerra rah-rah,* no entanto, eram permitidas", continuou Moore. "E aí havia essa instrução problemática: 'Nenhuma música do Rage Against the Machine** podia ser tocada.' Mas como o trabalho inteiro de uma banda pode ser proibido? É essa a liberdade pela qual lutamos? Ou será que isso parece uma daquelas ditaduras repressivas que dizemos ser nosso mais novo inimigo?"[7]

---

* Rah-Rah são bandas de música que, no Haiti, tocam na rua. (N. T.)

** Grupo musical que compõe letras politicamente engajadas e que protesta contra o sistema dominante. (N. T.)

Nem mesmo isso foi suficiente para os manda-chuvas da mídia. Eles queriam um controle maior. Enquanto o general Colin Powell comandava a Guerra do Iraque, seu filho, Michael Powell, diretor da Comissão Federal de Comunicações (FCC), dirigia a guerra contra a diversidade de vozes em casa. Na primavera de 2003, Michael Powell tentou entregar as estações e os jornais a alguns poucos magnatas através do fim das restrições à quantidade de canais midiáticos que uma única companhia poderia ter.

Isso acabou permitindo que Rupert Murdoch — o homem responsável pelo canal de notícias FOX — pudesse controlar as estações de cidades inteiras. Mas é claro que isso não traria o menor problema para Bush nem para os Powell, já que Murdoch é um de seus maiores incentivadores.

Murdoch declarou o seguinte em fevereiro de 2003: "O grande negócio que virá com isso [a guerra] para a economia mundial, se é que se pode colocar assim, será o barril de petróleo a US$ 20. Isso é melhor do que qualquer corte de impostos em qualquer país."

Murdoch acrescentou ainda que o presidente George W. Bush "irá entrar na história como um grande presidente, ou, ao contrário, ele vai se afundar. Eu tenho confiança de que será a primeira opção, numa razão de dois para um".[8]

Murdoch não deixa nada ao acaso: seu canal de notícias FOX está fazendo tudo o que pode para ajudar.

O ex-produtor da FOX News Channel (FNC), Charlie Reina, revelou recentemente que a equipe do noticiário da FOX recebe todos os dias ordens sobre a linha que deve seguir, que vêm na forma de um memorando executivo. "O memorando é a Bíblia. Se, num determinado dia, você percebe que os editores da FOX parecem estar tentando chegar a algum ponto em particular, pode apostar que o memorando está por trás disso", escreveu Reina numa carta para o site de jornalismo Poynter Online.

"O memorando começou com a administração de Bush, no início de 2001, e, intencionalmente ou não, garantiu que o ponto de vista do governo dominasse a FNC. Este ano, é claro, a Guerra do Iraque se tornou um tema constante do memorando." Reina explicou: "Um dia nesse último semestre, logo depois de os Estados Unidos terem invadido o Iraque, o memorando nos alertava de que manifestantes antiguerra estariam 'choramingando' sobre o fato de as bombas do EUA estarem matando civis iraquianos e sugeria que eles poderiam dizer isso às famílias dos soldados americanos que estavam morrendo lá.

Editando o noticiário naquela manhã, não fiquei surpreso quando um jovem produtor eliminou a reportagem de um correspondente a respeito do combate do dia — simplesmente porque incluía uma foto de crianças num hospital iraquiano."[9]

Reina diz que durante a preparação para a invasão "um chefe de redação ansioso para agradar ordenou a retirada de um texto que citava o inspetor de armas da ONU, Hans Blix, dizendo que sua equipe ainda não encontrara armas de destruição em massa no Iraque. Felizmente, o equipamento eletrônico era mais rápido (e menos suscetível a políticas da redação) do que o adulador e exibiu o texto antes que sua ordem pudesse ser obedecida".

Reina observa: "Virtualmente, nenhum chefe na redação mexe uma vírgula contra as políticas do governo. Na rede Fair and Balanced, todo mundo conhece os pontos de vista da administração e, caso não estejam seguros de como colocá-los no ar, o memorando está lá para lembrar".

Mas não é apenas a redação que recebe o memorando da administração da FOX. Nos dias seguintes ao 11 de Setembro, o chefe de redação da FOX, Roger Ailes, escreveu uma carta secreta ao principal assessor político do presidente Bush, dizendo o seguinte sobre a decisão de ir à guerra: "O público americano toleraria esperar e seria paciente, mas só enquanto estivesse convencido de que Bush estava usando as medidas o mais severas possível. O apoio se dissiparia se o público não visse Bush agindo com rigidez."[10]

Ailes está acostumado a distribuir conselhos para os Bush — ele foi o principal assessor de mídia de Bush I. Ele também trabalhou para Ronald Reagan e Richard Nixon. Como Reina falou: "Todo mundo [na FOX] entende que a FNC é, em grande escala, 'A vingança de Roger' — contra o que ele considera uma mídia liberal, pró-democrata, que o evitou durante décadas."

Esperar que a FOX News transmita notícias verdadeiras é tão idiota quanto esperar que George Bush e Dick Cheney falem a verdade. Mas ao menos existe a difusão do público, certo? A mídia do povo, financiada com o dinheiro público, sempre se preocupando com o interesse público? Desculpem, mas...

Quando os atores Tyne Daly e John Valentine decidiram, na primavera de 2003, gravar uma versão para o rádio de *Hiroshima*, de John Hersey, eles naturalmente procuraram a Rádio Pública Nacional. Daly e Valentine haviam reunido um elenco de estrelas para fazer uma gravação do livro desse escritor, vencedor do Prêmio Pulitzer, que narrou a história da primeira bomba atômica a partir do ponto de vista de seis sobreviventes de Hiroxima. Os atores queriam apresentar esse clássico à nova geração.

A NPR não aceitou. A porta-voz da NPR, Jenny Lawhorn, disse o seguinte para o *Washington Post*: "Era do entendimento da NPR que isso se tratava de uma jogada que representava claramente uma reação aos acontecimentos que se aproximavam [a Guerra do Iraque] e, de uma perspectiva jornalística, isso era muito prematuro."[11]

Prematuro? Mas o livro foi publicado em 1946! Eu só conseguia pensar como era apropriado ser recusado no 100º aniversário do nascimento de George Orwell. Ele foi o autor de *1984*, um romance sobre uma sociedade controladora na qual todas as antigas obras são queimadas e o "novo discurso" substitui a história.

E então os atores procuraram a Pacifica Radio, a única rede de mídia independente dos Estados Unidos, onde suas vozes poderiam ser ouvidas. No dia 6 de agosto de 2003, o 58º aniversário da bomba atômica de Hiroxima, ouvintes de todo o país puderam escutar uma grande leitura desse clássico de tempos de guerra.

Talvez a NPR estivesse certa em se preocupar com o impacto que essa leitura poderia causar nos ouvintes. O livro capta exatamente o que é a guerra. Como Shigeko Sasamori, uma sobrevivente de Hiroxima que ouviu a gravação do programa, disse ao *Democracy Now!*: "Quando ouvi aquele programa, meu coração ficou tão calmo, embora lágrimas caíssem de meus olhos como água quente... Minha memória reapareceu. Pensei em todas as pessoas que morreram... [Foi] a arma de guerra mais terrível de que o Japão ouviu falar. Nunca, nunca mais deveríamos usá-las [as armas nucleares]."

Ela implorou: "Todo mundo, não apenas os presidentes e os congressistas, precisa aprender como a guerra é uma coisa horrível. Mas o tempo passa, e eles esquecem... Eu tenho a missão de dizer ao povo o quão terrível foi a guerra, de forma que as pessoas possam reconhecer que ela não tem nada de bom... Tenho de ajudar as pessoas a entenderem — não apenas entenderem, mas também agirem, para que não haja mais guerras. Para que Hiroxima não se repita."

Quando as vozes das vítimas — estejam elas no Japão, no Iraque, no Afeganistão ou na Cisjordânia — são ouvidas na mídia, suas vidas começam a ser tão valorizadas quanto as das pessoas que morreram no World Trade Center. Ouvimos bastante sobre as vítimas no 11 de Setembro, como de fato deveríamos. Mas as vidas aniquiladas como forma de retaliação pelas vítimas do World Trade Center são um espaço em branco em nossa consciência coletiva. Quanto mais as vidas das vítimas forem valorizadas, menos mortes haverá. Porque as pessoas despertam e protestam quando sabem que alguém inocente morreu. Elas não perguntam sobre o partido político da vítima nem sobre crenças religiosas.

Os americanos se preocupam, mas é difícil se preocupar quando não se sabe o que está acontecendo. E é com essa ignorância que contam os que fazem a guerra — e é ela que a mídia corporativa divulga.

Olha quem está falando

SÁBIOS E "ESPECIALISTAS" da televisão são freqüentemente identificados como ex-analistas ou funcionários do governo. A credibilidade deles é conquistada pela aparente imparcialidade.

O que não se sabe é a filiação dessas pessoas, com a qual elas devem estar lucrando algo ao defender suas políticas. Graças à proximidade que há entre o governo e os negócios privados, funcionários públicos transformam-se em diretores de empresas e consultores privados, obtendo participação financeira nos negócios que eles mesmos propõem. A sua real especialidade faz com que se tornem homens cada vez mais ricos.

No dia 20 de março de 2002, o *Democracy Now!* apresentou dois convidados para falar se os Estados Unidos deveriam ou não invadir o Iraque. Um era Ramsey Clark, ex-secretário de Justiça dos EUA e fundador do International Action Center [Centro de Ação Internacional]. O outro era James Woolsey, ex-diretor da CIA e sócio da firma de advocacia Shea & Gardner, de Washington. Como diretor da CIA, Woolsey era o responsável pelo pagamento ao Congresso Nacional do Iraque; agora, sua firma de advocacia representa o grupo fundado pela CIA. Mas nunca se ouviu nada sobre essas conexões durante as numerosas aparições de Woolsey na televisão.

Eis o meu diálogo com Clark e Woolsey. Decidam vocês mesmos se importa quem está pagando para alguém falar:

AMY GOODMAN: James Woolsey, o que tem a dizer sobre o envolvimento com o Congresso Nacional do Iraque (CNI), oposição iraquiana que foi fundada pelo governo dos EUA no montante de, se não me engano, algo em torno de US$ 100 milhões? Que papel acha que ele deveria representar no que o senhor expôs como o roteiro que derrubaria Saddam Hussein?

JAMES WOOLSEY: Eu vejo no CNI algo como o Solidariedade na Polônia no início dos anos 80. É uma reunião livre de organizações que trabalham de uma forma ou de outra pela liberdade do Iraque. ...

"Um para o Povo e Zero para os Idiotas!"

No dia 19 de março de 2003, a noite em que começou o bombardeio no Iraque, a musicista Ani DiFranco me convidou para falar em seu show no New Jersey Performing Arts Center. O início da guerra era um momento sombrio, mas o show tinha de continuar: três mil pessoas estavam amontoadas na casa de shows em Newark, Nova Jersey, para ver Ani, uma artista maravilhosa.

Ani me pediu que a apresentasse, a fim de explicar a importância da mídia independente numa época de guerra e para dizer às pessoas onde elas poderiam obter informações alternativas. Também haveria mesas na entrada com informações políticas.

Como sempre, eu estava atrasada. Enquanto eu corria pela casa de shows, liguei para o celular de Ani. Fiquei surpresa quando ela atendeu — pensei que estivesse se preparando para entrar no palco. "Por que você atendeu?", perguntei.

Ela disse: "Não sei se haverá show. Eles provavelmente vão cancelá-lo se você subir ao palco. Disseram que não será permitido nenhum discurso político."

Ani não perdeu a pose. "Estamos dispostos a arriscar."

O evento de Ani no New Jersey Performing Arts Center fora agendado pela Clear Channel Communications. E, já que a Clear Channel não emitira nenhum edital sobre a apresentação de Ani, os próprios gerentes da casa de espetáculos tentaram nos amordaçar.

Ani não é alienada em relação à política nem à censura. Ela faz parte de uma grande tradição de músicos cujas canções são uma mistura de poesia e crítica social. Ela canta o que vê, e isso tem lhe causado muitos problemas. Em julho de 2001, o programa da CBS *Late Show with David Letterman* cancelou a sua participação depois que ela se recusou a substituir a canção "Subdivision", que fala do medo dos brancos e de racismo, por uma música mais esperançosa.

Quando estávamos chegando ao New Jersey Performing Arts Center, os seguranças nos revistaram. Pensamos que estivessem procurando armas; acho que as encontraram. Tínhamos numa mochila centenas de folhetos anunciando a cobertura especial do *Democracy Now!* sobre a invasão iminente do Iraque. Eles disseram que não poderíamos entrar com os papéis. Perguntei se revistavam todas as bolsas, lendo o que continham. Deixamos a mochila com eles, mas não sem antes enchermos nossos bolsos com os folhetos.

Fui levada aos bastidores por uma pessoa da equipe de Ani, junto com o correspondente do *Democracy Now!*, Jeremy Scahill, que acabara de chegar de Bagdá, e com o ativista antiguerra Miles Solay. A equipe de Ani alertou Miles para fechar seu casaco e cobrir o logotipo subversivo de sua organização, Not in Our Name [Não em Nosso Nome], que estava impresso em sua camiseta.

A mulher então nos instruiu, rapidamente: "Pegue o microfone e faça a sua declaração sobre a mídia em tempos de guerra. Se eles desligarem o microfone, o que achamos que eles de fato farão, haverá outro microfone logo atrás de você. É o microfone de Ani. Vá para trás, pegue-o e continue falando. Se eles cancelarem o show..." Ela simplesmente deu de ombros. Ani preferia ser expulsa a ser censurada.

As luzes da casa diminuíram e nós nos levantamos e fizemos nosso discurso. Jeremy jogou alguns dos folhetos proibidos para a platéia. O microfone continuou funcionando. Apresentamos Ani, a multidão bateu palmas com vontade, e ela apareceu.

"Um para o povo", gritou ela, "e zero para os idiotas!" A multidão berrou como forma de aprovação, e o show continuou.

GOODMAN: James Woolsey, o senhor tem estimulado muito o Congresso Nacional do Iraque, mas a sua própria firma, a Shea & Gardner... é um agente estrangeiro pago pelo Congresso Nacional do Iraque, certo?

WOOLSEY: Todos menos eu. O CNI me procurou há dois ou três anos e me perguntou se eu os representaria em Washington... Eu recusei — Eu me coloquei fora da representação da minha firma, tanto financeira quanto substancialmente. Então, eu digo o que quero sobre o Iraque. Mas a firma, sim, representa o Iraque.

GOODMAN: Então ela lucra com o [grupo], e o senhor é um sócio que divide os lucros com a firma.

WOOLSEY: Não, não, não, eu disse que me coloco fora dela financeiramente. Eu não ganho nada do CNI.

GOODMAN: Embora a sua firma os represente. O senhor vê isso como uma questão sobre...

WOOLSEY: Não. Não para alguém que é justo. Não para alguém que é justo.

RAMSEY CLARK: Claro, é um evidente conflito de interesses. Quero dizer, o dinheiro é fungível, o senhor sabe? Se a quantia de US$ 1 milhão vai para a firma, esta tem US$ 1 milhão a mais e assim pode pagar o Sr. Woolsey...

WOOLSEY: Sr. Clark...

CLARK: ... qualquer parte disso que eles queiram...

WOOLSEY: [discutindo com Clark] O Sr. Clark não tem a menor idéia de como a compensação da nossa firma funciona, e eu estou lhe dizendo...

CLARK: Eu sei como o dinheiro funciona e sei que é um claro conflito de interesses. Sei que a Shea & Gardner não está envolvida com esse tipo de negócio. [O CNI está lá] por uma razão, e é porque você está lá.

WOOLSEY: Isso não é verdade.

CLARK: Esse é o único motivo que os levou para lá. Eles já teriam ido para outras firmas se não fosse por isso, é óbvio.

WOOLSEY: Isso não faz o menor sentido.

Educando Charlie Rose

NO DIA 12 DE MARÇO de 2003, eu era a convidada do programa *The Charlie Rose Show*, na PBS. Foi uma semana antes de Bush invadir o Iraque, e Charles queria levar alguém que pudesse explicar por que os milhões de manifestantes ao redor do mundo estavam tão preocupados.

As coisas iam bem até eu começar a delinear as ligações entre os donos das corporações de mídia e o que esta diz:

AMY GOODMAN: A NBC, a CBS e a ABC prestaram um desserviço muito sério à população de nosso país em se tratando de um verdadeiro debate sobre a guerra. A maioria das pessoas é contrária à guerra, embora a grande maioria dos convidados das emissoras seja a favor dela. Eles formam um verdadeiro desfile de generais reformados e...

CHARLIE ROSE: Isso não é ordenado por quem quer que seja o dono da empresa. Eu juro — eles não estão ordenando nada. Eles não dizem: "Nós queremos mais generais a favor da guerra do que generais contra a guerra." Não é assim que as coisas funcionam.

GOODMAN: Eles não têm que *dizer* isso. Eles contratam as pessoas que fazem exatamente isso.

ROSE: O argumento que tenho, com todo o respeito, é que Peter Jennings, Tom Brokaw e Dan Rather — uma ampla gama de pessoas — são jornalistas que não devem nada a ninguém, e eles são jornalistas muito competentes, que estão escrevendo para revistas e para essas emissoras...

GOODMAN: Não é sobre só uma pessoa.

ROSE: Você está insinuando isso porque eles escolhem as pessoas...

GOODMAN: Deixe-me citar o próprio Dan Rather na BBC: ele diz que pensa que poderia ser encoleirado. Ele acha que não pode simplesmente sair falando e fazer os tipos de perguntas que deveriam ser feitas. Isso citando Dan Rather.

ROSE: Estou surpreso em ouvir isso. Não duvido que ele tenha dito isso — ou eu simplesmente não sei se ele disse isso — , mas não estou discutindo com a sua fonte. Estou surpreso apenas, já que eu e ele somos colegas no *60 Minutes II*, de ele não ter... Eu não acredito que essa, que essa seja... que essa seja a opinião dele. Que ele ache que não pode perguntar o que quiser. Eu pensava que ele julgasse poder perguntar qualquer coisa a Saddam Hussein [durante a entrevista que fez com o então presidente iraquiano, em fevereiro de 2003], e ele me disse que escolhera as perguntas que queria fazer, não as que alguém ditara em Nova York.

GOODMAN: Bem, eu apenas desafiaria a mídia dominante a abrir as fileiras para permitir um fórum para a grande diversidade de vozes que representam este país e as pessoas ao redor do mundo.

ROSE: Essa é uma idéia maravilhosa. Eu não tenho nada contra ela. Quero dizer, na verdade tenho algo contra esse tipo de... contra o que você disse sobre quem eles ouvem em suas reportagens, porque eu tenho muito respeito pelas pessoas que vão para os campos de batalha e que noticiam de Nova York, em termos de sua própria integridade. É errado contestar a integridade deles.

GOODMAN: Eu só estava citando Dan Rather.

Vamos deixar Dan falar por si só. No *Newsnight* da BBC de 16 de maio de 2002, Rather falou sobre como ele e outros jornalistas se censuram. "Houve uma época na África do Sul em que as pessoas colocariam pneus em chamas em volta do pescoço de quem fosse dissidente", disse ele. "E de alguma forma o medo aqui é de ser acorrentado, de ter um pneu em chamas em volta do pescoço por falta de patriotismo. Agora, é esse medo que faz com que os jornalistas não façam as perguntas mais difíceis. E, mais uma vez, tenho a humildade de dizer que não me excluo dessa crítica."

Rather continuou falando sobre como ocorre a autocensura dos jornalistas: "Começa com um sentimento de patriotismo dentro de cada um... E, de repente, começamos a nos pegar dizendo: 'Eu sei qual é a pergunta certa, mas sabe de uma coisa? Essa não é a hora certa para fazê-la.'"

Consegui mais detalhes sobre como funciona a autocensura com Al Hunt. Ele é co-apresentador de *Capital Gang*, um programa semanal da CNN que mostra quatro jornalistas debatendo os temas da semana, geralmente com um político que tenha aparecido nos noticiários. Quando apareceram os temas da guerra e da paz, o quarteto tagarela repetiu extensamente a opinião dos partidos democrata e republicano: eles apóiam a guerra (na verdade, o maior cético em relação à guerra no *Capital Gang* foi Robert Novak, o participante mais conservador). Por isso, não se trata exatamente de um debate.

O *Capital Gang* vinha para Nova York, e Hunt — editor-executivo do *Wall Street Journal* em Washington e um dos membros mais liberais do programa — veio ao *Democracy Now!*, em março de 2002. Perguntei a ele por que o *Capital Gang* não incluía alguns dos maiores intelectuais ativistas de nosso tempo, tais como Howard Zinn, Cornel West e Noam Chomsky. Essas pessoas são virtualmente excluídas das emissoras dominantes.

Hunt respondeu: "Durante a Guerra do Golfo, um dos maiores mensageiros da paz era Pat Buchanan. Ora, naquela época, Pat Buchanan era de fato um ativista antiguerra? Ele era tão contra a guerra quanto Cornel West, Howard Zinn ou Noam Chomsky."

Respondi: "Existe um leque enorme de outras pessoas além dos extremistas de direita, e elas também podem ser entrevistadas nas emissoras."

"Concordo com você", disse Hunt. Mas insistiu que essas decisões não cabem a ele. Eu o pressionei: "Quem decide quem vai aparecer nas emissoras?"

"Walter Isaacson é quem toma a decisão final", ele respondeu.

Então consegui um memorando de Isaacson, de outubro de 2001 — quando ele era presidente e diretor-geral da CNN —, que vazou para o *New York Times* e o *Washington Post* (Hunt disse que não viu isso). Isaacson disse, ao mostrar imagens chocantes de vítimas civis e destruições de povoados no Afeganistão, que os repórteres deveriam "ter certeza de que não parecemos estar simplesmente transmitindo a partir da vantagem ou da perspectiva deles". Outro memorando escrito por Rick Davis, executivo da CNN, dizia que, se os correspondentes não pudessem "deixar evidentes os pontos de vista", os âncoras poderiam fazê-lo com afirmações como estas:

> É preciso ter em mente, depois de ver reportagens como esta, de áreas controladas pelo Talibã, que as ações da Força Aérea americana são uma resposta ao ataque terrorista que matou cerca de cinco mil inocentes nos Estados Unidos.
>
> *ou*
>
> É preciso ter em mente, depois de ver reportagens como esta, que o regime Talibã no Afeganistão continua a abrigar terroristas que louvaram os ataques do 11 de Setembro, que mataram cerca de cinco mil inocentes nos Estados Unidos.
>
> *ou*
>
> O Pentágono tem enfatizado constantemente que está tentando fazer o menor número possível de vítimas civis no Afeganistão, mesmo enquanto o regime Talibã continua a abrigar terroristas que estão relacionados aos ataques do 11 de Setembro, que ceifaram milhares de vidas inocentes nos Estados Unidos.[12]

Isaacson disse ao *Washington Post* que "parecia perverso se concentrar tanto nas vítimas ou na miséria do Afeganistão".

Responda rápido: o que as mulheres e as crianças mortas no Afeganistão têm a ver com o 11 de Setembro? Absolutamente nada, exceto que o governo Bush quer que vocês acreditem que algo como matar uma pobre família na Ásia ou no Oriente Médio nos torna mais seguros contra os terroristas sauditas.

Isaacson acrescentou ainda: "Eu quero deixar claro que não estamos sendo usados como plataforma política."

Estou um pouco confusa. Ele estava preocupado em ser usado pelo Pentágono ou pelo Talibã?

Representantes do Pentágono

Os maiores noticiários da televisão (ABC, CBS, NBC, CNN, FOX e PBS) durante as primeiras três semanas da guerra do Iraque:

Fontes a favor da guerra	64%
Fontes contra a guerra	10%
Fontes dos EUA a favor da guerra	71%
Fontes dos EUA contra a guerra	3%
Fontes dos EUA que eram militares	47%
Fontes que eram funcionários ou ex-funcionários do governo	63%
Fontes acadêmicas, grupos multidisciplinares* e de organizações não-governamentais	4%
Fontes das Forças Armadas dos EUA	68%
Número de funcionários e ex-funcionários do governo na TV	840
Número de pessoas contra a guerra	4
Fontes da FOX News que eram a favor da guerra	81%

Fonte: "Amplifying Officials, Squelching Dissent", por Steve Rendall e Tara Broughel, *Extra!*, maio-junho de 2003.

* No original, *think tanks*, grupo de especialistas que se juntam para desenvolver idéias sobre um tópico específico e propor sugestões de ação. (N.T.)

9

NA CAMA COM OS MILITARES*

Sem censura, as coisas podem ficar muito confusas na cabeça das pessoas.
— GENERAL WILLIAM C. WESTMORELAND,
COMANDANTE DAS FORÇAS ARMADAS NO VIETNÃ

ESTAVA PRESTES A ACONTECER. As pessoas começam a dormir juntas, e a próxima coisa que se sabe é que estão falando sobre compromisso.

Esse era o tema básico por trás de todas as reportagens durante a invasão do Iraque. Enquanto os repórteres estivessem manejando armas nos tanques e dormindo junto com os soldados no Iraque, a distância jornalística seria jogada na areia do deserto.

Não fui eu quem disse isso, mas Gordon Dillow, do *The Orange County Register*, que escreveu o seguinte: "O maior problema que encontrei quando acompanhava os fuzileiros foi que me peguei fazendo o que nós, jornalistas, aprendemos a não fazer na faculdade de comunicação: eu me peguei completamente apaixonado pela minha pauta. Eu me apaixonei 'pelos meus fuzileiros'."[1]

---

* No original, *In Bed with the Military*. Trocadilho com o termo *embed*, que designa os "repórteres americanos incorporados", ou seja, que acompanharam as tropas militares na Guerra do Iraque. (N. T.)

O repórter da CBS Jim Axelrod, que acompanhava a 3ª Divisão de Infantaria, declarou: "Pode parecer que eu tenha bebido o Kool-Aid, mas achei a experiência extremamente positiva... Conseguimos grandes matérias, e eles tiveram uma cobertura positiva."[2]

Do ponto de vista do Pentágono, esse tipo de reportagem unilateral funcionou como um feitiço. "Os americanos e as pessoas ao redor do mundo estão vendo em primeira mão a dedicação e a disciplina maravilhosas das forças da coalizão", declarou a porta-voz do Pentágono, Victoria Clarke.[3]

Para Clarke, ex-alta executiva da Hill & Knowlton, a maior companhia de relações públicas do mundo, nada foi deixado ao acaso. "Nós colocamos nisso o mesmo planejamento e preparação [no esquema que permite que os jornalistas acompanhem os militares] que os estrategistas militares colocam no esforço de guerra", disse ela.[4]

O esquema com os jornalistas na invasão do Iraque foi o ponto alto de anos de esforço e experimentação por parte do Pentágono para controlar a mídia durante a guerra. Na Segunda Guerra Mundial e no Vietnã, muitos repórteres estavam no campo de batalha com os soldados. Mas quando afundou no atoleiro do Sudeste Asiático, o Pentágono ficou exasperado com os jornalistas que noticiaram a realidade cada vez mais cruel que viam: tropas desanimadas, esforços inúteis dos Estados Unidos em conquistar "os corações e as mentes" dos vietnamitas com bombardeios extensos e até mesmo eventuais despachos sobre crimes de guerra. Tornou-se lugar comum que "a mídia perdeu o Vietnã" — como se, de outra maneira, o público americano fosse aceitar, feliz da vida, o índice comovente de 58 mil americanos mortos, 300 mil feridos e ao menos dois milhões de vietnamitas mortos nessa guerra.

Na invasão de Granada, em 1983, as Forças Armadas tentaram um plano diferente. Não haveria nenhum jornalista lá. Nenhuma foto de vítimas civis, nenhuma foto de americanos mortos ou feridos, ao menos não a curto prazo. Os jornalistas que tentaram chegar à ilha caribenha foram mandados de volta sob a mira de armas.

Quando as tropas dos EUA invadiram o Panamá, em 1989, as Forças Armadas prometeram um amplo acesso dos jornalistas, mas só onde elas quisessem. Durante o primeiro ataque sangrento, centenas de jornalistas frustrados ficaram à espera de uma autorização em aviões na Costa Rica e em Miami.

Os repórteres não puderam entrar no país durante os primeiros dois dias, quando 23 soldados americanos morreram e 265 ficaram feridos.

"Cerca de 150 repórteres ficaram presos em Miami", disse o co-apresentador do *Democracy Now!*, Juan Gonzalez, que foi um dos jornalistas impedidos pelas Forças Armadas dos EUA de entrar no Panamá. "Depois de muito protesto, conseguimos voar até o Panamá, onde fomos mantidos na Base da Força Aérea de Howard. Eles não iam nos deixar sair da base. Mas, depois que nos manifestamos, concordaram em enviar repórteres por conta própria. Naquela altura, El Chorillo já estava destruído." El Chorillo era o bairro pobre na Cidade do Panamá que os militares americanos bombardearam e incendiaram, matando centenas de panamenhos e deixando milhares de pessoas desabrigadas.

Na Guerra do Golfo de 1991, o Pentágono levou o controle da mídia para novos níveis. Durante o ataque inicial, as notícias foram terminantemente proibidas. Os jornalistas foram reunidos e detidos numa sala especial em um porta-aviões no início do combate.[5] O Pentágono permitiu apenas uma cobertura conjunta, com um punhado de repórteres no campo de batalha. Relatos do *front* estavam sujeitos a censura e a atrasos. Os jornalistas que desafiassem as restrições do Pentágono e se aventurassem a escrever por conta própria sobre a guerra estavam sujeitos a prisão. Cerca de 50 jornalistas foram detidos e alguns foram presos por tentar informar sobre a guerra de forma independente.[6]

A mídia tentou negociar educadamente com o Pentágono as restrições que foram impostas em relação à cobertura da Guerra do Golfo, mas os grandes jornais estavam mais preocupados em garantir que seus correspondentes conseguissem os poucos e cobiçados acordos de cobertura em comum. Para um grupo de noticiários independentes, a única alternativa era usar de todos os meios possíveis. No dia 10 de janeiro de 1991, a Pacifica Radio, o *The Nation*, o *Harper's*, o *The Village Voice*, o *LA Weekly*, entre outros, processaram o Pentágono, com a acusação de que as restrições à mídia eram inconstitucionais. As grandes redes de televisão e os grandes jornais diários não se juntaram ao processo nem colaboraram. Era inútil até mesmo querer que cobrissem o caso. Depois da guerra, um juiz sentenciou que restringir o acesso da imprensa ao campo de batalha estava sujeito a revisão judicial mesmo em tempos de guerra, mas, como a guerra acabara, ele arquivou o processo, considerando-o discutível.

Como a invasão do Iraque demonstrou, ele era pouco discutível.

As grandes corporações da mídia reclamaram, sim, do tratamento na guerra de 1991 — só que depois que a guerra terminou. Na época, concordaram com as duras restrições impostas pelo Pentágono assim que foi dado o primeiro disparo.[7] Durante a Guerra do Golfo, o Pentágono conseguiu não apenas se proteger, mas proteger também os seus amigos da Arábia Saudita, dizendo às redes de mídia que elas tinham de pedir a aprovação do governo saudita para que fosse feita a cobertura jornalística das tropas americanas lá.

E foi preciso muito esforço para conseguir acompanhar a guerra. Como o ex-editor-executivo do *New York Times*, Howell Raines, disse a respeito da imprensa depois da guerra: "Nós perdemos. Eles nos manipularam completamente. Se fosse uma competição esportiva, o placar teria sido 100 a 1."[8]

Um comitê de representantes de algumas das maiores organizações de notícias dos EUA chegou à mesma conclusão numa avaliação da cobertura da Guerra do Golfo em 1991: "No final, a combinação do controle da segurança e do uso do sistema de cobertura comum (*pool*) como uma forma de censura fez da Guerra do Golfo o maior conflito sem cobertura da história atual dos Estados Unidos. Numa sociedade livre, não poderia haver lugar para um controle tão esmagador por parte do governo... A televisão, a imprensa e o rádio chegaram a uma sóbria conclusão: virtualmente, não houve cobertura em terra da Guerra do Golfo até que ela terminasse."[9]

O programa de reportagens junto às tropas era, na lógica, o próximo passo do Pentágono. A idéia era dar um aparente acesso à mídia durante a invasão do Iraque, mas, na prática, manter o controle total. O Pentágono esperava que os repórteres ficassem intimidados e complacentes. Os generais não ficaram desapontados.

Não surpreendentemente, a maioria dos jornalistas incorporados às tropas serviu apenas como um megafone para as opiniões dos militares que os mantinham vivos. Os repórteres mais adulados se tornaram um grande exemplo da "síndrome de Estocolmo", em que os seqüestrados acabam se identificando e simpatizando com seus captores. "Esses jornalistas não têm acesso a seus próprios meios de transporte", notou Chris Hedges, correspondente de guerra do *New York Times*. "Eles dependem dos militares para tudo, desde a alimentação até um lugar para dormir. Eles olham para os soldados à sua volta em busca de proteção. Quando sentem medo do fogo inimigo, identificam-se e procuram proteger aqueles que os protegem. Eles se tornam parte da equipe. É uma reação natural. Eu senti isso."[10]

Os jornalistas incorporados estavam lá supostamente para oferecer a cobertura do *front*. Mas o que você pode cobrir do alto da torre de um tanque?

Pode-se cobrir a sensação de atirar nas pessoas. Então, você pode obter a resposta do atirador e do comandante. Mas essa é apenas uma pequena fatia da experiência de guerra.

E a respeito das vítimas? Será que os repórteres não deveriam estar incorporados às comunidades e aos hospitais iraquianos? Será que não deveria haver repórteres incorporados aos movimentos pacifistas para nos dar um entendimento profundo do que catalisou o maior protesto internacional organizado da história, quando 30 milhões de pessoas em todo o mundo marcharam contra a guerra no dia 15 de fevereiro de 2003?

Poucos repórteres foram sinceros sobre o que estava acontecendo — a não ser por trás das câmeras, fora do país, na privacidade ou em conversas com os colegas. Foi assim que os jornalistas contaram a verdadeira história de como funcionou o programa de incorporação.

Como Dan Rather. Ele entendeu exatamente como era o programa do Pentágono: controle total. Numa tranqüila e inusitada entrevista sobre a "guerra contra o terror", na BBC, ele disse: "Nunca houve uma guerra americana, grande ou pequena, em que o acesso da mídia fosse tão limitado quanto nessa. Limitar o acesso, limitar a informação para cobrir os fundilhos daqueles que têm o controle da guerra é extremamente perigoso e não pode nem deve ser aceito." Infelizmente, continuou ele, "isso tem sido aceito pelo povo americano. E a administração atual se diverte com isso, eles saboreiam isso e se refugiam nisso".[11]

Rather omite um participante crucial quando distribui a culpa aqui: a própria mídia. As redes de televisão e os jornais não seguiram apenas passivamente as regras do Pentágono sobre o engajamento jornalístico. Eles ajudaram ativamente a limitar nossa perspectiva sobre o que estava acontecendo no Iraque.

John Donvan, que trabalhou na invasão do Iraque como um repórter unilateral — não incorporado — para a ABC, contou uma história clássica: "Nosso carro foi literalmente saqueado em Safwan. No primeiro dia, informei que o lugar onde, no dia anterior, as pessoas estavam comemorando estava agora instável. E nossos editores em Nova York disseram: 'Bem, John, será que você consegue nos arranjar algumas dessas fotos em que as pessoas estão comemorando?'"[12]

Jonathan Foreman, um jornalista incorporado do *New York Post*, também percebeu que estava sendo desencorajado a contar a verdade — até mesmo sobre os soldados com quem ele estava. "Em mais de uma ocasião", disse ele, "eu escrevi matérias sobre o quão exaustos e aborrecidos os soldados estavam." Mas, quando o jornal saía, "vi manchetes do tipo: SOLDADOS MAL PODEM ESPERAR PARA COLOCAR AS MÃOS NA GUARDA REPUBLICANA".[13]

O jornalismo *já foi* uma profissão respeitável. Os jornalistas tinham a missão de expandir nosso entendimento, correndo riscos para nos fornecer uma visão independente do mundo. Contamos com os repórteres para falar a verdade ao poder, para fazer perguntas desconfortáveis. Na guerra, os jornalistas deveriam oferecer um mosaico nuançado, contando histórias de todo mundo, das tropas aos civis, às vítimas e às famílias em casa. Você forma as suas opiniões a partir de um leque completo de pontos de vista que escuta. Mas você tem de ouvir de todos os lados, e isso é que foi tão profundamente comprometido pelo envolvimento dos jornalistas durante a invasão do Iraque.

Jornalismo de pontaria: "Eu fui parar no lado escuro"

COM ALGUNS REPÓRTERES incorporados, a fronteira entre jornalismo e soldados desapareceu assim que as tropas começaram a se movimentar em direção a Bagdá. O caso mais assustador nesse ponto foi o de Jules Crittenden, um repórter do *Boston Herald*, incorporado na 3ª Divisão de Infantaria. Crittenden escreveu um diário no Poynter Online, um site de jornalismo, onde contou o que aconteceu quando a "sua" divisão entrou em Bagdá:[14]

> Foi aqui que eu entrei no lado escuro. Percebi a silhueta de vários soldados iraquianos nos olhando das sombras a apenas alguns metros à nossa esquerda. Gritei: "Estou vendo três f... logo ali."
>
> "Onde eles estão?", perguntou Howison, dando a volta em sua escotilha.
>
> "Os f... estão logo ali", eu disse, apontando.
>
> "Ali?", disse ele, abrindo fogo com a.50. Vi o corpo de um homem sacudir ao ser atingido pelas balas de grosso calibre. O homem atrás dele pareceu se erguer, mas foi impedido por repetidas explosões.
>
> "Tem outro f... ali", eu disse a Howison.
>
> Dois soldados que estavam comigo na escotilha começaram a atirar com seus rifles, mas acho que foi Howison quem conseguiu acertá-lo, atravessando a couraça de metal que o soldado usava para se proteger.

Se isso pode soar como uma confissão angustiada da culpa de um repórter, certamente não foi essa a intenção de Crittenden. "Agora que participei da morte de três seres humanos na guerra que fui enviado para cobrir, tenho certeza de que algumas pessoas vão questionar minha ética, minha objetividade etc.", escreveu ele. "Meu argumento será breve. Elas que se danem; elas não estavam lá. Mas serão bem-vindas para se juntarem a mim da próxima vez, caso queiram testar seu profissionalismo."

Culpar Crittenden é muito fácil. Como escreveu F. Marshall Maher para o grupo de observadores da mídia FAIR: "Correspondentes de guerra são civis, sob proteção específica da Quarta Convenção de Genebra. Mas quando pegam uma arma ou participam de uma batalha, eles não apenas perdem a proteção, mas também colocam em risco todos os outros jornalistas que estão cobrindo a guerra, diluindo a fronteira que separa os repórteres dos soldados."[15]

Ao menos Crittenden estava sendo honesto. A propaganda a favor da guerra que apareceu nas redes de televisão e nos grandes jornais e revistas resultou na morte de bem mais do que três pessoas.

Papo íntimo: o que os jornalistas incorporados contam entre si, mas não contam para você

A guerra em Bagdá era uma coisa tão próxima que, num determinado momento, um fuzileiro me deu uma granada de mão para que eu a jogasse, caso o inimigo se aproximasse de nós. Já fazia mais de 30 anos que eu não segurava uma granada (fui sargento do Exército no Vietnã) e sabia que isso violava as regras escritas e não escritas. Mesmo assim, fiquei confortável com ela nas mãos.

— Gordon Dillow, colunista do *The Orange County Register*, incorporado aos fuzileiros dos EUA

Foi difícil. Nós estávamos nos vestindo como eles e comendo e dormindo com eles. Acabamos nos tornando parte deles.

— Rick Leventhal, correspondente incorporado, FOX News Channel

Esse projeto é o máximo. É o *Band of Brothers* em tempo real... Através do meu longo contato com os fuzileiros (fui conferencista em seus seminários de treinamento de mídia durante 10 anos), fiquei envolvido com esse serviço nobre.... Eu saí de lá sem a menor fé em tantos jornalistas internacionais renomados que, com freqüência, noticiam com suas convicções em vez de com seus olhos.

— Chuck Stevenson, produtor do noticiário da *CBS 48 Hours Investigates*, incorporado aos fuzileiros dos EUA

> O processo de incorporar é o melhor movimento que os militares americanos já fizeram em suas relações com a imprensa.
>
> — Bob Arnot, correspondente da MSNBC e da NBC News, incorporado aos fuzileiros dos EUA
>
> Durante as minhas viagens com os fuzileiros navais, eu não podia esquecer que éramos os líderes bem-dispostos da equipe que estava no ônibus... Muitos do comando dos fuzileiros que conheci não nos viam como jornalistas neutros que tinham um trabalho a fazer, mas como instrumentos para refletir as façanhas e a glória do Corpo dos Fuzileiros Navais dos Estados Unidos. Um dia, um oficial da imprensa apareceu no refeitório e examinou uma foto colorida publicada no *Times* de fuzileiros se preparando para a batalha. "Dinheiro não compra esse tipo de campanha de recrutamento", disse ele.
>
> — John Burnett, correspondente do NPR, incorporado entre os fuzileiros dos EUA[16]
>
> Eu não era um combatente, mas disse a eles que estaria pronto para pegar em armas, caso fosse necessário. É muito fácil usá-las. É só apontar e atirar.
>
> — Chantal Escoto, *The Leaf-Chronicle*, Clarksville, Tennessee[17]

Infelizmente, Crittenden não conseguiu parar de confundir o papel de jornalista com o de conquistador. Em abril de 2003, ele foi pego trazendo para os Estados Unidos um quadro enorme retirado de um dos palácios de Saddam. Ele defendeu suas ações, dizendo que "fazia parte da tradição de honra dos soldados levar para casa lembranças de algumas das experiências mais intensas de suas vidas".[18]

Sim, o saque é certamente uma questão de tradição — entre os soldados saqueadores, não entre os jornalistas. Mas Crittenden já esquecera há muito tempo que capacete estava usando. E o editor da *Herald*, Patrick J. Purcell, continuou entusiasmado com sua participação. "Eu estou muito orgulhoso do trabalho que Jules Crittenden fez na cobertura das linhas de frente da guerra", disse ele, depois que o saque de Crittenden foi divulgado.[19] Não foi impetrada nenhuma acusação criminal contra Crittenden, e a alfândega dos EUA, por fim, devolveu os itens confiscados.

Crittenden deu um golpe irônico em seus colegas de trabalho. Reclamando sobre a cobertura que deram ao que faturara com a guerra, ele torceu o nariz: "Eu só vou dizer que não era de grosso calibre."

Estou confusa... ele estava se referindo às suas armas ou às suas palavras? Com repórteres incorporados, nunca se sabe.

A velha autópsia

ALGUNS MESES depois de o presidente George W. Bush declarar prematuramente que a guerra contra o Iraque terminara, era seguro para os jornalistas corporativos começar o tradicional ritual de introspecção *post mortem*.

"Nós nunca mostramos a vocês como a guerra é de fato horrível", admitiu John Donvan, da ABC *News*. "E nós falamos o tempo todo sobre isso: será que deveríamos quebrar esse tabu? Mas, se nós o quebrássemos, isso teria um impacto enorme. Enorme."[20]

Infelizmente, as úteis percepções de Donvan sobre a realidade da guerra não tiveram nenhum impacto. Ele estava falando numa entrevista para outros jornalistas, em julho de 2003. A maioria das confissões de culpa se deu nas grandes revistas de negócios.

O impacto da cobertura do Iraque *foi* enorme — por todos os motivos errados. No dia 10 de setembro de 2003, a principal correspondente de guerra da CNN, Christiane Amanpour, discutiu o porquê desse impacto no programa *Topic A With Tina Brown* da CNBC: "Acho que a imprensa foi amordaçada e que a própria imprensa se amordaçou. Sinto muito em dizer, mas certamente a televisão — e, talvez, numa certa medida, a minha estação — foi intimidada pelo governo e seus soldados de infantaria da FOX News. E, de fato, isso gerou um clima de medo e autocensura, na minha opinião, em relação ao tipo de trabalho de transmissão que fizemos."[21]

Perguntaram a Amanpour, que apareceu no programa junto com a ex-porta-voz do Pentágono, Victoria Clarke, e o escritor Al Franken, se havia histórias que ela não relatou. "Não é uma questão de não poder fazê-lo, mas uma questão de tom", disse ela. "É uma questão de ser rigoroso. É de fato uma questão de fazer as perguntas de verdade. Todo o corpo político, na minha opinião, seja a administração, a inteligência, os jornalistas ou quem quer que seja, não fez perguntas suficientes sobre as armas de destruição em massa. Quero dizer, parece que isso foi desinformação no mais alto grau."

Victoria Clarke se exaltou: "Isso é só... é... é categoricamente falso."

A porta-voz da FOX, Irena Briganti, disse posteriormente: "Dada a escolha, é melhor ser vista como um soldado de Bush do que como uma porta-voz da Al-Qaeda."[22]

"Ou você está conosco ou contra nós" é uma escolha falsa. Essa mentalidade da FOX é fatal para o jornalismo e coloca em perigo uma sociedade democrática.

Em maio de 1999, perguntei a Amanpour sobre a postura pró-guerra da CNN, que certamente não começou com a invasão do Iraque. Nosso contato se deu no Newseum, em Nova York; foi parte da cerimônia do Prêmio George Polk, que o *Democracy Now!* recebeu pelo documentário *Drilling and Killing*.

Perguntei sobre a prática da CNN de usar oficiais militares reformados e sobre a exclusão das vozes do movimento antiguerra. Será que isso não levaria os noticiários a sempre defenderem a guerra? E por que não incluir vozes do movimento antiguerra em suas análises?

A imagem de Amanpour foi transmitida numa videoconferência da Bósnia para aquele auditório de jornalistas. Ela respondeu com petulância: "Sugiro que [os pacifistas] ofereçam seus serviços à CNN e a outras organizações. Sugiro que a maioria das pessoas que queiram oferecer seus serviços o façam."

Então, o tom de Amanpour mudou para a exasperação: "Olhe, isso está além do meu alcance. Eu não tenho controle sobre o que a organização faz. Eu concordo com você. Talvez nós devêssemos ter um leque de pessoas com diferentes opiniões."

Talvez? Mas esse não é um princípio básico do jornalismo? A correspondente-chefe da CNN deixou pouca esperança de que defenderia uma idéia tão maluca.

10

MATANDO O MENSAGEIRO

Não existe bandeira grande o suficiente para cobrir a vergonha de matar pessoas inocentes.
— HOWARD ZINN

OS PROBLEMAS CHEGARAM CEDO no dia 8 de abril de 2003. Às 7h45min, Tareq Ayyoub, correspondente-chefe em Bagdá da rede de notícias saudita Al-Jazeera, estava de pé no telhado do escritório, na capital iraquiana, narrando uma batalha entre as tropas iraquianas e dois tanques americanos que tinham aparecido mais cedo na ponte Al-Jumhuriya, nas proximidades. O cinegrafista de Ayyoub, o iraquiano Zuheir, girava a câmera de um lado para outro, da batalha para o repórter, a fim de acompanhar tudo.

De repente, o som de armas de fogo tomou conta do lugar. Um jato de caça americano surgiu dando um rasante pela cidade. Ayyoub e Zuheir olharam instintivamente para cima e viram o jato inclinando a asa e o nariz na direção de onde eles estavam. "O avião voava tão baixo que pensamos que fosse aterrissar no telhado de tão perto que estava", contou o colega de Ayyoub, Maher Abdullah, ao jornalista do *Independent*, de Londres, Robert Fisk.[1]

Dentro do escritório, os outros colegas de Ayyoub podiam ouvir o ruído do lança-foguetes do avião. Eles ouviram um barulho estridente seguido de uma explosão ensurdecedora. "Foi um golpe certeiro — o míssil explodiu bem no nosso gerador elétrico", disse Abdullah. Os colegas recolheram freneticamente o corpo dilacerado de Ayyoub, que tinha 35 anos, e o levaram num cobertor para uma ambulância. Mas era tarde demais. "Tareq morreu em seguida", disse Abdullah. O cinegrafista ficou ferido, mas sobreviveu.

Alguns momentos depois e a mais ou menos um quilômetro de distância, os jornalistas e a equipe da rede de televisão Abu Dhabi — que tem seu nome escrito em grandes letras azuis no telhado do prédio — buscaram abrigo em seus escritórios. Eles haviam acabado de ouvir que os Estados Unidos tinham bombardeado a Al-Jazeera. Vinte e cinco membros da equipe, amontoados no porão, telefonavam e imploravam no ar que alguém ajudasse a salvá-los. Mais uma vez, o apelo foi parar em ouvidos moucos. A artilharia dos EUA bombardeou seus escritórios. Milagrosamente, não houve feridos graves.

Pouco antes do meio-dia, foi a vez de grupos da imprensa internacional. No hotel Palestine, onde centenas de repórteres estavam hospedados, muitos viram, aterrorizados, quando um tanque americano, posicionado na ponte Al-Jumhuriya, girou lentamente a arma em sua direção. Uma equipe de televisão francesa filmou o momento em que o gigante armado preparou a pontaria e, de repente, sem nenhum aviso, disparou para o lado do hotel. A bomba atingiu o 15º andar, provocando uma explosão no quarto que servia de escritório para a agência de notícias internacional Reuters. O ucraniano Taras Protsyuk, de 35 anos, veterano cinegrafista da Reuters, morreu na hora. Jose Couso, de 37 anos, cinegrafista do canal espanhol Telecinco, que filmava no andar de baixo, também foi morto. Outros três jornalistas internacionais ficaram seriamente feridos.[2]

Naquela tarde, quando as notícias começaram a se espalhar nas redações, porta-vozes do Comando Central dos EUA no Catar ofereceram justificativas. Eles disseram que reagiram a um "ataque inimigo significante, vindo do hotel Palestine, em Bagdá".[3] Uma sucessão de porta-vozes militares também repetiu essa afirmação, dizendo que a culpa era das forças iraquianas, que vinham lançando ataques a partir de locais civis, tais como o Palestine.

As redes de televisão americanas caíram direitinho na conversa. Participando do *Larry King Live* naquela noite, o comentarista militar da CNN, general Wesley Clark, garantiu aos telespectadores: "É um típico caso de falta de sorte na guerra. As pessoas estavam no lugar errado, na hora errada... Não se pode dizer às tropas que não atirem de volta quando estão sendo atacadas... Os Estados Unidos não matariam jornalistas deliberadamente."[4]

Lugar errado, hora errada — em seus escritórios?

A mídia estrangeira tratou esses incidentes de forma bem diferente do que os colegas americanos. "Só podemos concluir que o Exército dos EUA atacou os jornalistas deliberadamente e sem nenhum aviso", declarou a organização não-governamental Repórteres Sem Fronteiras. Robert Fisk, do *Independent*, de Londres, foi ainda mais direto, declarando que os ataques "mais pareceram assassinatos". Afinal, os militares americanos sabiam muito bem que havia repórteres trabalhando no hotel Palestine. E numa entrevista para a revista francesa *Le Nouvel Observateur*, o comandante do tanque da unidade não fez nenhuma menção a um ataque hostil feito por civis iraquianos na área do hotel.[5]

Jornalistas que viram os ataques zombaram da afirmativa de que os tiros foram disparados do hotel ou dos escritórios da Al-Jazeera. Além disso, perguntaram eles, se estavam atirando das ruas, por que o tanque mirou no 15º andar? A Al-Jazeera observou que no dia 24 de fevereiro enviara uma carta para a porta-voz do Pentágono, Victoria Clarke, com as coordenadas precisas de seu escritório.

Deve ter sido o maior erro da rede de notícias árabe.

Apesar das evidências, Victoria Clarke não mudou de opinião. "Nossas forças estavam sob fogo", insistiu a representante do Pentágono. As tropas americanas simplesmente "exerceram seu direito inerente de defesa... [Bagdá] não é um lugar seguro. Vocês não deveriam estar lá".

A explicação confirmou o que muitos jornalistas temiam: em vez de garantir que isso nunca aconteceria novamente, o Pentágono usava as mortes dos jornalistas como um pretexto para alertar outros repórteres — aqueles que não estavam incorporados às Forças Armadas dos EUA — para deixarem o campo de batalha.

"Éramos o alvo porque os americanos não queriam que o mundo visse os crimes que estão cometendo contra o povo iraquiano", disse o repórter da Al-Jazeera em Bagdá, Majed Abdel Hadi. David Chater, correspondente da Sky News inglesa na capital do Iraque, questionou em alto e bom som se os jornalistas que não estavam com as tropas poderiam continuar trabalhando no Iraque. "Como vamos continuar a fazer isso", perguntou ele, "se os tanques americanos estão mirando em nós?"[6]

Talvez fosse exatamente essa a mensagem que o Pentágono queria enviar.

Alvos unilaterais

O PENTÁGONO ESTAVA ansioso para acomodar os 700 repórteres que ficariam incorporados às tropas dos EUA durante a invasão do Iraque. Afinal, esses jornalistas eram virtualmente reféns. Eles só poderiam anunciar o que pudessem ver; e só poderiam ver o que as tropas americanas os autorizassem a ver. Foi o melhor serviço de relações públicas que o Pentágono poderia ter comprado. Desde o set hollywoodiano de US$ 250 mil que foi construído em Dohar, no Catar, para os relatos da imprensa do CENTCOM, até as quantias não reveladas gastas para enviar celebridades jornalísticas, como Ted Koppel e Geraldo Rivera, ao *front*, o Pentágono sabia que isso era um investimento na sua própria imagem que renderia dividendos durante anos. Até mesmo o combativo secretário de Defesa, Donald Rumsfeld, se entusiasmou com os repórteres incorporados: “Sempre nos julgamos privilegiados, como um país livre, por termos a imprensa cobrindo, na medida do humanamente possível, o que está acontecendo de verdade.”

Mas os jornalistas que não estão com as Forças Armadas são vistos de maneira bem diferente. Afinal, esses 2.100 repórteres chamados unilaterais estavam em terra com os iraquianos, vendo a guerra por outros ângulos.[7] Muitos descobriram logo que as Forças Armadas dos EUA consideravam a imprensa independente como inimiga. O grupo Repórteres Sem Fronteiras acusou as forças americanas e inglesas no Iraque de mostrarem desrespeito pelos repórteres unilaterais.

Dan Scemama pode testemunhar isso. No final de março de 2003, ele integrava um grupo de quatro jornalistas independentes presos pelas tropas americanas. Todos usavam credenciais emitidas pelas Forças Armadas dos EUA. Eles vinham seguindo as tropas e passando a noite com soldados americanos até se depararem com alguns que, sem mais nem menos, decidiram que eles eram espiões do Iraque. Então, os quatro foram presos. Posteriormente, Scemama, correspondente da rede israelense Channel One, descreveu no *Democracy Now!* a provação por que passaram. Ele contou como um dos repórteres “perdeu a paciência” depois de ter ficado preso por cinco horas e meia no jipe que eles haviam alugado. O repórter, que era português, saiu do jipe e se aproximou dos soldados que estavam em volta. “Por favor, por favor, imploro a vocês, tenho mulher e filhos! Deixem-me ao menos dar um telefonema para dizer a eles que estamos seguros, que estamos com vocês, os americanos, e não com os iraquianos. Eles devem estar pensando em casa que fomos mortos pelos iraquianos. Por favor, deixem-me apenas dizer-lhes isso!"

"Volte imediatamente para o carro", responderam os soldados, segundo Scemama. Mas, antes que o jornalista português conseguisse voltar para o jipe, "cinco soldados... pularam em cima dele e começaram a bater e a chutá-lo. Nós corremos em sua direção. Todos eles carregaram suas armas e disseram que atirariam se nos aproximássemos."

Os soldados ataram as mãos do repórter português às costas e levaram-no para o acampamento. "Depois de meia hora, deixaram-no ir, e ele voltou para perto de nós chorando", disse Scemama. "Em seguida, veio um tal tenente Scholl. Ele nos disse: 'Não brinquem com os meus soldados. Não brinquem com eles porque foram treinados como cães para matar. E eles os matarão, caso tentem de novo.'"

Devidamente alertados, os jornalistas sentaram-se no jipe por mais 36 horas. "Eles nos perguntaram se precisávamos de alguma coisa", disse Scemama. "Eles vieram educadamente; pois bem, o tenente Scholl voltou. 'Precisam de algo?', perguntou. E dissemos: 'Sim, se puder nos dar um pouco de comida.' E ele disse: 'Não tenho comida suficiente nem para os meus soldados, não vou dar comida a vocês.'"

"Depois de mais ou menos uma hora, vimos um soldado vindo em nossa direção com uma garrafa de água. E então dissemos: 'Vejam! Algo humano está acontecendo aqui. Alguém vem nos trazer água.' Em seguida, vimos esse soldado dar a água a um cachorro."

Depois de 36 horas, os jornalistas foram enviados para o Kuwait em um helicóptero. Na manhã seguinte, depois de dois dias como prisioneiros, eles disseram: "Rapazes, acabou. Em que hotel vocês estão na Cidade do Kuwait? Nós os levaremos ao seu hotel."

Mas a sua provação ainda não terminara. "Quando cheguei ao meu hotel", disse Scemama, "tive tempo de tomar um banho. Eu queria comer alguma coisa, porque não comia havia muito tempo. Mas, cinco minutos depois que saí do banho, bateram na porta. Era a polícia secreta do Kuwait. E disseram-me que, para minha própria segurança, tinham de me mandar para fora do Kuwait imediatamente. Então, me levaram para o aeroporto e me expulsaram do país. Tenho certeza de que foram os americanos que fizeram isso."

Ao menos Scemama e seus colegas sobreviveram para contar isso. No dia 17 de agosto de 2003, Mazen Dana, um cinegrafista palestino da Reuters, foi morto quando filmava numa prisão fora de Bagdá. Ele acabara de falar com os soldados americanos, avisando-lhes o que estava fazendo. Não fez diferença. Dana acabou filmando a própria morte. Quando sua câmera apontou para um tanque americano a 50 metros de distância, os soldados, de repente, abriram fogo. A câmera de Dana perdeu o foco quando a bala de uma arma de grosso calibre atingiu seu peito.

Dessa vez, as explicações foram ainda mais triviais do que as de 8 de abril. Os soldados americanos alegaram ter confundido a câmera de Dana com um lança-granadas. O Pentágono disse que os soldados "mataram um cinegrafista" por acidente. Oficiais dos EUA disseram ao Comitê de Proteção aos Jornalistas que a morte de Dana foi "lamentável", mas que os soldados "agiram dentro das regras de combate".[8]

O mais irônico é que Mazen Dana ganhara dois anos antes o Prêmio Internacional Liberdade de Imprensa, concedido pelo Comitê de Proteção aos Jornalistas (CPJ), por sua determinação em continuar filmando em situações arriscadas. Ele fora preso e ferido muitas vezes ao cobrir o conflito nos territórios ocupados pelos israelenses. "Mazen era um dos maiores cinegrafistas de situações de conflito da sua geração. Ele enfrentava balas e violência física para fazer suas matérias", escreveu Joel Campagna, do CPJ.[9] Centenas de pessoas caminharam em Hebron no seu funeral, e testemunhos borbulharam ao redor do mundo.

"Nós temos um dom", disse Dana a seus colegas jornalistas ao aceitar o Prêmio Internacional Liberdade de Imprensa. "Nós filmamos e mostramos ao mundo o que está acontecendo. Não fazemos parte do conflito."

Mazen Dana concluiu: "Palavras e imagens são uma verdade pública, e, por isso, vou continuar o meu trabalho, a despeito das adversidades, mesmo que isso custe a minha vida."[10]

Silenciando a Al-Jazeera

OS FALCÕES DO PENTÁGONO estavam compreensivelmente satisfeitos com a própria habilidade em manter a mídia sob controle. Sua ira estava reservada para a voz em que não podiam mandar: a Al-Jazeera. O subsecretário de Defesa, Paul Wolfowitz, disse em julho de 2003: "Nossos desafios maiores são: número um, eletricidade; número dois, desemprego; e número três, a dominação da mídia local por fontes hostis, incluindo entre as de fora a Al-Jazeera e a Al-Arabiya, e outras redes estrangeiras inúteis."[11]

Hafez Al-Mirazi, editor-chefe da Al-Jazeera em Washington, sentiu um calafrio quando ouviu o discurso de Wolfowitz: "Quando você escuta isso de alguém que é tão importante nesse governo quanto o ministro da Informação era no Iraque, é realmente assustador."[12]

Mais tarde, perguntaram a Al-Mirazi, numa conferência: "De que lado a Al-Jazeera está?" Ele respondeu: "O que é triste nisso tudo é que algumas das redes americanas se comportaram da mesma maneira que as estações controladas pelo governo no mundo árabe antes do 11 de Setembro. Eles costumavam nos chamar de 'a rede apoiada pelos EUA e por Israel'. Éramos suspeitos de tentar dividir o mundo árabe. Antes do 11 de Setembro, os americanos eram muito seguros a nosso respeito, mas, depois disso, quando mostramos os dois lados, eles se comportaram conosco da mesma forma que outras mídias controladas pelo governo no mundo árabe faziam."[13]

A Al-Jazeera tem bons motivos para ficar nervosa. Ela tem sido alvo constante de ataques dos militares americanos:

- Em novembro de 2001, apesar do fato de a Al-Jazeera ter dado às Forças Armadas dos EUA as coordenadas de seu escritório em Kabul, aviões de guerra dos EUA lançaram duas bombas de 250 quilos no escritório da Al-Jazeera naquela cidade, destruindo-o completamente. Os Estados Unidos afirmaram que o escritório era "uma conhecida instalação da Al-Qaeda".[14]

- Em Basra, no Iraque, em março de 2003, os Estados Unidos lançaram quatro bombas no hotel Sheraton, onde apenas os correspondentes da Al-Jazeera — os únicos que estavam trabalhando na cidade em guerra — estavam hospedados. Mais uma vez, a Al-Jazeera informara ao Pentágono sobre a presença de seus repórteres no hotel.

- Perto de Nasíria, um repórter da Al-Jazeera incorporado aos fuzileiros navais dos EUA foi ameaçado de morte por um membro das Forças Iraque Livre, anti-Saddam, ligadas à unidade. O comandante dos fuzileiros recusou-se a intervir e disse ao repórter que não enviasse mais nenhuma reportagem do campo. O repórter, aterrorizado, obedeceu às ordens.

- Um membro da equipe da Al-Jazeera que dirigia perto de Bagdá mostrou sua identidade num posto de controle dos fuzileiros navais e foi autorizado a seguir. Então, um fuzileiro abriu fogo, destruindo o carro, mas o motorista saiu ileso. A Al-Jazeera acreditou que o incidente "fora um aviso".[15]

- O repórter da Al-Jazeera que cobria a reunião de cúpula entre Bush e Putin, em Crawford, no Texas, em novembro de 2001, foi detido pelo FBI sob a alegação de que seu cartão de crédito "estava ligado ao Afeganistão". Quando o FBI se deu conta de que a Al-Jazeera e a Al-Qaeda eram duas organizações diferentes, o repórter foi liberado.[16]

- Em 23 de setembro de 2003, o Conselho de Governo do Iraque, criado pelos Estados Unidos, ordenou a suspensão por duas semanas das transmissões das redes Al-Jazeera e Al-Arabiya, acusando as emissoras de televisão árabes de estimularem a violência política. "Essas sanções são um mau prognóstico das intenções do conselho em relação ao veloz estabelecimento da democracia no Iraque", disse Robert Ménard, secretário-geral da ONG Repórteres Sem Fronteiras.[17]

Entrevistei a viúva de Tareq Ayyoub, Dima Tahboub, um mês após a morte de seu marido. "O ódio só leva ao ódio", ela me disse. "Os Estados Unidos disseram que estão fazendo isso para eliminar o terrorismo. Quem está envolvido em terrorismo agora?"

No início de 2004, 17 jornalistas haviam morrido ao cobrir a invasão do Iraque. Seis meses depois da morte de Ayyoub, o Pentágono ainda não abrira uma investigação sobre o caso.

Dia negro para o jornalismo

A MÍDIA AMERICANA dominante mal deu um pio em objeção ao tratamento dispensado aos jornalistas pelas Forças Armadas dos Estados Unidos. Ao contrário, a correspondente da NPR, Anne Garrels, noticiou a morte de Tareq Ayyoub, da Al-Jazeera, dizendo o seguinte: "Na minha opinião, essa foi de fato uma tragédia evitável." Trabalhando em seus escritórios, os jornalistas árabes "insistiam em ficar perto ... de conhecidos alvos americanos." Garrels acrescentou ainda: "Era óbvio para todos que isso seria a cena de uma batalha feroz."[18] Em outras palavras, a culpa foi toda da Al-Jazeera, que estava noticiando de um ponto melhor do que o hotel escolhido pelos jornalistas ocidentais. Garrels, que, ironicamente, faz parte do quadro do Comitê de Proteção aos Jornalistas, nos deu um caso clássico do ato de culpar a vítima.

Os repórteres estrangeiros tiveram uma reação bem diferente. Na Espanha, país que perdeu dois repórteres no ataque ao hotel Palestine, os membros da mídia fizeram uma greve de um dia. Da elite dos jornalistas até os técnicos, todos abaixaram os cabos, câmeras e canetas. Eles se recusaram a gravar as palavras do primeiro-ministro espanhol, José María Aznar, que se juntou a Bush e Blair para defender a guerra. Quando Aznar foi ao Parlamento, eles empilharam seus equipamentos na frente da sala e viraram as costas para ele. Fotógrafos se recusaram a tirar fotos dele e, em lugar disso, empunharam retratos de seus colegas assassinados. Numa entrevista coletiva em Madri com o ministro das Relações Exteriores britânico, Jack Straw, os repórteres espanhóis saíram da sala em protesto. Além disso, centenas de jornalistas, técnicos e cinegrafistas caminharam até a embaixada dos EUA em Madri e pararam o trânsito no cruzamento. "Assassinos! Assassinos!", gritavam eles.[19]

O jornal egípcio *Al-Ahrar* chamou o ataque aos jornalistas de "um massacre". No México, o jornal *El Universal* declarou numa matéria de primeira página: "Os EUA agora estão matando jornalistas."[20]

Ao atirarem no mensageiro, os militares americanos estavam enviando um alerta aos repórteres independentes: vocês podem ser os próximos.

Contra a guerra? Você está demitido!

OS ÓRGÃOS DA MÍDIA gostam de afirmar que a "objetividade" é sagrada Mas, durante a invasão do Iraque, aprendemos o que, de fato, isso quer dizer: se você é a favor da guerra, você é objetivo. Se você é contra a guerra, você é demitido.

Assim, Scott Simon, da NPR, se sentiu tranqüilo para opinar no edital do *Wall Street Journal* em outubro de 2002: "Os pacifistas americanos não têm nenhuma alternativa sensata a não ser apoiar a guerra."[21] Mara Liasson, da NPR, não hesitou em censurar severamente dois congressistas que haviam acabado de voltar do Iraque, onde criticaram o presidente Bush. Ao falar no *FOX News Sunday*, em outubro de 2002, ela declarou: "Esses caras são uma desgraça. Olhem, todo mundo sabe disso... É uma regra básica que você não vai para um país adversário, um país inimigo, para desmerecer os Estados Unidos, seu exército e seu presidente. Quero dizer, esses caras devem, não sei, renunciar."[22]

E Dan Rather não tinha muito o que temer quando declarou no *Larry King Live*, no dia 14 de abril de 2003: "Olhem, sou um americano. Nunca tentei enganar ninguém dizendo que sou internacionalista ou algo do gênero. E quando meu país está em guerra quero que ele vença, seja qual for a definição de *vencer*. Agora, não posso e não discuto o fato de que isso seja cobertura sem preconceito. Sobre isso, tenho preconceito."[23]

Em março de 2003, Bill O'Reilly, da FOX News, prosseguiu, sem nenhum pudor, com a sua própria estratégia militar para a guerra — simplesmente massacrar os 4,5 milhões de residentes em Bagdá: "Deveríamos ter dado 48 horas para os cidadãos de Bagdá saírem de Dodge, avisando-os com folhetos e através das rádios AM. Em 48 horas, vocês têm de sair daqui e esvaziar o local. Então, a guerra terminaria."[24] O'Reilly defende falar livremente... contra a liberdade de expressão: "Uma vez que comece a guerra contra Saddam, esperamos que todos os americanos apóiem nossas Forças Armadas ou então, se não puderem, que se calem."[25]

Tal franqueza teria custado o emprego aos jornalistas contrários à guerra. O grupo de observação da mídia FAIR constatou os expurgos nas redações:[26]

- Em fevereiro de 2003, a MSNBC cancelou o programa de Phil Donahue. Um memorando interno afirmava que Donahue apresentaria "uma face pública difícil para a NBC em tempos de guerra. Parece que ele se diverte apresentando convidados que são opostos à guerra e a Bush, e céticos em relação aos pontos de vista do governo". O relatório alertava que o programa de Donahue poderia se tornar "um espaço para a agenda liberal antiguerra no mesmo horário em que nossos concorrentes estão balançando a bandeira a cada oportunidade".

- Bren Flynn, repórter do *Lewisville Leader*, no Texas, foi avisado de que não poderia mais escrever sua coluna para o jornal depois de ter participado de um comício contra a guerra e expressado suas opiniões por escrito. Ele escreveu em uma de suas colunas: "Eu diria que as pessoas que citam a Primeira Emenda como um exemplo da grandeza da América, mas desprezam aqueles que exercitam esse direito de se reunir pacificamente, são os verdadeiros idiotas úteis."

- O correspondente da Casa Branca, Russell Mokhiber, do *Corporate Crime Reporter*, conhecido pela coluna "Ari e Eu" (mais tarde renomeada como "Scottie e Eu") no site da Common Dreams, foi proibido de participar dos *briefings* da Casa Branca para a imprensa no primeiro mês da invasão. Ele só foi aceito de volta depois de ameaçar com um processo. Sua primeira pergunta ao retornar foi: "Quantas pessoas morreram nessa guerra?"[27]

- Kurt Houghly, repórter e colunista do *Huron Daily Tribune*, de Michigan, deixou o jornal depois de ser avisado de que uma coluna antiguerra que escrevera não seria publicada, porque poderia incomodar os leitores.

- O veterano correspondente de guerra Peter Arnett foi demitido da NBC depois de ter afirmado na televisão iraquiana que os planejadores da guerra "julgaram erroneamente a determinação das forças do Iraque" e que havia "um desafio crescente para o presidente Bush em relação à condução da guerra". A NBC declarou em sua transmissão nacionalista que "foi errado da parte de Arnett dar uma entrevista à televisão iraquiana, que é controlada pelo governo — especialmente numa época de guerra".

- Ed Gernon, veterano produtor de televisão que acabara de fazer a minissérie *Hitler* para a CBS, foi demitido depois que comparou o estado de coisas dos EUA na época com os da Alemanha nazista. Enquanto a minissérie estava no ar, Gernon disse: "O programa se resume a uma nação inteira dominada pelo medo, que, por fim, escolhe desistir de seus direitos civis e empurra todo o país para a guerra. Não consigo pensar numa época melhor para examinar essa história do que agora."

- O programa satírico de Bill Maher, *Politically Incorrect*, foi tirado da ABC em setembro de 2001 depois que ele disse: "Nós estamos sendo covardes, lançando mísseis a duas mil milhas de distância. Isso é covardia. Ficar no avião quando ele colide com o prédio, dizer o que quiser a respeito, isso não é covardia." O secretário de imprensa da Casa Branca, Ari Fleischer, avisou que os comentários de Maher e sua demissão foram "lembretes para todos os americanos de que eles precisam atentar para o que falam e o que fazem. Essa não é uma época para observações desse tipo; nunca é".[28]

- Roxanne Cordonier, co-apresentadora do programa de entrevistas *Love and Hudson* no Clear Channel, da estação de rádio WMYI-FM em Greenville, Carolina do Sul, foi demitida no dia 17 de abril de 2003, depois de se opor publicamente à invasão do Iraque pelos EUA. Cordonier (seu nome de apresentadora é Roxanne Walker) diz que ela e outros membros da equipe foram forçados a participar de "comícios patriotas". "Fui repetidamente avisada pela direção e por meus colegas para concordar com suas opiniões ou, então, ficar em silêncio." Cordonier, que foi nomeada a Personalidade de Rádio do Ano em 2002 pela Associação das Transmissoras da Carolina do Sul, processou o Clear Channel. O processo está em andamento.

- A gravadora do artista de *hip-hop* Michael Franti recebeu um e-mail da MTV em março de 2003 afirmando que nenhum clipe que mencionasse as palavras *bombardeio* e *guerra*, ou que mostrasse manifestantes, poderia ser exibido. Franti disse: "A MTV apresentou clipes que mostram soldados dizendo adeus a seus entes queridos e indo para a guerra num estilo bem heróico — soldados que voltarão para casa traumatizados, feridos e mortos e, então, serão tratados e jogados no monte de migalhas dos veteranos."

- O *San Francisco Chronicle* demitiu o colunista da área de tecnologia Henry Norr depois que ele participou de uma manifestação antiguerra em março de 2003. Norr participou da enorme manifestação que tomou conta da Bay Area um dia após o início da invasão do Iraque. Defendendo o *Chronicle*, o advogado Dick Rogers escreveu: "Se dependesse de mim... haveria um cartaz na entrada do *Chronicle* dizendo: 'Deixe seu ativismo na porta.'"[29]

Um dia depois de Henry Norr ter participado da manifestação contra a guerra, sua coluna sobre computação e tecnologia foi cancelada. O comentário oficial do *Chronicle* foi que Norr fora suspenso e depois demitido por ter falsificado seu cartão de ponto. Mas, de acordo com fontes do próprio *Chronicle*, entrevistadas pelo *San Francisco Examiner*, houve um único motivo para a sua demissão: política. Norr não protestara apenas contra a invasão do Iraque, mas também contra a ocupação israelense em Gaza e na Cisjordânia.

Eis o que Norr disse ao *Democracy Now!*:

> Eu planejara participar das manifestações com minha esposa e minha filha assim que a guerra começou. Na noite anterior ao início do ataque ao Iraque, enviei um e-mail para os meus supervisores, avisando que provavelmente seria preso no dia seguinte e não iria ao trabalho. Desci a Market Street com milhares de outras pessoas, você sabe, bloqueando o trânsito. Fomos presos de manhã bem cedo e detidos — primeiro, na rua, e, depois, numa delegacia, até cerca de nove e meia ou dez da noite. Não fui ao trabalho naquele dia.
>
> No dia seguinte, voltei ao trabalho e sentei para escrever minha coluna para a semana seguinte, que não tinha nada a ver com política... Estava trabalhando e então [meu editor] apareceu e disse: "Oi, não se preocupe. Não vai sair". Eu perguntei: "Por quê?" E ele respondeu: "Ordens superiores."
>
> Bruce Springsteen, acho, definiu isso muito bem. Ele disse que a pressão vinda do governo e das grandes empresas para reforçar a conformidade do pensamento em relação à guerra e à política vai contra tudo o que este país é. Eu diria: tudo o que este país deveria ser, mas freqüentemente não é.
>
> É aterrorizador. Quero dizer, a idéia de que um patrão pode ditar a expressão e as atividades políticas de seus empregados. Você sabe, não há por que pensar que isso acontece apenas na mídia. Se a moda pega... ficaremos numa situação assustadora.

11

MASCARAMENTOS

Preciso dizer que acho a televisão muito educativa. Assim que alguém a liga, vou para a biblioteca e leio um livro.
— GROUCHO MARX

ACONTECERAM DUAS GUERRAS no Iraque em 2003. A verdadeira: entre 8 mil e 10 mil civis iraquianos mortos e 20 mil feridos, e um número indeterminado de militares iraquianos mortos[1] (falando sobre as "mortes do inimigo" na Guerra do Golfo, o general Colin Powell observou: "Não é na verdade um número em que eu esteja terrivelmente interessado"). Por volta de janeiro de 2004, mais de 500 soldados americanos haviam morrido — mais da metade depois de o presidente Bush ter anunciado o fim do "combate maior" no dia 1º de maio de 2003 — e mais de 11 mil ficaram feridos ou foram evacuados por problemas médicos.[2] Noventa e seis soldados não-americanos da coalizão morreram no mesmo período.[3]

Na guerra real, comunidades foram devastadas, hospitais ficaram superlotados e sem os equipamentos necessários, e vítimas morreram por causa dos bombardeios americanos. Famílias angustiadas lidaram com perdas pessoais.

Foi medonho e extremamente doloroso. Dor e sofrimento protagonizaram esta guerra.

Mas houve também a guerra falsa — a que os americanos viram na televisão. Nessa guerra, quase não houve vítimas. Os Estados Unidos invadiram um país inteiro, destruíram um exército estrangeiro, envolveram-se em combates nas ruas e em intensos bombardeios aéreos, resgataram uma brava e jovem recruta das mãos do inimigo — e mal viram uma vítima. A bandeira americana protagonizou esta guerra.

Um estudo feito pelo Projeto pela Excelência no Jornalismo de 40,5 horas de cobertura no horário nobre, distribuídas em três dias pela ABC, a CBS, a NBC, a CNN e a FOX, examinou 108 matérias de repórteres incorporados. Nenhuma reportagem descrevia as pessoas feridas por armas.[4]

Nenhuma.

Isso apesar do fato de que metade dos repórteres incorporados mostrou ação de combate. Tantas notícias justas e equilibradas...

Não seria preciso muito para despertar uma postura nacional contra a guerra. Basta ver o que aconteceu no Vietnã. Apenas 76 de 2.300 repórteres televisivos no Vietnã — ou seja, 3,3% — mostraram a violência real.[5] Isso foi o suficiente para inflamar muitos americanos contra a guerra.

Se os americanos tivessem visto a mesma guerra do Iraque que o resto do mundo viu, isso certamente provocaria um impacto: a audiência televisiva disparou durante a guerra, fazendo com que a média de espectadores diários subisse mais de 300% na MSNBC e na CNN, e 288% na FOX. Canal de notícias a cabo mais visto, a FOX teve uma média de 3,3 milhões de espectadores por dia. O *NBC Nightly News* chegou a um número de mais de 11,3 milhões de espectadores por dia.[6]

Pena ter sido um caso de "quanto mais você assiste, menos você sabe", para citar o crítico de mídia Danny Schechter.

A mídia dos EUA estava engajada numa enorme trapaça. Poderíamos devastar o Iraque, mas a mídia não mostraria os resultados. De acordo com um estudo publicado no *Journal of the American Medical Association*, a criança americana típica passa 27 horas por semana assistindo à televisão e terá testemunhado 40 mil assassinatos e outros 200 mil tipos de atos de violência quando chegar à idade de 18 anos.[7] Podemos ver Arnold Schwarzenegger jogar para o espaço e estripar um monte de vilões nos filmes, mas, quando se trata de mostrar o lado real da guerra, as emissoras de repente se preocupam com as imagens de "mau gosto".

"Por questões de gosto", disse Lester Crystal, produtor-executivo do programa da PBS *NewsHour with Jim Lehrer*, "não são mostradas pessoas em agonia na televisão. Não se mostra um monte de corpos."[8]

"Nós levamos muito a sério a responsabilidade de contar as histórias da forma mais acurada e compreensiva que nos é possível", explicou o porta-voz da CNN, Matthew Furman, para a revista *American Journalism Review*. "Ao mesmo tempo, temos consciência da sensibilidade de nossa audiência."[9]

A censura tem vários nomes nos Estados Unidos. Gosto é um dos eufemismos favoritos. Sensibilidade é outro.

A forma do "bom gosto" tornou-se clara no início do conflito, quando a TV iraquiana transmitiu cenas de soldados americanos mortos e de presos de guerra americanos sendo interrogados. A maioria das pessoas no mundo viu as cenas imediatamente, uma cortesia da Al-Jazeera — e, então, o governo dos EUA denunciou, enfurecido, a emissora. Donald Rumsfeld chamou as cenas dos prisioneiros de guerra de "uma violação evidente da Convenção de Genebra", que os protege de serem humilhados publicamente.[10]

A maioria das redes de televisão americana transmitiu inicialmente imagens paradas ou pequenos trechos das cenas dos prisioneiros de guerra. Mas a CBS decidiu levar ao ar as cenas no dia em que foram divulgadas, 23 de março de 2003, no seu noticiário matinal *Face the Nation*. O motivo para essa decisão audaciosa? O secretário de Defesa, Donald Rumsfeld, estaria lá em pessoa para dar a interpretação certa. Como o interlocutor da CBS explicou: "Tomamos a decisão em tempo real, já que tínhamos o mais alto funcionário do Departamento de Defesa, ao vivo, para colocar as cenas no contexto apropriado."[11] A CBS rapidamente cedeu quando o Pentágono pediu que arquivassem as imagens.

Na semana seguinte, o *Washington Post* e o *New York Times* publicaram numerosas fotos dos prisioneiros de guerra iraquianos, exatamente como os americanos mostrados na Al-Jazeera. Outras fotos mostravam prisioneiros de guerra iraquianos com as cabeças cobertas por sacos.

A Convenção de Genebra foi evocada seletivamente: os prisioneiros de guerra americanos importavam; os iraquianos, não.

A verdadeira questão para o Pentágono não era proteger a dignidade dos prisioneiros nem a Convenção de Genebra — leis internacionais que, segundo a organização Human Rights Watch, os Estados Unidos violaram no tratamento dos prisioneiros na baía de Guantánamo, em Cuba, e no Afeganistão[12] —, mas controlar a mídia. O Pentágono sabia que, se as imagens reais e terríveis dos soldados americanos mortos e dos prisioneiros de guerra viessem à tona, o apoio nacional à invasão seria enfraquecido. Isso explica por que o Pentágono enviou ordens para que todos os caixões que viessem do Iraque fossem escondidos atrás de cortinas — nenhuma foto foi permitida à imprensa —, de forma a manter as imagens terríveis das vítimas fora da mídia.

A recusa da Al-Jazeera em reverenciar os censores americanos fez da rede árabe o bode expiatório do governo Bush e dos chefões da mídia americana — e de seus camaradas corporativos. No final de março de 2003, dois correspondentes financeiros da Al-Jazeera foram expulsos dos andares comerciais da Bolsa de Valores de Nova York e da NASDAQ.

"À luz da conduta recente da Al-Jazeera durante a guerra, na qual eles transmitiram as cenas dos prisioneiros de guerra americanos numa clara violação da Convenção de Genebra, eles não são bem-vindos para transmitir de nossas instalações nesse momento", disse o porta-voz da NASDAQ, Scott Peterson. (A NASDAQ, com seu recorde atroz de imposição de diretrizes éticas a seus membros, retratou posteriormente essa explicação e disse apenas que as credenciais de imprensa da Al-Jazeera foram retiradas por "motivos de segurança".) Foi a primeira vez que a Bolsa de Valores cancelou credenciais de imprensa.[13]

Mas um duplo padrão estava em questão: a Bolsa de Valores não cancelou as credenciais de imprensa do *New York Times* nem do *Washington Post* por imprimirem fotos dos prisioneiros de guerra iraquianos. O simbolismo da expulsão da Al-Jazeera de Wall Street foi eficaz. Os líderes da indústria estavam prestes a enriquecer com o esforço de reconstrução do Iraque. Mas prefeririam fazer seu saque em particular.

"Não é a hora certa"

O MASCARAMENTO DOS noticiários bateu o recorde quando as tropas americanas entraram em Bagdá pela primeira vez. A luta foi intensa: os militares americanos declararam que de dois mil a três mil soldados iraquianos foram mortos — num *único dia*. Mesmo com os repórteres incorporados e as câmeras captando sangue, mortes e atrocidades, a MSNBC anunciou que estava atrasando a exibição das imagens recebidas ao vivo para poupar os espectadores de imagens chocantes.[14]

Agora dê um palpite: quantas vítimas iraquianas foram mostradas na televisão americana naquele dia? Você adivinhou. Nenhuma.[15]

Em 2003, a mídia teve muito mais acesso ao campo de batalha do que durante a Guerra do Golfo de 1991, mas isso teve pouco significado no que os telespectadores viram dessa vez. Bill Kovach, veterano editor do *New York Times* e do *Atlanta Journal-Constitution* e curador de jornalismo da Fundação Nieman na Universidade de Harvard, refletiu sobre o que o público viu nas mensagens da mídia em relação à primeira Guerra do Golfo. Sua reflexão poderia facilmente ter sido escrita sobre a invasão de 2003. Kovach escreveu que as mensagens do Iraque em 1991 "formaram uma imagem de guerra da qual o custo humano foi cirurgicamente eliminado. As imagens transmitidas pela televisão eram de 'bombas inteligentes' guiadas literalmente até dentro das fortificações militares por miras a *laser*. A linguagem usada era igualmente sem sangue. Os alvos militares, tais como tanques e outros blindados que transportavam pessoas, eram listados como 'KIAs' [*killed in action* — mortos em ação] quando destruídos por bombas, mas as vítimas dentro deles eram referidas como 'efeitos colaterais'. Os custos e as conseqüências da guerra em termos humanos não eram relatados. O que era transmitido do golfo servia freqüentemente para mascarar a realidade em vez de revelar o que estava acontecendo".[16]

CNN: a rede em que a América confia?

DECIDIMOS interpelar Aaron Brown sobre o mascaramento da guerra feito pela mídia. Sua condição como âncora do noticiário do horário nobre da CNN, o *NewsNight*, tornou-o bem conhecido entre os milhões de sintonizados na cobertura da guerra. Nos bastidores, Brown também era um dos que dirigiam a cobertura da guerra feita pela CNN. Essa foi a nossa conversa no *Democracy Now!*, em 4 de abril de 2003:

AMY GOODMAN: ... Existem muitas e muitas fotos chegando agora do Iraque de crianças, mulheres e homens mortos. Na imprensa estrangeira, o que está sendo mostrado na televisão e nos jornais é um quadro bem diferente — eles mostram pessoas mortas. Não vemos muito isso no nosso país. O que você pensa disso?

AARON BROWN: ... O programa... discutiu se havíamos ou não exagerado no mascaramento das imagens. Essa não é, para mim, uma questão política... É uma questão jornalística, uma questão de gosto... Vi coisas no primeiro domingo da guerra que, mesmo que colocassem uma arma na minha cabeça, não mostraria na televisão, porque eram simplesmente muito... eram pornográficas, a meu ver. Mas elas certamente mostravam a violência da guerra.

GOODMAN: ... Muitas pessoas dizem que a foto [durante a Guerra do Vietnã] da menina vietnamita atingida por bombas incendiárias ajudou a mudar a opinião sobre a guerra.

BROWN: Na minha opinião, não há dúvida de que essa foto seria mostrada hoje. Não há dúvida.

GOODMAN: Mas embora estejamos vendo foto atrás de foto — estamos transmitindo aqui no *Democracy Now!* fotos de crianças como aquela — não as vemos na CNN.

BROWN: Bem, tenha cuidado com o que você diz que viu, porque você não está completamente certa. Existem algumas limitações práticas. Vamos dizer que, porque o governo iraquiano não permite, não temos correspondentes e equipe no país.

GOODMAN: Mas vocês têm mostrado muitas fotografias.

BROWN: Você só tem de me deixar terminar, e então se você quiser me agredir pode fazê-lo o quanto quiser... Você quer discutir, é o que me parece, se mostramos o suficiente. Está bem, vá em frente. Tenho de tomar essas decisões todos os dias. Tento tomá-las apropriadamente, de forma que elas estejam entre entender o horror que é a guerra e ser pornográfico no uso de fotografias...

Então perguntei a Aaron Brown sobre o equilíbrio das opiniões vindas da CNN. Os generais reformados eram uma presença constante. Por quê?

GOODMAN: Vocês estão trazendo tantas pessoas opostas ao que está acontecendo agora quanto trazem as que são a favor? Essa é uma questão muito séria.

BROWN: Não, não estamos.

GOODMAN: Se você acha que não está levando meio a meio, que proporção acha que está levando? Sessenta a quarenta?

BROWN: Não sei.

GOODMAN: Tudo bem, não vamos contar, mas você acha que está chegando perto?

BROWN: Acho que o grau em que as manifestações no país e no exterior não foram cobertas correta e conscientemente é justo... Eu achava que todos nós nessa organização estávamos um pouco atrasados para ver o desenvolvimento de um movimento antiguerra... De alguma maneira, e talvez os seus ouvintes esperem uma espécie de equilíbrio com metade das vozes a favor da guerra e metade contra — na minha opinião, isso simplesmente não é uma questão relevante.

GOODMAN: Por que não?

BROWN: Porque já acabou — já está acontecendo, já está sendo feito. Falar agora, nesse momento, sobre se deveria ter sido assim ou não, não é a hora certa.

Mas, então, quando é a hora certa para questionar a guerra? Se não é antes nem durante a guerra, quando então? Depois da guerra? Mas aí não importa mais.

A cobertura da guerra feita pela CNN tornou a dinâmica da manipulação da notícia muito evidente. A CNN tem duas divisões: a CNN Internacional

(CNNi) e a CNN para o público americano. Elas tomam diferentes decisões a respeito das imagens que vão ao ar — extraídas do mesmo estoque de cenas e reportagens disponíveis. O resultado: uma guerra cuidadosamente elaborada para os americanos, e outra guerra para o resto do mundo.

A diferença nunca foi tão aberrante quanto no famoso dia em que os soldados americanos derrubaram uma estátua enorme de Saddam Hussein, cobrindo, antes, sua cabeça com a bandeira americana. A CNN transmitiu as cenas triunfais sem parar: a celebração cuidadosamente manipulada e representada da queda da estátua, em que um pequeno grupo de iraquianos foi autorizado a entrar na praça fortemente policiada, a fim de celebrar diante das câmeras, enquanto os fuzileiros navais, fora do alcance das lentes, demoliam o monumento. A CNN mostrou o evento numa tela dividida, com imagens de iraquianos feridos num hospital na outra metade da tela.[17]

Até mesmo os sites das duas CNNs transmitiram mensagens opostas. Num dia habitual durante a guerra, o site da CNN divulgou uma foto de pessoas destruindo um mural de Saddam Hussein. A CNNi, por sua vez, apresentou foto de um iraquiano angustiado sendo reconfortado.[18]

"Qualquer canal americano é menos sangrento do que a maioria dos canais europeus, asiáticos e árabes", disse o ex-vice-presidente da CNN, Frank Sesno.[19]

O *Wall Street Journal* parafraseou o presidente da CNN, Chris Cramer, assegurando que "a diferença de tratamento entre a CNN Internacional e a CNN para o público americano não reflete uma questão política, mas a necessidade prática e comercial de servir duas audiências distintas".[20]

A diferença é que a audiência americana só tem acesso à metade das verdades.

A queda da verdade

A FAMOSA ESTÁTUA de Saddam Hussein, demolida pelos fuzileiros navais no dia 9 de abril de 2003, foi escolhida convenientemente como a imagem definidora da guerra por causa de sua localização — exatamente em frente ao hotel Palestine, o principal ponto de transmissão de imagens ao vivo em Bagdá. Os fuzileiros estabeleceram um perímetro de três quarteirões em volta da área, garantindo assim o controle de cada ângulo dessa oportunidade de propaganda política global.

Tom Brokaw comparou o evento a "todas as estátuas de Lenin [que] foram derrubadas na União Soviética".

"Se você não ficar arrepiado agora", disse o âncora da FOX News, David Asman, "nunca mais ficará na vida."

Enquanto as imagens em close do evento sugerem que uma multidão de iraquianos comuns comemorara a queda da estátua, uma foto da Reuters, tirada de um ângulo mais afastado, mostrou que a praça Firdos estava praticamente vazia, circundada por tanques dos EUA e por fuzileiros que foram lá para fechá-la antes da entrada dos iraquianos.[21] A seqüência de fotos da BBC também mostrou uma aglomeração esparsa, formada basicamente por jornalistas e soldados americanos. A BBC relatou em seu site que apenas "alguns" iraquianos estavam envolvidos.

Mas não eram apenas iraquianos, como revelaram duas fotos publicadas pela Information Clearing House (ICH).[22] A primeira mostra a chegada do líder escolhido pela CIA, Ahmed Chalabi, em Nasíria, no dia 6 de abril, acompanhado por vários ajudantes. A segunda foto é um close de um dos participantes da comemoração na praça Firdos no dia 9 de abril. O homem que estava celebrando a "liberação" em Bagdá na frente das câmeras era um dos acompanhantes de Chalabi em Nasíria três dias antes.

"Foi uma espécie de 'multidão alugada'", ralhou o reverendo Neville Watson, um ativista da paz australiano que testemunhou o evento, numa entrevista à BBC. Robert Fisk, do *Independent*, que também estava na praça Firdos, descreveu o evento como "a maior oportunidade de propaganda política encenada desde Iwo Jima.*"

"Nada relevante"

AS REGRAS DO jornalismo dominante são simples. Os republicanos e os democratas estabelecem as fronteiras aceitáveis de debate. Quando esses partidos estão de acordo — o que é freqüente —, não há debate. É por isso que há esse silêncio estarrecedor sobre os temas de guerra e paz. Quando começaram as

---

* A ilha de Iwo Jima foi o local onde aconteceram os choques mais violentos entre japoneses e norte-americanos durante a Segunda Guerra Mundial. (N. T.)

guerras contra o Afeganistão e o Iraque, a maioria dos democratas no Congresso não podia aprovar a guerra rápido o suficiente.

Então, a mídia dominante relatou que não havia nenhuma objeção à guerra. E não estamos falando apenas da FOX News. No dia 8 de outubro de 2001, no programa *Morning Edition*, da NPR, perguntaram a Cokie Roberts se havia alguma dissidência no Congresso.

"Nada relevante", respondeu ela.[23]

"Quando você pára para pensar nessa afirmação, vê que só pode ser uma provocação", escreveu David Potorti a respeito do comentário de Roberts.[24] O irmão de Potorti, James, trabalhava no 96º andar do World Trade Center e foi morto no 11 de Setembro; o repúdio petulante de Roberts em relação aos dissidentes acabou inspirando Potorti a escrever um livro, *September 11th Families for Peaceful Tomorrows*.

"Num sentido mais amplo, é claro, Roberts está certa", escreveu Potorti. "Num universo midiático em que você provavelmente encontrará conservadores de direita na ABC, na FOX ou na NPR, os fatos não importam; só a moldura. E nas mãos de chefes tendenciosos posando de jornalistas objetivos, a moldura será sempre a mesma: pró-militares, pró-governo e pró-guerra."

Potorti sugere que o uso da expressão "nada relevante" deveria ser expandido. "É uma expressão acessível, que se pode usar em casa também", diz ele. "Será que o departamento de notícias das emissoras, que são propriedade de empresas de defesa, nos dará algum discernimento útil sobre o trabalho dos militares dos EUA? *Nada relevante*. Será que você vai ouvir algum noticiário coerente que extrapole uma perspectiva estreita e estatizante? *Nada relevante*. E será que existe algum meio jornalístico dominante interessado em criticar a política estrangeira dos EUA? *Nada relevante*."

A mídia promove um fórum para os que estão no poder. Quando há um consenso do *establishment* — como no período de preparação da guerra —, a mídia só reflete isso. O quadro muda num ano eleitoral, quando, por um momento transitório, os democratas tentam se distinguir dos republicanos.

Mas e as vozes não-oficiais espalhadas pelo país e pelo mundo que têm se oposto à invasão e as milhares de pessoas que saem à rua para dizer não à guerra? Essas vozes têm sido excluídas quase que por completo.

"Uma pequena conspiração de esquerda"

A DEFESA DA GUERRA por parte da mídia não se limita ao Iraque e ao Afeganistão. Tivemos uma dose grande em abril de 2001, quando o ex-senador (e certa vez aspirante à Presidência) Bob Kerrey foi objeto de uma revelação comprometedora na *The New York Times Magazine* e no programa da CBS News *60 Minutes II*.[25] Kerrey foi forçado a admitir que a missão de combate SEAL,* da Marinha, que ele liderou durante a Guerra do Vietnã, foi responsável pela morte brutal de mais de uma dúzia de civis desarmados, a maioria mulheres e crianças. Ele disse que não podia justificar a missão — pela qual ele ganhou a estrela de bronze — nem militar, nem moralmente.

Tão chocante quanto o incidente foi a cobertura da imprensa. A *Newsweek* conseguiu a matéria com o seu correspondente de segurança nacional, Gregory Vistica, no final de 1998, quando Kerrey pensava em concorrer à Presidência. Mas os editores da *Newsweek* impediram a reportagem quando Kerrey desistiu da candidatura. Mais tarde, Vistica saiu da revista e levou a matéria para a *New York Times Magazine* e o *60 Minutes II*.

"Poderíamos ter publicado a matéria", disse Evan Thomas, um dos editores da *Newsweek*. "Nós só não queríamos fazer isso com o cara quando ele não estava concorrendo à Presidência."

O editor da *Newsweek*, Mark Whitaker, acrescentou que, quando as aspirações de Kerrey à Presidência terminaram, "a relevância dessa matéria mudou um pouco".[26]

Relevância para *quem*? Ainda era relevante para as famílias dos civis vietnamitas desarmados que foram assassinados. A *Newsweek* não estava preocupada com as vítimas, mas com os sentimentos de um poderoso senador dos EUA.

As vítimas ainda se lembram do terror que Kerrey e seus camaradas desencadearam. Pham Di Cu, líder do Departamento de Relações Exteriores da província de Ben Tre, no Delta do rio Mekong, onde ocorreu o massacre, disse à Reuters que 13 crianças, cinco mulheres e um idoso foram mortos no ataque do dia 25 de fevereiro de 1969. Kerrey tomou conhecimento da morte dos civis, mas disse inicialmente que o esquadrão estava revidando ao fogo inimigo e que só após o combate soube que civis haviam sido mortos.

---

* Forças especiais de terra, ar e mar da Marinha durante a Guerra do Vietnã. (N. T.)

Pham Di Cu citou o sobrevivente Pham Thi Lanh, de 67 anos, que disse que o ataque no povoado de Thanh Phong começou na escuridão, por volta de oito da noite, e durou apenas 20 minutos. "Acho que, em termos de brutalidade, esse foi o pior incidente nessa província durante a guerra", disse ele à Reuters. "Pessoalmente, acho que foi desumano."

Pham Di Cu também disse que Lanh contara como o esquadrão de sete homens — seis americanos mascarados e um intérprete vietnamita — se moveu de casamata em casamata no povoado, atirando e apunhalando as pessoas e cortando suas gargantas. Uma reportagem posterior à ação disse que a unidade de Kerrey gastou mais de 1.200 cartuchos de munição no povoado.[27]

Kerrey decidiu que a melhor defesa era uma boa ofensiva, dando um golpe preventivo de relações públicas ao ajudar a vazar a história para o *Wall Street Journal* e o *New York Post*. Ele só queria dividir sua angústia sobre o incidente.

"Eu estava tão envergonhado que queria morrer", disse ele ao *Wall Street Journal* numa reportagem que foi publicada quatro dias antes do artigo de Vistica na revista. "Isso está me matando. Estou cansado de ser descrito como um herói pelas pessoas e de guardar isso dentro de mim."[28]

Antes da data de publicação da *Times*, de 29 de abril, Kerrey contratou uma companhia de relações públicas e gerenciamento de crises, que orquestrou o esforço de voltar a mídia para o seu lado. Kerry convidou membros de sua unidade no Vietnã para um jantar em sua casa, onde eles assinaram uma carta dizendo que estavam apenas se defendendo de um ataque dos vietcongues e que não receberam ordem de matar civis. Eles ridicularizaram a acusação da Marinha no artigo de Vistica.

Então, Kerrey, que recentemente foi nomeado reitor da New School University, em Nova York, deu uma entrevista coletiva no dia 26 de abril, na tentativa de virar a história a seu favor. A New School University, que foi fundada em 1919 por pacifistas, vem defendendo os direitos humanos e os dissidentes.

Na coletiva, tive a oportunidade de perguntar a Bob Kerrey sobre suas ações no Vietnã:

AMY GOODMAN: Senador Kerrey, de acordo com as leis internacionais, não são apenas pessoas como o senhor que puxam o gatilho e matam civis que sustentam a diferenciação de níveis de responsabilidade, mas os arquitetos da guerra, como no Vietnã, que erigem uma política em que grandes áreas do país são zonas de fogo livre, o que levou à morte de, no caso da Guerra do Vietnã, dois milhões de vietnamitas, a maioria civis... O que o senhor acha de criar um tribunal de crimes de guerra que julgaria as pessoas, talvez como o senhor, contudo mais importantes, os arquitetos da guerra, como Henry Kissinger?

BOB KERREY: Não estou preparado para falar sobre para onde vou ou para onde isso deve ir. Realmente não estou. E, você sabe, acho que...

GOODMAN: O senhor teve mais de 30 anos para pensar nisso.

KERREY: Bem, desculpe-me, mas, você sabe, nos primeiros 10 anos da minha vida eu só estava tentando descobrir como ficar saudável novamente.

GOODMAN: Mas e quanto ao país inteiro ficar saudável de novo?

KERREY: Bem, em algum momento espero ajudar o país a superar a Guerra do Vietnã, mas, agora, estou tentando tornar pública uma memória particular, e eu só, eu não fui tão longe quanto você ao sugerir tentar imaginar onde.

Então transmiti a Kerrey uma pergunta do padre Dan Berrigan, o jesuíta que passou quase toda a vida se opondo à guerra e que foi para a cadeia repetidas vezes, durante a Guerra do Vietnã. Eu telefonara para o padre Berrigan para ver o que ele queria perguntar a Kerrey, dada a oportunidade.

Berrigan perguntou: "O senhor acha que, se tivesse tomado um caminho diferente e se recusado a matar naquela guerra suja, que se tivesse escolhido estar fora da guerra desde o início, o senhor estaria arrependido?" Berrigan — observei — disse que não tinha nenhum arrependimento, aproximando-se do seu aniversário de 80 anos.

"Bem", respondeu Kerrey. "Bem, eu só — Deus o abençoe por não ter nenhum arrependimento. Quero dizer, eu adoro qualquer homem de 80 anos que não tenha nenhum arrependimento. Eu tenho, inclusive esse."

"O senhor gostaria de ter tomado um caminho diferente?", continuei.

"Não, eu não gostaria", ele respondeu. "Tenho orgulho do meu serviço. Tenho orgulho de ter sido um voluntário e não posso, não gostaria de ter escolhido um caminho diferente."

Logo descobri que não devem ser feitas perguntas inconvenientes sobre "inimigos" mortos. Fui criticada — não por Kerrey, mas por outros jornalistas.

Nas duas noites seguintes, no programa da FOX News, *Special Report with Brit Hume*, Mort Kondracke, do conservador *Weekly Standard*, Mara Liasson, da NPR, e outros jornalistas atacaram as perguntas que eu e outras pessoas fizemos ao senador Kerrey. Eles questionaram a credibilidade de qualquer jornalista que se atrevesse a perguntar sobre crimes de guerra e sobre a possibilidade de resistência à guerra.

Referindo-se à pergunta do padre Berrigan, Hume questionou: "O que pensar dessa pergunta e do comportamento geral de nossos colegas naquela entrevista coletiva?"

Kondracke chiou. "Houve uma pergunta ainda pior, em que alguém disse: O senhor é pai. O que o senhor diria aos filhos das pessoas que matou?"

"Sim, nós mostramos isso mais cedo", respondeu Hume. "Não sei qual era o objetivo disso... certamente não era obter informações. Era embaraçá-lo ou fazê-lo chorar ou algo assim. Não foi uma pergunta jornalística."

"Não", concordou Liasson. "Não acredito que esse tipo de coletiva tivesse acontecido se ele estivesse em Washington... Não sei se essas pessoas trabalharam para algum tipo de publicação. Não sei se elas são de fato jornalistas. Elas estavam nitidamente interessadas em reviver a guerra e o movimento antiguerra."

No dia seguinte, um novo grupo de "raposas"* se apoderou do tema. "O interessante foi o tom da coletiva de ontem, os tipos de perguntas que os repórteres lançaram contra ele", disse Tony Snow, da FOX News. "Qual foi a sua impressão sobre isso?"

Kondracke estava de volta. "Bem, isso me pareceu uma pequena conspiração de esquerda. Não sei quem eram esses repórteres, especialmente a mulher que resolveu que cobriria o evento evocando Daniel Berrigan, você sabe, o padre de esquerda..."

"Manifestante contra a guerra", corrigiu Snow.

Fred Barnes, do *Weekly Standard*, deu seu palpite: "Acho que existe um objetivo político por trás desse ataque a Bob Kerrey, e isso é para tentar garantir — é claro que se trata de um ataque de esquerda — que as pessoas continuem a ver a Guerra do Vietnã como um erro, embora o comunismo tenha falido em

* Trocadilho entre raposa (*fox*) e os jornalistas da rede de televisão FOX. (N. T.)

quase todos os lugares, e que nosso envolvimento foi um erro. Foi imoral. Essa é uma guerra em que os Estados Unidos abateram mulheres e crianças e civis e assim por diante."

Essas personalidades da mídia têm razão sobre uma coisa: essas perguntas não seriam colocadas por eles nem por seus camaradas do círculo de poder.* Ao impor a Kerrey a responsabilidade por suas ações, havíamos rompido sua ideologia comum de que a Guerra do Vietnã foi boa. Eles estão tentando reescrever a história de um capítulo negro de abusos dos direitos com alguma interpretação nova, improvisada. A única maneira de impor esse ponto de vista é atacando de volta qualquer pessoa que rompa seu consenso inventado. Esses são os impositores da ideologia da mídia. O tratamento dado a mim deveria servir como uma lição preventiva para qualquer outro jornalista que ousasse passar da linha. Essa é a versão da mídia para o fogo amigo.

Na semana seguinte, outras personalidades da mídia fizeram coro a essas questões. A maioria agrediu o *Times* por ter publicado a reportagem e criticou os que desafiaram Kerrey. Jonathan Alter, da *Newsweek*, descreveu o episódio como jornalismo "pegadinha".** O *Washington Post* sugeriu que era injusto "submeter um único cidadão a tal prova".

Kerrey deixou cair sua pose de guerreiro ferido por um momento para revidar o ataque dos críticos, dizendo à Associated Press: "O governo vietnamita gosta de dizer com freqüência o quão terríveis foram os americanos. O *Times* e a CBS estão agora colaborando para esse esforço."[29]

Quais vidas são valorizadas? Essa é a questão principal aqui. Kerrey não se incomoda com as pessoas inocentes que matou. Ele só se incomoda com o fato de ter sido exposto.

Um ano depois...

Antes que a consciência de Kerrey contribuísse, ele ainda teve uma outra batalha para travar: tomar conta do Iraque. Em 2002, o ex-senador democrata

---

* No original, *Beltway*. Círculo de poder em Washington. (N. T.)

** No original, *gotcha*. Gíria que significa "Peguei você!", de forma a surpreender ou amedrontar alguém que tenha sido pego ou para mostrar que se tem uma vantagem sobre essa pessoa. (N. T.)

se juntou à liderança do movimento neoconservador para pedir uma mudança no regime do Iraque.

Kerrey foi membro do Comitê pela Liberação do Iraque, um grupo pró-guerra que mantém fortes laços com Dick Cheney e Donald Rumsfeld. O presidente do grupo era Bruce Jackson, ex-vice-presidente da Lockheed Martin e consultor de campanha na eleição de Bush em 2000. O comitê foi um desdobramento do Project for the New American Century [Projeto para o Novo Século Americano], que deu o aval para a dominação militar e política do Oriente Médio (ver Capítulo 1, "Bumerangue").

Lá estava um líder democrata se unindo aos republicanos para advogar e planejar a guerra. Não é de admirar que haja tão poucos debates públicos sobre a guerra e a paz: guiada pelo consenso da elite do *establishment*, a mídia rotula qualquer um que saia do "eixo de acordo" democrata-republicano como um "advogado". Kerrey não estava apenas defendendo a guerra, ele estava usando a New School University como um grande púlpito para advogar a favor dela e legitimar a indústria da guerra. Kerrey participou de um jantar em janeiro de 2003 em homenagem ao diretor-geral da United Technologies, uma das maiores empresas militares do mundo.

Os alunos ficaram furiosos por Kerry estar usando sua posição como reitor da universidade para distorcer os valores e as tradições da escola. Eles ocuparam seu escritório em novembro de 2002, pedindo a sua exoneração e o confrontaram num agitado debate público, em 4 de dezembro de 2002.

A pergunta mais contundente nessa noite foi feita por um ativista, Mitch Cohen. Ele observou que os Estados Unidos estimavam que de 100 mil a 200 mil iraquianos morreram durante a primeira Guerra do Golfo, como resultado direto de bombardeios e como conseqüência do fato de os americanos terem destruído partes dos sistemas de água potável e de saneamento do país. Ele também notou que meio milhão de crianças iraquianas morreram em conseqüência de 12 anos de sanções da ONU ao Iraque. Cohen perguntou: "O senhor concorda com a ex-secretária de Estado, Madeleine Albright, quando ela diz que o custo valeu a pena?"

Kerrey mal se deixou abater. "Sim, eu concordo", ele revidou.

Sejam as crianças massacradas no Vietnã ou mortas no Iraque, esse democrata sabe que uma postura está sempre a salvo: o apoio à guerra. E ele sabe que a mídia irá sempre lhe dar cobertura.

No dia 9 de dezembro de 2003, o talento de Kerrey em sanear atrocidades passadas rendeu-lhe um novo emprego: ele foi indicado para o grupo bipartidário de investigação dos ataques do 11 de Setembro. Ele substituiu convenientemente o ex-senador pelo estado da Geórgia, Max Cleland, o mais franco membro da comissão, que recusou um emprego no Export-Import Bank. Cleland acusou a Casa Branca de empenhar esforços "nixonianos" para ocultar a inteligência pré-11 de Setembro.

Kerrey, um forte defensor de George Tenet, o diretor da CIA de Clinton/Bush, e membro do grupo de consultoria científica da CIA, foi bajulado pelo líder democrata no Senado, Tom Daschle. "Eu não posso pensar em ninguém mais apropriado para averiguar essas questões e perseguir agressivamente os fatos aonde quer que eles possam levar do que Bob Kerrey", disse Daschle.[30] Funcionários com algo a esconder sobre o 11 de Setembro devem ter respirado aliviados.

12

INDO PARA ONDE O SILÊNCIO ESTÁ

Para cada torturador há uma centena de pessoas prontas a arriscarem a vida a fim de salvar outra. Para cada soldado que atira num bairro há uma centena de compañeros *que se ajudam e se protegem.*
— ISABEL ALLENDE

VIAJEI PELA PRIMEIRA vez para o Timor Leste com o jornalista e ativista Allan Nairn, em 1990. A pressão internacional no final na década de 1980 forçara a Indonésia a abrir ao menos uma brecha no Timor Leste, de forma que pudemos visitar o país. A ilha, brutalmente ocupada pelos militares indonésios desde a invasão de 1975, ficou praticamente isolada do resto do mundo durante 15 anos.

O que vimos na primeira viagem foi um verdadeiro inferno na Terra — uma ditadura militar totalitária. Os militares indonésios tentaram nos seguir em todos os lugares para onde fomos. As tropas e a Inteligência militar, conhecida como Intel, monitoravam cada aspecto da vida timorense. Cada povoado tinha um lugar onde era mantida uma lista de nomes dos aldeões. Em alguns povoados, as pessoas tinham de assinar quando entravam e quando saíam. De quando em quando, soldados entravam nas casas das famílias só para fazer a vigilância completa.

Em um mercado que visitamos, um rapaz se aproximou de nós bem em frente à polícia. Ele queria praticar seu inglês. Logo depois que nos separamos, fomos levados à delegacia e interrogados durante 20 minutos sobre a nossa conversa. O rapaz foi preso e interrogado a noite toda.

Os timorenses podiam ser presos se fossem pegos ouvindo um rádio de ondas curtas ou se tivessem um jornal estrangeiro em mãos. Às vezes, se estivéssemos fora do alcance dos soldados, as pessoas desenterravam artigos de jornal que esconderam em seus quintais. Elas estavam desesperadas para nos provar o que estava acontecendo em seu país.

Repressão indonésia, apoio americano

O TIMOR LESTE foi uma colônia portuguesa por mais de 400 anos. Depois de um golpe militar em 1974, Portugal começou a se retirar de seu império colonial e, em 1975, o Timor começou a se aproximar da independência. A Indonésia usou isso como um pretexto para invadir o Timor Leste no dia 7 de dezembro de 1975. No dia anterior à invasão, o secretário de Estado Henry Kissinger e o presidente Gerald Ford foram a Jacarta, a capital da Indonésia, para se encontrarem com Suharto, ditador há muito no poder. Ford e Kissinger deram o aval para a invasão. Noventa por cento das armas usadas eram dos Estados Unidos. Enquanto Kissinger e Ford voavam de volta aos Estados Unidos, a Inteligência americana monitorava o massacre através de interceptores eletrônicos. Centenas de pessoas foram mortas nos primeiros dias da invasão. As tropas indonésias tiravam as pessoas de suas casas e atiravam nelas enquanto seus parentes eram obrigados a contar os mortos à medida que estes caíam na enseada. O mar ficou vermelho de sangue. Os timorenses falam até hoje desses dias terríveis.

Os colegas de Kissinger no Departamento de Estado telegrafaram-lhe quando ele voltava da Ásia. Eles o alertaram de que o Congresso deveria fazer perguntas e ameaçar cortar a ajuda militar à Indonésia. Sob um acordo bilateral, a Indonésia podia obter armas dos EUA, contanto que não fossem usadas para agressão — o que não era o caso da invasão.

Kissinger convocou seus principais funcionários para uma reunião de extrema importância assim que voltou a Washington. Ele os criticou por terem deixado uma pista nos jornais. "Eu sei o que é a lei, mas como pode ser de interesse nacional para os EUA ... abandonar a Indonésia?", disse-lhes.[1] L. Paul Bremer III foi quem fez a ata daquela reunião. Mais tarde, ele se juntaria à firma de consultoria Kissinger Associates e, em 2003, tornou-se o chefe da ocupação de um Iraque devastado.

De 1975 a 1979, a matança tornou-se cada vez mais intensa. Os timorenses lançaram uma resistência armada que chegou a ser liderada por Xanana Gusmão. Os timorenses estavam abandonando seus povoados e se refugiando nas montanhas, porque os militares indonésios exterminaram comunidades inteiras. As Forças Armadas tentaram bombardear e deixar sem comida os timorenses que estavam nas montanhas e colocá-los em áreas de controle militar — que são, em essência, campos de detenção. Sem acesso às suas fazendas de subsistência, os timorenses estavam morrendo nos campos por causa de doenças, massacres e fome forçada. Em 1979, alguns voluntários foram ao Timor Leste e relataram que a desnutrição no país era pior do que já tinham visto em qualquer outro lugar do mundo, comparável à fome em Biafra, na Nigéria, durante a década de 1960.

Nesse mesmo ano, no auge do massacre, praticamente não havia menção à tragédia no *New York Times* nem no *Washington Post*.

Compare isso com o Camboja de Pol Pot,* onde o genocídio foi proporcionalmente similar. Centenas de artigos expondo as atrocidades de Pol Pot apareceram na mídia americana. A diferença? O Camboja era um inimigo oficial dos Estados Unidos. A Indonésia, uma grande aliada. O presidente dos EUA e o secretário de Estado denunciavam regularmente o Camboja de Pol Pot, e a imprensa repercutia as críticas. Mas o que acontece quando os EUA permanecem em silêncio em relação a atrocidades e apóiam o regime no poder?

A invasão de 1975 teve uma reportagem de 40 segundos de Walter Cronkite na CBS. Depois disso, nenhum dos noticiários noturnos das emissoras ABC, NBS e CBS mencionou o Timor Leste durante os 16 anos seguintes. Esse silêncio oficial só foi quebrado em novembro de 1991.

---

* Líder do grupo sanguinário Khmer Vermelho, que dirigiu o Camboja entre 1975 e 1979 e foi responsável por um dos maiores genocídios da História. (N. T.)

DEIXAMOS O TIMOR LESTE em 1990, profundamente impressionados com o que víramos. Decidimos voltar um ano depois para cobrir uma delegação parlamentar portuguesa patrocinada pela ONU que ia investigar a situação dos direitos humanos. Seria a primeira oportunidade real que os timorenses teriam de deixar o mundo externo tomar conhecimento do que estava acontecendo com eles.

No final de outubro de 1991, pouco antes da planejada visita portuguesa, Allan Nairn e eu voltamos ao Timor Leste. Eu estava fazendo um documentário para a Pacifica, e Allan escrevia para a revista *The New Yorker*. No dia 28 de outubro, quando chegamos, fomos diretamente para a igreja católica em Dili, a capital do Timor Leste. A igreja Motael, a principal em Dili, é uma proeminente catedral de estuque que tem vista para a enseada onde tantos morreram ao longo dos anos. Entramos para assistir à missa. Mulheres choravam. Não sabíamos se era apenas o lamento usual do Timor ou se algo terrível acabara de acontecer.

Depois da missa, ficamos sabendo que a delegação portuguesa não viria mais. Descobrimos, a seguir, que a visita fora cancelada por ordem dos Estados Unidos e da Austrália, porque pela primeira vez o mundo ficaria sabendo o que acontecia no país. Os Estados Unidos tinham um bom motivo para querer manter as histórias do Timor em segredo: eles eram verdadeiros cúmplices do genocídio.

A utilização de armas americanas pelos militares indonésios no Timor Leste foi uma violação da lei dos EUA. Mas Ford e Kissinger recompensaram a Indonésia depois da invasão, duplicando a ajuda militar. O embaixador de Ford na ONU, Daniel Patrick Moynihan, impediu a ONU de reforçar resoluções contra a ocupação. Sob a presidência de Jimmy Carter, os Estados Unidos enviaram à Indonésia aviões e helicópteros que foram utilizados para bombardear os timorenses. O vice-presidente de Carter, Walter Mondale, visitou Jacarta em 1978. Os militares indonésios pediram a Mondale aviões de combate, porque estavam tendo dificuldades para perseguir os timorenses no terreno acidentado das montanhas do Timor Leste. Então, Mondale liberou o envio de caças A-4 para a Indonésia.[2] O presidente Reagan vendeu para Suharto o equivalente a US$ 40 milhões em armas por ano durante seu primeiro mandato e, em 1986, forneceu um total de US$ 300 milhões em armas. Sob a presidência de Bush I, a General Electric e a AT&T, que investiram pesado na Indonésia, fizeram o lobby para o aumento de ajuda militar — que acabou, porém, bloqueado por ativistas de origem popular que pressionaram o Congresso. O presidente Clinton continuou a apoiar Suharto e, por conseguinte, a ocupação do Timor.[3]

Voltemos àquele dia de outubro de 1991. Depois da missa, ficamos sabendo que as tropas indonésias haviam cercado o santuário na noite anterior. Os militares tinham acabado de ficar sabendo que a visita da delegação da ONU fora cancelada e poderiam, agora, se vingar daqueles que tinham se organizado para protestar. Jovens de todo o país que estavam sendo procurados tinham deixado a escola e o trabalho para se refugiar nas igrejas católicas, a fim de conseguir contar à delegação da ONU o que estava acontecendo no país. A igreja era a única instituição civil que continuava intacta no Timor Leste.

Um jovem corajoso escalou a igreja até o campanário e tocou o sino. O sinal alertou as pessoas em Dili de que a igreja estava em perigo. Havia uma regra não escrita no Timor Leste: não saia depois de escurecer. É nesse horário que os esquadrões da morte dos militares estão na rua. Mas os timorenses ouviram que a igreja estava em perigo e foram cercá-la. Era tarde demais. As tropas indonésias invadiram a igreja, levaram para fora um rapaz chamado Sebastião Gomes e o mataram com um tiro no estômago. Quando entramos, seu sangue ainda estava nos degraus da igreja.

No dia 29 de outubro, um funeral foi conduzido pelo bispo católico Carlos Ximenes Belo. (Em 1996, Belo e o porta-voz timorense José Ramos-Horta ganhariam o Prêmio Nobel da Paz por seus esforços para libertar o Timor Leste.) Mais de 1.000 pessoas apareceram. Elas participaram do funeral e marcharam pelas ruas de Dili até o cemitério de Santa Cruz.

Numa terra onde não havia liberdade de congregação, liberdade de expressão, nem liberdade de imprensa, o simples ato de uma multidão caminhar pelas ruas tornou-se um dos maiores atos de desobediência civil que os invasores militares da Indonésia já haviam visto. Os enlutados caminhavam para o cemitério, faziam com os dedos um sinal de V e cantavam: "Viva Sebastião! Viva o Timor Leste! Viva a independência!" No cemitério, enterraram Sebastião Gomes. Foi um ato de rebeldia corajoso de uma população que fora martirizada pela repressão militar indonésia por 16 anos.

Durante as duas semanas seguintes, Allan e eu viajamos pelo Timor Leste para ver como as pessoas haviam se preparado para a visita da delegação portuguesa que fora cancelada. Sinais do sofrimento timorense eram visíveis no interior do país. Líderes comunitários aterrorizados se encontravam conosco em segredo. Em todos os lugares aonde fomos ouvimos a mesma história. Os militares alertaram as pessoas: "Se vocês falarem com a delegação da ONU, nós os mataremos depois que eles partirem." O bispo Belo nos disse que a frase que os soldados diziam era: "Nós mataremos a sua família até a sétima geração." A ameaça de morte de toda uma nação fora lançada.

Massacre

NA FATÍDICA MANHÃ do dia 12 de novembro de 1991, Allan e eu fomos à igreja Motael para uma homenagem a Sebastião Gomes. Fôramos avisados na noite anterior por Constâncio Pinto, líder da resistência civil, que haveria um enorme protesto pela morte de Sebastião. Dessa vez, milhares de pessoas apareceram. Depois da missa, os timorenses marcharam pelas ruas de Dili; estudantes tiraram de baixo de seus uniformes colegiais cartazes feitos à mão que diziam coisas como "Por que os militares indonésios atiraram em nossa igreja?".

Seus cartazes imploravam ao presidente Bush e à ONU que fizessem algo para ajudá-los. Eles sabiam que com o cancelamento da visita da delegação da ONU todos aqueles que arriscaram suas vidas para falar com os portugueses estavam vulneráveis. Os que se refugiaram nas igrejas estavam agora marcados.

Quando os enlutados chegaram ao cemitério, a matança começou. Na introdução deste livro, descrevi como os soldados bateram em nós e fraturaram o crânio de Allan. Mas a experiência dos timorenses foi de longe muito pior. Os soldados continuaram matando a manhã inteira. Eles atacaram homens, mulheres e crianças desarmados em suas casas e ao longo do cemitério, e continuaram atirando.

Os soldados arrastaram um timorense idoso para uma vala de esgoto atrás de nós. Toda vez que ele unia as mãos num sinal de oração, eles batiam em seu rosto com a coronha de seus rifles. Naquele momento, surgiu um jipe da Cruz Vermelha. O motorista pegou o idoso e colocou-o na frente do jipe. Allan e eu subimos atrás.

Allan não sabia se iria continuar consciente e, por isso, me pediu que gravasse na memória todos os números que eu pudesse para contactar as pessoas no resto do mundo. Um dos jovens dera a Allan uma lista de nomes de pessoas que estavam em perigo. Allan meteu o papel na divisão entre as poltronas do jipe, para o caso de alguma coisa acontecer com ele. Enquanto seguíamos, vários timorenses corriam para o carro e pulavam dentro dele. Saltavam no teto e se seguravam no estepe que ficava na traseira. Seguimos assim, um amontoado de pessoas feridas, até o hospital.

Parecia que os militares invadiriam o hospital — onde estavam alguns dos sobreviventes. Era óbvio que não podíamos acabar com a matança no país. A única esperança para os timorenses, agora, era a pressão internacional, se conseguíssemos espalhar a notícia para o resto do mundo.

Embora as lesões de Allan fossem graves, depois que os feridos foram deixados no hospital seguimos nos escondendo em vários lugares até chegarmos, finalmente, à casa do bispo Belo. Havia um avião partindo naquele dia. Os militares indonésios tinham nos despojado de tudo, mas, se conseguíssemos algum dinheiro e limpássemos os ferimentos de Allan, poderíamos correr até o avião. Quando esfreguei a cabeça de Allan, a pia ficou vermelha de sangue. O bispo Belo deu-lhe sua própria camisa. Do lado de fora, surgiam timorenses em busca de refúgio.

Os soldados já haviam cercado nosso hotel, de forma que não pudemos recuperar nossos pertences. Temíamos que a imprensa internacional desse a essa história o tratamento habitual, noticiando apenas a versão oficial das Forças Armadas da Indonésia, que normalmente era a de que nada acontecera. Então, peguei a camisa de Allan suja de sangue, e o bispo Belo me deu uma toalha para envolvê-la e amarrar em minha cintura. Um jovem timorense arriscou a vida ao sair da residência para procurar filme. Quando ele voltou, alguém tirou uma dúzia de fotos de nós dois. Pensamos que essa talvez pudesse ser a única prova do crime, mesmo que fosse apenas o que havia acontecido conosco.

A cidade inteira estava calada. Uma vez tomada a decisão de partirmos, Allan foi para a rua e fez sinal para um carro civil. Era importante descobrir se o motorista era timorense. Allan perguntou em português se ele falava o idioma. Ele respondeu em português: “Sim, perfeitamente.” Isso indicava que era timorense — os indonésios geralmente não falam português. O homem correu o inacreditável risco de nos levar ao aeroporto e disse que ficaria nos esperando para o caso de voltarmos.

Entramos no aeroporto, que, mais do que qualquer outro lugar, era controlado pelos militares. Os soldados indonésios nos pararam imediatamente. Vários deles começaram uma intensa discussão. Argumentamos e pedimos para entrar no avião. Não sei se foi uma falta de comunicação entre os militares que estavam no local do massacre ou se eles decidiram conscientemente não nos matar e apenas nos queriam fora do país, mas o fato é que conseguimos embarcar e sair do Timor.

Voamos do Timor Leste para o Timor Oeste, e então para Bali. Em Bali, pudemos telefonar para um amigo em Washington, a fim de alertar a imprensa de que ocorrera um massacre no Timor Leste. Enquanto Allan falava, eu pegava o telefone de tempos em tempos e usava a toalha para limpar o sangue. Pegamos o avião seguinte para Guam, onde evitamos os hospitais americanos, com medo de que cortassem nosso acesso ao resto do mundo a pretexto de nos ajudar. Em vez disso, fomos para um pequeno hospital civil em Guam, onde Allan recebeu tratamento de emergência e pudemos comandar a mesa telefônica. Eles tinham cinco linhas, e a mídia do mundo todo estava ligando. Pela primeira vez em 16 anos, a mídia internacional estava interessada no que acontecera no Timor Leste. Depois que um médico deu os pontos necessários na cabeça de Allan, uma ambulância nos levou para um estúdio de TV a cabo que nos conectou com a CNN.

Mas nenhuma das grandes emissoras de televisão americanas noticiou o massacre. Várias nos disseram que, se não houvesse fotos, não haveria reportagem. Algumas simplesmente nos disseram que não consideravam o massacre válido como notícia. O programa *Nightline*, da ABC, ponderou sobre a reportagem por vários dias, mas, por fim, deixou-a de lado.

Para as redes de televisão, o silêncio diante da atrocidade faz parte dos negócios, como sempre. Ele encoraja as ditaduras e os regimes, como o da Indonésia, a matar ou banir jornalistas. Há de chegar um tempo em que as testemunhas oculares de atrocidades valham alguma coisa.

Outro repórter internacional na cena do massacre, Max Stahl, da Yorkshire TV, da Inglaterra, esteve dentro do cemitério de Santa Cruz. Quando os soldados abriram fogo, ele pensou a princípio que o barulho fosse de fogos de artifício. Quando os jovens passaram correndo pelo cemitério, ele se deu conta do que estava acontecendo. Começou a filmar as pessoas fugindo e, a cada 10 minutos, parava e enterrava a fita de vídeo na lama macia de uma cova recente.

Sabia que provavelmente seria preso e, é claro, foi. Interrogado por nove horas, Stahl foi então liberado. Voltou ao cemitério naquela noite, desenterrou a fita e conseguiu levá-la às escondidas para fora do país.

A fita de vídeo de Max Stahl é profundamente chocante. Vemos jovens correndo em alta velocidade pelo cemitério e depois subindo para as montanhas. Mas quando um amigo ou um membro da família era baleado, outros paravam para ampará-lo, mesmo quando sabiam que seriam pegos ou baleados. Os timorenses não queriam que seus entes queridos morressem sozinhos. Max filmou um rapaz que fora baleado e estava sendo carregado nos braços de um amigo. Enquanto ele sangrava até a morte, seu amigo implorava: "Mostre isso ao mundo!"

A fita foi mostrada pela primeira vez no Japão e na Holanda, e depois na Inglaterra. O impacto foi enorme: uma pesquisa de opinião feita logo após os noticiários terem ido ao ar mostrou que os ingleses queriam saber mais sobre o Timor do que sobre qualquer outro assunto de política externa. Isso estimulou o produtor da CBS, Carl Ginsburg, a levar a CBS News a cobrir a história. Allan e eu fomos até a sede da CBS em Nova York. Allan ainda estava com a cabeça enfaixada durante a entrevista. A CBS usou as cenas de Max para mostrar o que ocorrera no Timor Leste. A contundente reportagem foi ao ar no *CBS Evening News*, no dia 21 de novembro de 1991.

Finalmente, nove dias depois do massacre de Santa Cruz, o silêncio da mídia dos EUA em torno do Timor Leste foi quebrado. Durante 16 anos, um dos maiores genocídios do século XX não foi considerado válido como notícia nos Estados Unidos. Os militares indonésios sabiam o quão perigoso era o mundo saber o que estava acontecendo no Timor. Alguns dias depois do massacre, os militares da Indonésia anunciaram que Allan e eu éramos uma ameaça para a segurança nacional e nos proibiram de voltar ao país ou ao Timor Leste ocupado.

Só quando a mídia dá algum sinal é que as pessoas podem saber e decidir se devem agir. Um grande movimento se espalhou pelo mundo depois do massacre para pedir a liberdade do Timor Leste. Nos Estados Unidos, a East Timor Action Network [Rede de Ação do Timor Leste] foi formada por dois antigos ativistas dos direitos humanos, Charlie Scheiner e John Miller, junto com Allan e tantos outros, como Lynn Fredriksson e Kristin Sundell, que tiveram um papel crucial nos últimos anos. Foram criadas sedes em todo o país, compostas de grupos de direitos humanos, estudantes, pacifistas e pessoas ligadas à Igreja. Os esforços do povo resultaram em milhares de cartas e telefonemas para o Congresso. A assistência militar à Indonésia foi cortada por causa dos abusos no Timor Leste — contra a vontade dos sucessivos governos republicanos e democratas.

Lucrando com a repressão

COM UM CONTROLE político repressor e baixos salários, a Indonésia foi durante muito tempo fonte de muitos dividendos para as corporações multinacionais dos EUA. Essas companhias tentam preservar seus lucros cumprindo as ordens do governo indonésio. Em 1994, houve um crescente recuo dos Estados Unidos por causa do massacre de Santa Cruz. Um grupo lobista, a Sociedade Estados Unidos-Indonésia, foi lançado como uma frente para Suharto, as corporações multinacionais e o governo americano. De acordo com uma pesquisa feita por Allan Nairn, o grupo foi apoiado pela Inteligência indonésia, o genro de Suharto, o Grupo Lippo (que fizera grandes doações para a campanha de Clinton-Gore), a Chevron, a Texaco, o Freeport-McMoRan e por ex-funcionários do Departamento de Estado e do Pentágono.[4] O grupo distribuiu materiais "educacionais" sobre a Indonésia para 10 milhões de estudantes de colégios americanos. O material tinha a intenção de "aumentar a compreensão sobre um país que tem sido, há muito tempo, um aliado importante dos Estados Unidos e uma nação que oferece grandes oportunidades para os negócios americanos". O grupo pode contar entre suas vitórias o fato de que, em 1995, o presidente Clinton recebeu Suharto na Casa Branca e propôs vender-lhe 20 caças F-16.

A mesma força militar que matou as pessoas no Timor Leste se encarrega de manter a Indonésia segura para investimentos estrangeiros e insegura para os trabalhadores locais. Durante anos, empresas de material esportivo, como Nike, Reebok e Adidas, prosperaram nessa atmosfera. A Reebok produzia grande parte de seus caríssimos calçados em fábricas exploradoras que pagam salários miseráveis a seus funcionários. Em meados da década de 1990, os funcionários da Reebok na Indonésia, a maioria jovens mulheres, ganhavam cerca de US$ 1,50 por dia e trabalhavam horas em condições deploráveis. Em 2002, o salário delas aumentou para cerca de US$ 75 por mês — que mal dão para comprar os alimentos indispensáveis, que triplicaram de preço devido ao colapso econômico na Ásia no final da década de 1990.[5]

Por sua vez, o presidente da Reebok, Paul Fireman, recebia um salário anual de US$ 3,2 milhões em 2000, morava numa casa de US$ 12 milhões e navegava num iate de US$ 35 milhões. Como observou um repórter, se Fireman vendesse seu iate, "ele poderia pagar um ano inteiro de salários às 30 mil pessoas que foram sua força de trabalho na Indonésia".[6]

Todo ano, a Reebok dá quatro prêmios por direitos humanos, geralmente para ativistas populares recomendados por organismos internacionais. Em 1992, um ano depois do massacre de Santa Cruz, a Reebok decidiu premiar Fernando de Araujo. Fernando era um ativista timorense que estudava na Indonésia e que organizou um protesto depois do massacre de Santa Cruz. Foi preso e condenado a nove anos de prisão; foi solto em 1998.

Em 1992, conheci o líder da Fundação de Direitos Humanos da Reebok, num jantar em homenagem aos defensores dos direitos humanos. Suharto, o ex-ditador da Indonésia, acabara de chegar à cidade, e fiquei sabendo que o presidente da Reebok estivera com ele. Perguntei ao representante da Reebok: "Sabe se eles discutiram sobre o Timor Leste? Fireman disse que pressionaria os Estados Unidos para pararem de vender armas à Indonésia se eles não se retirassem do Timor Leste?" Ele disse que não sabia.

Para minha surpresa, logo depois, a Fundação de Direitos Humanos da Reebok perguntou se Allan Nairn e eu poderíamos falar sobre o massacre na cerimônia do Prêmio Reebok pelos Direitos Humanos, já que o premiado, Fernando de Araujo, estava na prisão. Allan e eu debatemos o assunto. Não queríamos parecer estar apoiando a Reebok, mas, por outro lado, víamos o convite como uma oportunidade de contar a história do Timor Leste para uma audiência numerosa. Decidimos aceitar.

O evento aconteceu durante dois dias no início de dezembro de 1992, em Boston. As festividades da premiação começaram com um almoço no hotel Four Seasons. Assim que me servi, vi o cantor Richie Havens. Caminhei em linha reta para sentar ao lado dele, mas não consegui chegar antes de um homem que se sentou entre nós. Ele se apresentou como Michael Stipe.

"Ah, você é assistente do Richie Havens?", perguntei.

"Não", ele disse, rindo, "eu tenho minha própria banda: o R.E.M."

A Reebok gasta milhões de dólares em publicidade... para limpar a sua imagem. Mesmo que desembolse US$ 100 mil em prêmios para os ativistas dos direitos humanos e US$ 1 milhão para patrocinar o evento, vale a pena para eles. Foi por isso também que a Reebok gastou milhões no passado para bancar os shows da Anistia Internacional. Por que, em vez disso, não pagar aos trabalhadores da Indonésia um pouco a mais por hora de trabalho?

Naquela noite, houve um jantar. O grande baterista nigeriano Baba Olatunji estava tocando com Mickey Hart, do grupo Grateful Dead. Encontramos Tabitha Soren, da MTV; era ela quem apresentaria o prêmio de Fernando. Pedi a ela que não nos desse o prêmio de Fernando para segurar, porque a fotografia de nós dois aceitando o prêmio da Reebok iria direto para a Indonésia. Não queríamos aquele simbolismo. Depois, explicamos a ela como era ruim a situação no Timor Leste.

O evento aconteceu na manhã seguinte, no auditório Hynes, no centro de Boston. Milhares de pessoas estavam presentes. Saímos em direção a um palco escuro que tinha luzes azuis de néon por toda parte e um vídeo com o logotipo da Fundação de Direitos Humanos da Reebok — um robô atravessando arames farpados — em telas grandes pelo corredor. Allan e eu sentamos no palco junto com o cantor Peter Gabriel, Tabitha Soren, Joan Baez, Michael Stipe, o violoncelista Yo-Yo Ma, a atriz Cybill Shepherd, Mickey Hart, Paul Fireman e Terry Anderson, o repórter da Associated Press que ficou como refém durante anos no Líbano. As luzes foram acesas, o robô do vídeo atravessou os arames farpados e Richie Havens cantou sua famosa canção "Freedom" ["Liberdade"].

Paul Fireman levantou-se para falar. Enquanto as pessoas o saudavam, o radiante presidente da Reebok declarou: "Se há esperança em 1992, ela está no trabalho que [os ganhadores do prêmio da Reebok] fazem e em nossa atitude de nos unirmos a eles. Tudo depende de que nos tornemos, como disse Martin Luther King Jr., um tambor-mor para a justiça."

Fireman continuou: "Essa quinta cerimônia do prêmio é uma forma de nós, da Reebok, tocarmos esse tambor. Minha súplica é para que, juntos, despertemos as pessoas em todos os lugares para a causa dos direitos humanos... Por isso, dou as boas-vindas a vocês esta noite não apenas para comemorar, mas também para que se unam a nós como parceiros no trabalho e como colegas nessa causa."

Então, a cerimônia da entrega dos prêmios começou. Cada prêmio foi precedido por um vídeo de dois minutos sobre as ações do premiado. Michael Stipe deu o prêmio a Martin O'Brien, um líder comunitário da Irlanda do Norte.

Mickey Hart deu o prêmio a Floribert Chebeya Bahizire, um ativista dos direitos humanos do antigo Zaire (atual República Democrática do Congo). Outro prêmio foi para Stacey Kabat, americana que defendia mulheres vítimas de violência doméstica. A empresa se aproveitava do brilho desses ativistas, com o logotipo da Reebok por toda parte, só para garantir que entendessem quem estava por trás do evento.

Tabitha Soren levantou-se e anunciou: "Este prêmio é para Fernando de Araujo", e sua foto apareceu ao redor do auditório. "Amy Goodman e Allan Nairn estão aqui para explicar o que aconteceu naquele dia, porque eles sobreviveram ao massacre."

Cada um de nós tinha dois minutos para falar. Descrevi o massacre e terminei com as palavras que Fernando de Araujo enviara da prisão: "Derramei lágrimas de alegria quando soube que fora nomeado como um defensor dos direitos humanos. Acho que o mundo não ficará em silêncio. O prêmio não é para mim, mas para o povo do Timor Leste. Por isso, deve ser usado para o interesse comum, acima de tudo, para a defesa dos direitos humanos."

Então, Allan falou. Ele descreveu como os Estados Unidos colaboraram com "um dos maiores genocídios deste século". Ele então dirigiu sua mensagem às pessoas no auditório: "Os americanos que se preocupam de verdade em defender os direitos humanos têm de ser honestos sobre outro fato. Os Estados Unidos apoiaram durante anos regimes repressivos como esse, em grande parte em benefício de corporações americanas. Na Indonésia, o governo oprime sindicatos independentes, o que permite que as companhias paguem salários miseráveis. Isso ajuda a Reebok, a Nike e outras empresas a obterem lucros gigantescos na Indonésia, pagando aos trabalhadores que fazem seus calçados, muitos deles jovens mulheres do interior do país, salários de cerca de um dólar por dia. Tais empresas têm a obrigação de, ao menos, pedir a Washington que pare de enviar armas para o regime brutal da Indonésia."

Allan continuou: "Nesse momento, no Timor ocupado, no outro lado do mundo, são cerca de 11 horas da noite. A probabilidade é de que, nesse exato momento, enquanto estamos sentados nesta sala, um timorense esteja agonizando de dor, sendo cortado com lâminas de gilete ou aniquilado por choques elétricos, nas mãos de um soldado armado pelo nosso próprio governo... Como Fernando de Araujo, eles mostraram uma coragem inexprimível ao se erguerem por seu direito de autodeterminação e de uma vida livre e decente. Os timorenses não podem votar nas eleições americanas. Eles não podem aparecer nas ruas americanas. Eles não podem influenciar o Congresso dos EUA. Só nós, americanos, podemos colocar um fim ao apoio dos EUA à matança que acontece hoje no Timor Leste."

O auditório silenciou completamente. Então, algumas pessoas começaram a aplaudir. E então, como eles haviam ensaiado conosco, tínhamos de recuar e apertar a mão de Paul Fireman. Não apertaríamos a mão dele, mas também não tínhamos de nos preocupar com isso — porque ele certamente não apertaria as nossas.

O evento terminou com Joan Baez cantando "Amazing Grace". Todos nós deveríamos cantar juntos, de braços dados com a pessoa ao nosso lado, e andar pelo auditório até a sala onde tirariam uma foto do grupo. O problema era que o lugar onde eu estava me obrigaria a colocar o braço em torno de Paul Fireman. Allan e eu ficamos atrás; deixamos que todos ficassem na frente enquanto cantavam e andavam pela platéia.

Apesar de todos os repórteres que se aproximaram de nós após o evento, não houve nada na grande imprensa sobre o ocorrido. Houve uma reportagem da Associated Press, mas nunca a vimos numa grande publicação. A revista *Rolling Stone* publicou uma breve reportagem sobre como foi fantástico o evento, com uma foto de várias celebridades. Não havia uma palavra sequer a respeito da situação no Timor Leste ou nas fábricas da Reebok. Durante a década seguinte, apesar da falta de cobertura da imprensa corporativa, essas explorações da mão-de-obra geraram um movimento contra as fábricas exploradoras que se espalhou pelos *campi* universitários.

A Reebok continuou a ser alvo de protestos. Em março de 2002, a ativista indonésia Dita Sari rejeitou publicamente os US$ 50 mil do Prêmio Reebok pelos Direitos Humanos. A ativista de 29 anos foi presa e torturada em 1995 por organizar uma greve de cinco mil trabalhadores numa fábrica da Reebok. Os trabalhadores exigiam um aumento. Dita passou dois anos na cadeia por causa de seu ativismo.

Ao recusar o prêmio polpudo, Dita declarou: "A globalização dividiu o mundo em dois lados, que são antagônicos entre si. Há credores milionários e devedores falidos, países super-ricos e países subdesenvolvidos, especuladores cheios de dinheiro e crianças miseráveis desnutridas. A globalização intensifica o abismo crescente entre o rico e o pobre."

Ela concluiu: "Não podemos tolerar a maneira como as companhias multinacionais tratam os trabalhadores de países do Terceiro Mundo. E esperamos que nossa luta possa contribuir para mudar as condições de trabalho nas companhias da Reebok."[7]

A vitória timorense

EM AGOSTO DE 1999, um referendo apoiado pela ONU foi finalmente assinado no Timor Leste. Tentei entrar no país para cobrir o evento histórico, mas as forças militares indonésias me pegaram duas vezes e me deportaram. Allan Nairn conseguiu entrar sorrateiramente e testemunhar o que aconteceu. Os timorenses votaram em massa pela independência. Como resposta, os militares indonésios adotaram imediatamente a tática da terra arrasada, soltando milícias que queimaram grande parte do Timor Leste, matando mais de 1.000 timorenses. As reportagens contundentes de Allan no *Democracy Now!* documentaram a destruição final do Timor Leste.

O presidente Clinton recusou-se inicialmente a cortar a ajuda à Indonésia. Houve um clamor por parte de ativistas de origem popular e líderes do Congresso. Finalmente, depois de um quarto de século de apoio dos EUA, Clinton anunciou que não apoiaria mais os militares indonésios no Timor. A Inglaterra seguiu o exemplo de Clinton. Em alguns dias, as Forças Armadas da Indonésia anunciaram sua retirada e permitiram a entrada de uma força de paz internacional. Mas antes dessa transição, enquanto o terror se intensificava, a ONU se retirou do Timor, assim como os jornalistas estrangeiros que ainda estavam lá. Allan foi o único jornalista estrangeiro a permanecer em Dili. Os soldados indonésios o prenderam e ameaçaram condená-lo a 10 anos de prisão. Suas reportagens no *Democracy Now!* das ruas até a delegacia e até a sua cela na cadeia estão entre as mais memoráveis que já transmitimos.

Em uma das suas últimas informações da cadeia, Allan leu o texto que preparara em resposta às acusações que as Forças Armadas indonésias fizeram contra ele: violação da proibição e prática de jornalismo sem permissão. Eis o que ele escreveu:

> Sei que o Exército me colocou na lista negra. Eles fizeram isso porque vi seus soldados assassinando mais de 271 pessoas no cemitério de Santa

Cruz. Esse crime foi da responsabilidade do comandante do Exército indonésio, general Try Sutrisno, e do ministro da Defesa, general Benny Murdani.

Os assassinos carregavam rifles M-16 americanos. O governo americano é também em parte responsável, porque armou, treinou e deu dinheiro às TNI-ABRI [Forças Armadas indonésias], embora soubesse que as [Forças Armadas indonésias] são lideradas por assassinos e são responsáveis pela morte de centenas de milhares de civis do Timor, de Aceh, de Irian Ocidental* e da Indonésia.

Porque eu sobrevivi ao massacre e denunciei o crime para o resto do mundo, as [Forças Armadas indonésias] e o governo de Suharto me baniram como uma "ameaça para a segurança nacional".

Não acho que eu seja uma ameaça para o povo indonésio e o povo timorense, mas espero que seja uma ameaça para o general Wiranto e o general Tanjung, e para outros líderes antigos e atuais [militares]. Acredito que eles se sintam ameaçados por qualquer um que exponha seus crimes. O general Wiranto e os generais Bambang, Zacky, Syafei, Kiki e tantos outros, por exemplo, são responsáveis pelo terror militar no Timor Leste ocupado e pelo aumento da repressão contra o povo de Aceh. Eles sofreram durante décadas sob a repressão e a corrupção [militares]. Um número enorme de pessoas destemidas da Indonésia, do Timor, de Aceh e de Irian Ocidental foram mortas, presas, torturadas ou seqüestradas porque ousaram criticar o Exército e exigir seu direito de liberdade.

Como estrangeiro e jornalista, particularmente um jornalista americano, sei que gozo de uma certa liberdade política que me permite dizer coisas que os nativos seriam mortos se dissessem. Tenho tentado usar esse privilégio para dizer a verdade sobre [os militares da Indonésia]. Se, por causa disso, o Exército acha que deve me prender, então sei que não posso fazer nada para impedi-los. Mas eles sabem que não podem prender ou matar todas as pessoas da Indonésia. É por isso que estão tão assustados agora, e é por isso que acredito que eles vão perder essa luta desesperada para manter seu poder e seu regime opressor.

---

* Aceh e Irian Ocidental são províncias indonésias. (N. T.)

Durante a minha última detenção, fui interrogado por oficiais do Exército Intel, da polícia Intel, do Grupo Kopassus 5 e de tantas outras unidades. Eles me fizeram inúmeras perguntas sobre minhas motivações e opiniões políticas. Eu resumiria minhas opiniões da seguinte forma:

Sou a favor dos direitos humanos, da democracia e contra a TNI-ABRI [Forças Armadas da Indonésia]. Eu sou um defensor dos povos do Timor Leste, de Aceh, de Irian Ocidental e da Indonésia, e um oponente dos oficiais que os têm explorado e reprimido nos últimos anos.

Como um cidadão americano que está visitando a Indonésia e o Timor Leste, também quero deixar claro que acredito em imparcialidade. Os mesmos padrões políticos, morais e legais que são aplicados aos oficiais [das Forças Armadas da Indonésia] deveriam ser aplicados aos funcionários graduados e líderes políticos dos Estados Unidos. Por isso, como apóio o pedido do secretário-geral da ONU por um julgamento dos crimes de guerra e crimes contra a humanidade no Timor Leste, acho que o processo não deveria se limitar aos dignitários indonésios. Os dignitários estrangeiros que foram cúmplices das atrocidades cometidas no Timor Leste e que forneceram armas e a logística da repressão também deveriam ser acusados, julgados e, se condenados, presos.

Em termos práticos, é difícil imaginar o general Wiranto mofando na cadeia. É ainda mais difícil imaginar o presidente Clinton como seu companheiro de cela. Mas a justiça deve ser imparcial.

É hora de o genocídio acabar. Milhares de timorenses foram assassinados. Suas famílias ficaram desamparadas. As vítimas de Santa Cruz, Liquiça e Suai não podem mais falar. Aqueles que podem entre nós devem insistir para que a matança acabe agora mesmo. E também devemos insistir para que os assassinos sejam julgados, independentemente de quem eles sejam.

Esses mesmos princípios se aplicam, é claro, às atrocidades em qualquer lugar. Acho que essa é uma idéia muito simples e com a qual a maioria das pessoas deve concordar.

Se o general Wiranto ou quaisquer outros oficiais tiverem alguma dúvida sobre as minhas opiniões, estou disposto a responder-lhes pessoalmente, no lugar e na hora à sua escolha. Também estou disposto a dar detalhes sobre os crimes acima mencionados e sobre a implicação do general Wiranto e de outros oficiais nessas atrocidades.

Allan Nairn foi deportado da Indonésia alguns dias depois.

A fúria final dos militares indonésios destruiu mais de 80% das construções timorenses. Mais de 1.000 timorenses foram mortos.

No dia 20 de maio de 2002, o Timor Leste comemorou sua independência.

13

SEM SE DOBRAR

Ninguém é tão poderoso quanto nós mesmos o tornamos.
— ALICE WALKER

NO DIA DAS ELEIÇÕES DE 2000, eu estava no escritório do *Democracy Now!*, na WBAI, em Wall Street, quando recebi uma ligação alguns minutos antes de ir ao ar, às nove da manhã. A pessoa que telefonou disse: "Alô, estou ligando da Agência de Comunicações da Casa Branca." Tudo fica muito frenético momentos antes da transmissão, e costumamos receber um grande número de ligações estranhas.

White *Horse*?* Esse é o nome da famosa taverna no Greenwich Village** onde dizem que o poeta Dylan Thomas morreu vitimado pela bebida. Até mesmo o White Horse tem um assessor de imprensa?

Então, a pessoa na linha disse que o presidente gostaria de falar comigo. Eu disse: "O presidente do quê?" Tínhamos de entrar no ar em menos de um

* Trocadilho entre *White House* (Casa Branca) e *White Horse* (Cavalo Branco). (N. T.)

** Bairro de Nova York. (N. T.)

minuto. "O presidente dos Estados Unidos." "Ah, por favor", eu disse. "Ele gostaria de ligar para o seu programa de rádio."

"Está bem", eu disse. "Seja o que for."

Corri para o estúdio enquanto tocava a música tema do *Democracy Now!*. Nossos produtores eram Brad Simpson, um estudante de história, e Maria Carrion. Maria produzira o *Democracy Now!* durante dois anos, antes de se mudar para a Espanha, e voltou para os Estados Unidos, a fim de nos ajudar na época da eleição. Era para ela ficar três dias, mas, como veio justamente para a eleição de 2000, acabou ficando cinco semanas — da noite anterior às eleições até o dia seguinte à "seleção" final de George W. Bush.

Mal pude dizer a Maria e a Brad, enquanto eles davam freneticamente os toques finais no programa da eleição, que o presidente estava telefonando, principalmente porque eu mesma não acreditava nisso. Mas, quando a música aumentou de volume, eu disse: "Aliás, era a Casa Branca ao telefone. Eles disseram que o presidente deve telefonar." "Está bem", disse Maria. Deixei por isso mesmo.

Após o programa, quando estávamos prestes a sair para tomar um café, alguém começou a gritar da central de controle: "O presidente Clinton está ao telefone!"

Maria correu, pegou o telefone e gritou para que eu entrasse na central de controle imediatamente. Gonzalo Aburto, o apresentador do programa de música latino-americana que começa depois do *Democracy Now!* às terças-feiras, estava na mesa de controle.

Corri para dentro do estúdio e ouvi, junto com a batida dinâmica da música latina, a voz do presidente Clinton dizendo: "Alô, alô, tem alguém aí? Você pode me ouvir?" O volume de nossos microfones estava no nível mais baixo, e a música estava na altura máxima. Eu praticamente me joguei no painel de controle e abaixei a música, aumentei todos os nossos microfones e dei boas-vindas ao presidente.

"Para Clinton, deveria ser apenas uma conversa descontraída sobre a importância da votação num programa de rádio progressista e depois: tchau, tchau", escreveu posteriormente o jornal *The Washington Post* a respeito do encontro.[1] A reportagem continuou: "Nessa era da mídia bem-informada, quando repórteres tão sérios medem *status* pelo acesso aos poderosos, Goodman é a jornalista penetra", escreveu Michael Powell. "Vocês podem pensar em perguntas indelicadas; ela as faz. Ela atormenta os democratas tanto quanto os republicanos."[2]

Não havia dúvida de que era a voz do presidente Clinton. Então, começamos o diálogo. Eis aqui um trecho da conversa:

AMY GOODMAN: Presidente, o senhor está na linha?

PRESIDENTE CLINTON: Estou. Vocês podem me ouvir?

GOODMAN: Sim, podemos. O senhor está ligando para as estações de rádio para dizer às pessoas que votem. O que o senhor diz às pessoas que acham que os dois partidos são comprados por corporações e... neste momento acham que seus votos não fazem diferença?

CLINTON: Não há sequer uma mínima prova que sustente isso. É o que eu diria. ... A verdade é que existe uma guerra ideológica entre os que acreditam que a melhor maneira de fazer a economia crescer é dar mais dinheiro aos ricos, e os democratas, que acreditam que os ricos ganharão mais dinheiro se as pessoas comuns também o ganharem.

GOODMAN: Presidente Clinton, qual é a sua posição sobre conceder clemência a Leonard Peltier, o ativista americano indígena?

CLINTON: Eu sei que isso é importante para muitas pessoas, talvez para os dois lados envolvidos. Acho que devo isso a eles, dar uma olhada honesta no caso. ... Eu me comprometo a fazer isso.

GOODMAN: E o senhor dará uma resposta nesse caso?

CLINTON: Ah, sim, decidirei de uma maneira ou de outra.*

---

* Clinton não atuou para dar clemência a Peltier. O ativista americano indígena, que cumpre duas sentenças de prisão perpétua por ter matado a tiros dois agentes do FBI, está na cadeia desde 1977. Peltier continua a alegar sua inocência. A Anistia Internacional já apelou pela sua libertação.

GOODMAN: O senhor apóia um adiamento da pena de morte, tendo em vista os estudos que mostram a maneira racista como ela tem sido aplicada?

CLINTON: ... O que é desconcertante para mim é que não há apenas uma disparidade racial aparente no corredor da morte, mas também a maneira como a metade dos casos vem de um número relativamente pequeno de escritórios de advocacia dos EUA.

Mas, novamente, deixe-me dizer isso. Se você está preocupada com isso, esse é um bom motivo para votar em Al Gore e em Joe Lieberman, e em Hillary para o Senado... Porque nós sabemos que os democratas se preocupam com esses assuntos, os quais não são muito importantes para os republicanos. Então, esse é outro exemplo de uma outra razão para vocês votarem nos democratas.

GOODMAN: Gore defende a pena de morte.

CLINTON: Ele defende, mas...

GOODMAN: E Lieberman também.

CLINTON: Sim, eles defendem. Mas há uma diferença entre defendê-la e achar que ela seria levada a cabo mesmo que você achasse que o sistema é fundamentalmente injusto.

GOODMAN: Mas os estudos mostram isso...

CLINTON: Mas os estudos não estão completos... E por isso acho que, se uma pessoa está interessada em ter alguém que ao menos tenha a capacidade de olhar para a probidade disso, essa pessoa só tem uma escolha.

GOODMAN: Bem, acho que muitas pessoas ficaram transtornadas com o fato de que, quando o senhor se candidatou à Presidência, o senhor voltou para o Arkansas no meio da campanha para presidir a execução de um homem mentalmente debilitado.

CLINTON: Sim, mas deixe-me... Agora vamos voltar aos fatos. Ele não era mentalmente debilitado quando cometeu o crime. Ele ficou assim porque foi ferido depois de ter assassinado alguém. E a lei diz que é o seu estado mental no momento em que cometeu o crime...

GOODMAN: Presidente Clinton, o cálculo da ONU mostra que mais de cinco mil crianças morrem por mês no Iraque por causa das sanções contra esse país.

CLINTON: Isso não é verdade. Isso não é verdade... Se alguma criança está sem comida ou remédio ou um teto sobre a sua cabeça no Iraque, é porque [Saddam Hussein] está afirmando que é por causa das sanções que isso está acontecendo e fazendo isso com as suas próprias crianças.

GOODMAN: Os dois últimos chefes do programa da ONU no Iraque deixaram o cargo, acusando a política dos EUA e da ONU de genocida. Qual a sua resposta a isso?

CLINTON: Eles estão enganados! Saddam Hussein diz: "Eu vou deixar minhas crianças com fome, a menos que vocês me deixem comprar armas nucleares, químicas e biológicas." Isso não está certo! Você sabe, a verdade é que muitas dessas pessoas querem começar a fazer negócios com Saddam Hussein de novo porque querem seu dinheiro.

GOODMAN: A Anistia Internacional descreveu o que as forças israelenses estão fazendo nos territórios ocupados como...

CLINTON: Escute, não posso dar aqui uma entrevista completa. Hoje é dia de eleição e tenho muitas pessoas e lugares para ligar.

GOODMAN: Bem, acho que essas perguntas são muito importantes para os nossos ouvintes...

CLINTON: Bem, respondi a todas.

GOODMAN: Certo, e nós agradecemos por isso. E...

CLINTON: Eu respondi a todas. Agora me deixe apenas dizer uma coisa sobre o problema palestino... que é algo que conheço bem. A única resposta para isso é um acordo que cubra todas as questões pelas quais os palestinos se sentem prejudicados; que garanta a segurança e a aceitação dos israelenses na região; e que seja uma paz única e duradoura. É a única resposta a isso nesse longo percurso.

GOODMAN: Por que não apoiar uma força da ONU no Oriente Médio contra a ocupação ilegal dos territórios? E, neste momento, acho que há cerca de 150 pessoas que foram mortas em territórios ocupados, na sua maioria por palestinos.

CLINTON: Você pode defender isso se quiser, mas os israelenses não o farão. Houve uma guerra em que isso aconteceu. E, se você quiser fazer a paz, é preciso fazer coisas com as quais os dois lados concordem. É assim que se faz um acordo de paz.

GOODMAN: Muitas pessoas dizem que Ralph Nader tem uma porcentagem de pontos tão alta na votação porque o senhor foi responsável por levar o Partido Democrata para a direita. O que o senhor tem a dizer a esse respeito?

CLINTON: Estou feliz que você tenha perguntado isso, e essa é a última pergunta que tenho tempo para responder. Eu ficarei feliz em... responder a isso.

Que significa levar o Partido Democrata para a direita? Que cortamos a lista da seguridade social pela metade? Que a pobreza esteja no nível mais baixo em 20 anos? Que a pobreza infantil diminuiu em um terço na nossa administração? Que a renda dos americanos comuns subiu 15% acima da inflação? Que o padrão básico entre os afro-americanos e outras minorias subiu constantemente?

GOODMAN: Posso dizer que algumas pessoas...

CLINTON: Agora, deixe-me apenas terminar.

GOODMAN: Deixe-me apenas dizer...

CLINTON: Agora, deixe-me... agora, espere um minuto. Você começou com isso, e toda pergunta que você fez foi hostil e combativa. Portanto, ouça a minha resposta, você faria isso?

GOODMAN: Foram perguntas críticas...

CLINTON: Agora, apenas me escute. Você faz as perguntas e eu vou responder. Você fez perguntas num tom hostil, combativo e até mesmo desrespeitoso, mas eu... e você nunca conseguiu combater os fatos que lhe tenho apresentado. Agora, escute o que vou dizer. A outra coisa que Ralph Nader diz é que, você sabe, ele é como a mulher de César: está acima de qualquer suspeita.

Neste governo, 43 milhões a mais de americanos estão respirando ar puro. Temos água potável mais confiável, comida de melhor qualidade, água mais limpa. Temos mais terras apropriadas do que em qualquer outra administração na história desde Theodore Roosevelt... As pessoas podem dizer o que quiserem. Estes são os fatos.

GOODMAN: O que as pessoas dizem é que o senhor forçou a criação do Nafta, que temos a maior população de encarcerados no mundo industrializado, mais de dois milhões. Que mais pessoas estão no corredor da morte neste país do que em qualquer outro lugar.

CLINTON: Bem, está certo. Está bem. Mas dois terços da população americana aprovam isso. Também acho que há muita gente na prisão... Ninguém disse que a América é perfeita. O verdadeiro problema que se tem é que... este país está em boa forma. Agora, já falei muito tempo com você. É dia de eleição. Há muitas pessoas que...

GOODMAN: Nós agradecemos.

CLINTON: ... Eu tenho de ir.

GOODMAN: Uma última pergunta. E quanto a se conceder uma ordem executiva para terminar com a caracterização racial neste país?

CLINTON: Espero que terminemos com a caracterização racial... Sou contra ela. Al Gore também. Aqui está o acordo. Olhe, tenho duas pessoas que trabalham para mim na Casa Branca que foram paradas e algemadas por engano outro dia. Tenho criticado a caracterização racial, e Hillary fez disso um grande tema em Nova York.

GOODMAN: Muito obrigada por perder seu tempo, presidente Clinton.

CLINTON: Obrigado.

Ficamos estupefatos com o fato de o presidente Clinton ter permanecido tanto tempo ao telefone. Fizemos rapidamente uma transcrição da conversa, avisamos a imprensa e então transmitimos a entrevista no nosso programa no dia seguinte.

Depois do programa, recebi uma ligação do escritório de imprensa da Casa Branca. Uma funcionária me informou que estavam furiosos comigo por ter "quebrado as regras básicas para a entrevista".

"Regras básicas?", perguntei. "Que regras básicas? Ele telefonou para ser entrevistado, e eu o entrevistei."

"Ele ligou para discutir a importância de votar, e você mudou de assunto. Você também o manteve por muito mais tempo do que os dois ou três minutos que combinamos", argumentou ela, irritada.

"O presidente Clinton é a pessoa mais poderosa do mundo", respondi. "Ele pode desligar o telefone quando quiser."

O governo Clinton ameaçou proibir meu acesso à Casa Branca e sugeriu a um repórter do *Newsday* que eles poderiam me punir por minha atitude me negando acesso — não que eu tivesse algo a perder. Elliot Diringer, porta-voz da Casa Branca, disse: "Qualquer bom repórter sabe que, se você viola as regras básicas numa entrevista, isso vai ser levado em conta na próxima vez em que você quiser fazer outra."

Em primeiro lugar, não combináramos nenhuma regra básica. Clinton nos telefonou.

Em segundo lugar, não teríamos concordado com nenhuma. A única regra básica que conheço para uma boa reportagem é que você não deve vender seus princípios em troca de acesso. Tratamos o presidente não como uma realeza, mas como um servidor público responsável pelo povo.

Gingrich evita comentário sobre prostituta

MIL NOVECENTOS E NOVENTA E QUATRO foi um ano crucial para os republicanos no Congresso. A Câmara dos Representantes estivera sob o comando democrata por mais de 30 anos. Mas, depois de dois anos do primeiro mandato de Clinton, os republicanos deram a volta por cima, fazendo de Newt Gingrich o presidente da Câmara dos Representantes. Eles começaram a colocar em prática o Contrato com a América: um plano de 10 pontos que incluía provisões que reprimiam os pobres, sobretudo mulheres e crianças; pedia menos dinheiro para programas sociais e mais dinheiro para as prisões; atacava a ONU e fortalecia a pena de morte. Muitos chamaram o plano de Contrato *contra* a América.

Uma das plataformas mais efetivas para Gingrich era a coletiva do presidente da Câmara dos Representantes — uma tradição de 30 anos na qual o líder da Câmara se encontra diariamente com repórteres para transmitir suas mensagens e estratégias. Gingrich estava jogando alto, usando os encontros diários com a imprensa como um meio de aparecer nos noticiários.

Essas coletivas diárias se tornaram rapidamente um fenômeno. O ex-presidente da Câmara, Tom Foley, não permitia câmeras. Newt Gingrich, que sabia usar muito bem as câmeras de TV a seu favor, decidiu permiti-las. Tanto a CNN quanto a C-SPAN transmitiam com freqüência a sessão ao vivo. Eram os 20 minutos diários de fama de Newt Gingrich. Era quase como se ele fosse o maestro de uma orquestra sinfônica. Por um momento, isso foi muito bom para ele. Participei de sua conferência no qüinquagésimo dia da nova maioria republicana, em que ele avaliou tudo o que o Congresso realizara. Ele terminou dizendo que a coletiva com o presidente da Câmara era de grande importância e que ele a manteria pelo tempo em que ela funcionasse adequadamente.

Alguns repórteres pareciam rezar por essa mesma cartilha. Também funcionava bem para eles. Agora, poderiam conseguir um bom material para seus editores e dizer que eles mesmos fizeram uma pergunta ao presidente da Câmara.

Achei um grande insulto Newt Gingrich pensar que aquilo estivesse funcionando adequadamente. Não acho que manter o acesso valha a pena, quando jornalistas servem como apoio a essa peça encenada todos os dias.

Na conferência do dia 3 de março de 1995, perguntei a Gingrich sobre seu suposto comentário, como a mãe de Gingrich dissera à então repórter da CBS Connie Chung durante uma entrevista, de que ele chamara a primeira-dama Hillary Clinton de prostituta.

AMY GOODMAN: Tenho uma pergunta sobre tom. O senhor falou sobre isso mais cedo. Muitos dizem que o que está acontecendo na Câmara é uma guerra contra as mulheres, toda a questão sobre direitos de reprodução que continua sendo levantada. Mas essa pergunta não é sobre legislação. Alguns dizem que o senhor comprou uma briga ao não pedir desculpas às mulheres americanas por ter chamado a primeira-dama de prostituta. Por que o senhor não se desculpou?

NEWT GINGRICH: Nunca concordei em falar nisso. E não imagino por que você está perguntando isso.

GOODMAN: Por que o senhor não se desculpou?

GINGRICH: Já falei com a Sra. Clinton. Ela entende exatamente em que ponto estamos.

GOODMAN: Por que o senhor não pediu desculpas às mulheres americanas? Porque isso vai além de chamar...

GINGRICH: Eu nunca disse... Eu nunca disse... Que eu saiba, eu nunca disse o que você acabou de dizer.

GOODMAN: O senhor está chamando a sua mãe de mentirosa, então?

GINGRICH: Estou lhe chamando de uma pessoa visivelmente tola, por estar tendo esse tipo de conversa aqui, e lamento muito que você tenha se preocupado em trazer de volta ao cenário público o que Connie Chung fez. Connie

Chung mentiu para a minha mãe. Agora, você está tentando explorar uma mentira de uma repórter profissional. E não vou mais aceitar nenhum comentário da sua parte. Acho muito vergonhoso que você, como repórter, tente usar a mentira que Connie Chung disse a minha mãe. Acho que você devia se envergonhar...

GOODMAN: Não se trata de Connie Chung...

GINGRICH: ... Você devia se envergonhar. Trata-se sim.

GOODMAN: Por que o senhor não pediu desculpas às mulheres americanas por tê-la chamado de prostituta?

GINGRICH: Vou dizer isso pela última vez. Você está tentando usar a minha mãe de uma forma desprezível. Acho isso lamentável. Já alertei minha mãe para não falar com nenhum repórter exatamente por causa desse tipo de exploração de pessoas como você.

Essa conversa tem de ser posta no contexto da semana em que aconteceu a conferência do presidente da Câmara dos Representantes. Certa noite, o Comitê de Verbas Orçamentárias debatia a questão do fundo de seguridade social para os estados. Eles finalmente decidiram que, se a taxa de abortos ou de nascimentos ilegítimos de um estado crescesse, esse estado não ganharia um bônus. Lá estava um grupo formado principalmente por homens brancos debatendo como as mulheres engravidam, particularmente as mulheres jovens e pobres.

Esse debate mal teve cobertura da imprensa no dia seguinte, porque foi muito complicado e também porque aconteceu tarde da noite. A imprensa chamava a atenção para o fato de que muitas decisões estavam sendo aprovadas diariamente; a importância parecia estar na velocidade e não no conteúdo do que acontecia.

No dia seguinte, duas das 29 mulheres que acusaram o senador Bob Packwood (Oregon) de assédio sexual e agressão convocaram uma entrevista do lado de fora do Senado. As mulheres disseram que a agressão de Packwood consistia em pular em cima delas para, na maioria dos casos, tirar suas roupas. As mulheres foram bem explícitas. Elas estavam lá com quatro mil cartas de cidadãos do estado do Oregon para o senador Bob Dole, líder da maioria, pedindo uma investigação do Senado sobre o caso. Essas mulheres, muitas das quais republicanas que trabalhavam com ou para Packwood, arriscaram seus meios de subsistência ao comparecer. Apesar das acusações, Bob Packwood foi promovido a líder do Comitê de Finanças do Senado, um dos mais altos cargos da Câmara.

Na noite seguinte, eu assistia à Comissão de Orçamento da Câmara fazer suas propostas finais para a tribuna. Novamente, eram oito da noite. Eles discutiam uma emenda submetida pelo congressista Istook, de Oklahoma, para impedir que o Medicaid* pagasse os abortos, mesmo se a mulher fosse vítima de abuso ou incesto. A representante de Nova York, Nita Lowey, levantou-se e disse: "Vocês estão dizendo ao país que as mulheres devem ter o filho dos estupradores. Que elas têm de ter o filho do próprio pai."

Com isso, os membros da assembléia aprovaram a emenda.

Embora o Contrato com a América não fosse explicitamente sobre os direitos das mulheres, comissão após comissão aprovava legislações sobre essas questões que teriam um impacto profundo sobre as mulheres.

Havia ainda a linguagem usada pela liderança republicana. Algumas semanas antes, houve uma agitação em torno do líder da maioria, Dick Armey, por seu deslize ao chamar o congressista Barney Frank de Barney Fag,** diante de um grupo de repórteres de rádio. Isso aconteceu numa época em que uma série de assassinatos brutais de gays no Texas seguia sem solução. Ao mesmo tempo, o Congresso se recusava a aumentar as penalidades para crimes hediondos.

Para mim, o que um líder dizia era importante, especialmente quando era o presidente da Câmara. De gay a prostituta, a mensagem estava sendo enviada, e o tom para as novas leis estava sendo aprovado. Foi nesse contexto que fiz aquela pergunta a Newt Gingrich.

Depois da coletiva do presidente da Câmara, fui convidada para programas de entrevista em todo o país. Eles transmitiam a minha conversa com Gingrich, mas cortavam as duas primeiras frases, nas quais eu descrevia o tom de Gingrich como uma guerra contra as mulheres. Toda a discussão sobre os pobres — entre os quais a maioria é de mulheres — e sobre os direitos de reprodução foi tomada como uma oportunidade de atacar os direitos da mulher.

---

* Programa de ajuda estatal para as despesas de quem não pode pagar pelos remédios. Seguro de saúde estatal. (N. T.)

***Fag* significa homossexual. (N. T.)

A coletiva do presidente da Câmara foi essencialmente a respeito de controle. Quem estava controlando a discussão? Eu não queria dar a Newt Gingrich uma oportunidade para discursar, como ele sempre fazia. Achava que ele tinha de ser desafiado sobre cada ponto. É esse o trabalho de um jornalista, e não estar lá para propiciar a ele um palanque confortável. Por isso fui de um lado a outro. Alguns chamam isso de atormentar. Eu chamo isso de "responda à pergunta".

Dois meses depois, no início de maio de 1995, Newt Gingrich anunciou que cancelaria sua coletiva semanal. O porta-voz de Gingrich, Tony Blankley, disse o seguinte ao *Washington Post*: "Algumas das perguntas eram mesquinharias e prejudicavam a discussão de notícias sérias. Isso abriu a oportunidade de jornalistas desconhecidos aparecerem para discutir seus assuntos prediletos. Ele era um alvo muito tentador para alguns desses repórteres resistirem."[3]

Gingrich estava tentando me culpar por tê-lo privado da imprensa, mas isso não fazia o menor sentido: se isso fosse uma reação à minha pergunta, ele teria acabado com a coletiva logo depois de nossa conversa, em março de 1995.

O verdadeiro motivo que Gingrich tentava esconder era algo muito mais prejudicial: no dia 19 de abril de 1995, Timothy McVeigh explodiu o edifício federal Alfred P. Murrah, em Oklahoma City, matando 168 pessoas. McVeigh, um extremista antigovernamental, parecia-se muito com Gingrich, que repreendia diariamente o que considerava serem os males do governo. Quanto mais Gingrich era exposto, mais impopular se tornava. As semanas seguintes ao bombardeio foram um bom momento para Gingrich procurar abrigo.

14

PSYOPS* VOLTAM PARA CASA

Se você diz uma grande mentira e continua a repeti-la, as pessoas acabam acreditando nela.

— JOSEF GOEBBELS (1897-1945), MINISTRO DA PROPAGANDA DE HITLER

O CORONEL SAM GARDINER É um guerreiro da velha escola. Coronel reformado da Força Aérea e professor do National War College, ele tinha o maior respeito pelas regras básicas de sua profissão. A guerra psicológica — *psyops*, para quem é do ramo — era algo que os Estados Unidos usavam contra os inimigos. Inimigos estrangeiros, é claro, porque a CIA e o Pentágono foram proibidos, logo após a Segunda Guerra Mundial, de fazer dos cidadãos americanos alvo dessas operações.

A guerra psicológica é o jeitinho militar de conquistar os corações e mentes de uma população. De acordo com o Departamento de Defesa, o objetivo das *psyops* é "induzir ou reforçar as atitudes e comportamentos *estrangeiros* de maneira favorável para os EUA... através do planejamento e da condução de

* Do inglês *Psychological Operations* (Operações Psicológicas). (N. T.)

operações para transmitir informações a audiências *estrangeiras*, a fim de influenciar suas emoções, suas motivações, suas razões objetivas e, por fim, o comportamento de governos, organizações, grupos e indivíduos *estrangeiros*"[1] [ênfase da autora].

O Decreto Smith-Mundt, de 1948, proibiu a disseminação doméstica de propaganda do governo dos EUA. A razão por trás do decreto era que "o Congresso queria estar certo de que uma agência do governo dos EUA não pudesse fazer uma lavagem cerebral como Hitler fez na Alemanha. No lado comercial, também, a mídia doméstica não queria a competição no mercado de uma entidade governamental sem fins lucrativos".[2] A barreira legal é o que previne a Voz da América de transmitir no país. E por isso é necessária uma lei do Congresso para se permitir que um filme feito pela U. S. Information Agency [Agência de Informação dos EUA] seja lançado nos Estados Unidos.

Como qualquer oficial militar da época, o coronel Sam Gardiner conhecia as regras. Mas no decorrer de suas aulas e em suas freqüentes aparições como analista militar em 2003, durante a Guerra do Iraque, no programa da PBS *NewsHour*, na BBC e na NPR, alguma coisa começou a perturbar Gardiner em relação às notícias que ele lia e ouvia sobre o Iraque. Elas tinham um tom familiar e perturbador para ele. Na verdade, soavam como o trabalho que certa vez ele fizera na Força Aérea.

Gardiner chegou a uma conclusão que o aterrorizou: o governo Bush direcionara as operações psicológicas contra os americanos. Os inimigos estrangeiros não eram mais o único alvo de fraude e coerção. Agora, o alvo era o público americano.

"Não era um serviço de inteligência nocivo. Era muito mais. Era um esforço orquestrado. Começou antes da guerra, foi um esforço maior durante a guerra e continua como distorções pós-conflito", escreveu Gardiner num relatório de 56 páginas publicado por ele mesmo.[3] Ele não tinha a intenção de escrever o relatório pessoalmente. Ele fornecera informações a Mark Fineman, correspondente do *Los Angeles Times*. Mas Fineman, de 51 anos, morreu inesperadamente em Bagdá, em 23 de setembro de 2003. Gardiner divulgou suas descobertas em 8 de outubro de 2003.[4]

O que Gardiner detalhou foi um bumerangue em grande escala. O poder dos militares dos EUA tem sido empregado para enganar o público americano. Enquanto no Iraque continuava a busca inútil por armas de destruição em massa, armas de tapeação em massa eram lançadas sobre uma população americana inadvertida. Foi uma campanha de US$ 200 milhões para enganar o público americano.[5]

"De certo modo, Washington e Londres não confiaram nos povos de suas democracias para chegar às decisões certas", escreveu Gardiner. "A verdade se tornou vítima. Quando a verdade sofre baixas, a democracia sofre os efeitos colaterais."

A questão sobre se o Pentágono estava armando uma campanha publicitária doméstica orquestrada ou não foi levantada pela primeira vez no outono de 2002. Perguntaram a Donald Rumsfeld se o Pentágono estava engajado em fazer propaganda através do Escritório de Influência Estratégica do Departamento de Defesa (*influência estratégica* é o jargão militar para propaganda política). Os membros do alto escalão militar disseram que deveriam divulgar notícias falsas para a imprensa estrangeira, mas tiveram de voltar atrás quando as organizações jornalísticas manifestaram a preocupação de que as falsas reportagens fossem captadas também na imprensa doméstica.

Zombando da preocupação em torno do efeito bumerangue da propaganda, Rumsfeld informou à mídia, em 18 de novembro de 2002, que eliminaria o programa apenas no nome: "E então havia o Escritório de Influência Estratégica. Vocês podem se lembrar disso. E 'Ó meu Deus, não é terrível, o céu vai desabar'. Eu fui derrotado no dia seguinte, e disse ótimo, se vocês querem acabar com isso, ótimo. Eu lhes darei o cadáver. Aqui está o nome. Vocês podem ter o nome, mas eu continuarei fazendo cada coisa que tem de ser feita."

De fato, ele as fez, e o público americano tornou-se o foco de programas de operações psicológicas (*psyops*) de alta intensidade. As mentiras vindas do governo Bush eram freqüentes e audaciosas. Afirmativas falsas sobre a presença de armas de destruição em massa eram apenas uma gota nesse elaborado mar de trapaças. Aliados "desleais", como a França e a Alemanha, foram alvo de ataques. As mentiras tomaram formas variadas. Às vezes, era a invenção cabal de um funcionário. Outras vezes, os funcionários do governo deixavam, deliberadamente, de corrigir uma mentira que fora espalhada pelas ruas. Havia vazamentos e reportagens não oficiais plantadas nos bastidores. Por fim, havia operações escondidas, em que documentos falsos podem ter sido forjados em esquemas elaborados para prejudicar e enganar.

No total, afirma Gardiner: "Houve mais de 50 reportagens forjadas, ou ao menos manipuladas, que distorciam o quadro da [Segunda Guerra] do Golfo para o povo americano e o britânico."

O governo Bush recrutou alguns ajudantes para essa tarefa, como John Rendon, que dirige a empresa de propaganda The Rendon Group. Rendon é um "guerreiro da informação", como ele mesmo diz, que trabalhou nos assuntos relacionados ao Iraque para clientes como o Pentágono e a CIA. Rendon foi importante para a formação do Congresso Nacional do Iraque em 1992, assegurando o fluxo de US$ 12 milhões da CIA para o grupo entre 1992 e 1996.[6] O Escritório de Influência Estratégica do Pentágono contratou Rendon para a invasão do Iraque.

Em julho de 2003, Rendon falou numa conferência em Londres sobre o esforço de propaganda política em torno da invasão. O coronel Gardiner compareceu à palestra e contou que Rendon "disse que a idéia dos repórteres incorporados foi sensacional. Funcionou como eles constataram no teste. Foi a versão da realidade da guerra para a televisão e, na maioria dos casos, eles não perderam o controle da reportagem".

Rendon observou um problema: "Ele disse que um dos erros que cometeram foi terem perdido o controle do contexto. Os aposentados nas redes de televisão tinham muito controle do contexto. Isso tem de ser ajustado para a próxima guerra."

Os temas do esforço da invasão de propaganda foram duplicados. A guerra contra o terror é uma luta entre o Bem e o Mal (não foi exagero evocar imagens de uma cruzada cristã contra o Islã). E o Iraque foi responsável pelos ataques do 11 de Setembro — "o que os teóricos da propaganda chamariam de 'grande mentira'", diz Gardiner.

Com esses dois conceitos perpassando por todas as mensagens, Gardiner afirma que a campanha de influência estratégica no Iraque "distorceu percepções da situação antes e durante o conflito; provocou o erro de direção de algumas operações militares; foi irresponsável em algumas coisas; deve ter sido ilegal de alguma maneira; custou uma nota; será ainda mais grave no futuro".

A mídia teve um papel fundamental nessa tarefa. A propaganda requer uma mídia crédula e complacente para prosperar. A mídia corporativa dos EUA fez a sua parte.

No relatório "A Verdade Desses Palanques", Gardiner detalha um modelo de mentiras estratégicas:[7]

A VERSÃO OFICIAL	**A REALIDADE**
A fábrica de venenos inexistente	
O secretário de Estado Powell mostrou a foto de uma "fábrica terrorista de venenos e explosivos" em sua apresentação no Conselho de Segurança da ONU em 5 de fevereiro de 2003.	*Do jornal* Los Angeles Times, *3 de setembro de 2003:* "A 'fábrica de venenos' não tinha sofisticação e estava situada numa pequena construção de concreto que tinha grânulos marrons e um cheiro que parecia de amônia. Testes realizados por laboratórios dos EUA revelaram traços de elementos químicos, incluindo ácido cianídrico e cianureto de potássio, substâncias geralmente usadas para matar roedores."
O campo de treinamento terrorista inexistente	
"Ex-oficiais das Forças Armadas iraquianas descreveram uma instalação de treinamento terrorista ultra-secreta, conhecida como Salman Pak, onde tanto os iraquianos quanto os árabes não-iraquianos recebem treinamento sobre como seqüestrar aviões e trens, colocar explosivos em cidades e praticar sabotagens e assassinatos." — Relatório da Casa Branca, *Decade of Deception*, 12 de setembro de 2002.	Não foi encontrada nenhuma evidência dessa "instalação de treinamento terrorista ultra-secreta".

A VERSÃO OFICIAL	A REALIDADE
A perigosa bomba nuclear	
• "Esse ambiente é ideal para países como o Iraque treinarem e apoiarem uma operação terrorista utilizando armas de radiação." — Khidhir Hamza, *Wall Street Journal*· 12 de junho de 2002 • "Alguns funcionários, falando nos bastidores, travaram conversas sobre 'o que pode dar errado', dizendo que passam a noite acordados ante a perspectiva de uma bomba nuclear." — David Sanger, *International Herald Tribune*, 28 de fevereiro de 2003	Não havia nenhuma evidência digna de crédito de que o Iraque possuísse armas de radiação ou bombas nucleares depois das inspeções de armas da ONU na década de 1990.
A armadilha dos prisioneiros de guerra	
"Funcionários da Inteligência" vazaram a informação de que o capitão-de-corveta Scott Speicher, piloto da Marinha abatido na primeira Guerra do Golfo, estava vivo e mantido como refém pelo Iraque. O rumor, originado de um único desertor, foi reforçado por funcionários do alto escalão. *Setembro de 2002*: o presidente Bush menciona o caso num discurso na ONU. *19 de março de 2003*: Wolfowitz diz que "há grandes evidências de que ele sobreviveu". *Abril de 2003:* Foi anunciado que suas iniciais foram encontradas na parede de uma cela.	*16 de julho de 2003*: o jornal *The Washington Times* anuncia que não há evidência de que Speicher esteja ou estivesse vivo na época dessas reportagens. "Isso lança dúvidas sobre a credibilidade do desertor."

A VERSÃO OFICIAL | **A REALIDADE**

Bombardeando Bagdá na escuridão

Quando Bagdá ficou imersa na escuridão, os Estados Unidos negaram ter atacado a rede elétrica

- "Nós não tínhamos a rede elétrica como um alvo. Não fomos nós."

— Relatório do Departamento de Defesa, 4 de abril de 2003, Victoria Clarke

O coronel Gardiner garante:

- Os Estados Unidos bombardearam partes da rede elétrica no Norte do país durante um ataque de operações especiais à represa de Hadithah, em 1º ou 2 de abril.
- A rede elétrica foi atacada duas ou três vezes no Sul de Bagdá ao longo da Rodovia 6.

A descoberta de ogivas químicas

- "Os inspetores de armas da ONU no Iraque descobriram recentemente uma nova variedade de foguete aparentemente configurada para espalhar pequenas bombas com agentes biológicos ou químicos sobre grandes áreas, dizem funcionários dos EUA."

— Serviço de notícias do *New York Times*, 10 de março de 2003

- "Não há nenhuma prova para que se possa concluir que o Iraque tenha uma ogiva com submunições químicas. Não foi obtida nenhuma informação sobre testes e não foi vista nenhuma experimentação com explosões em pontos de lançamento relativamente altos."

— Escritório do Departamento de Defesa, relatório sobre o uso do Patriota durante a primeira Guerra do Golfo [inspeções da ONU preveniram o Iraque de desenvolver qualquer tecnologia de mísseis de grande porte na década de 1990].

- "Os inspetores descobriram submunições e bombas de fragmentação que pareciam projetadas para liberar agentes químicos e biológicos. Em oposição às afirmações iniciais do Iraque, um número considerável de bombas e mais de 100 submunições foram encontrados."

— Departamento de Estado, 10 de março de 2003

- [O Departamento de Defesa] não considera que o Iraque desenvolva o que seria uma arma muito complexa.

"Esses rumores foram um esforço para desacreditar Hans Blix e a UNMOVIC", diz Gardiner.

A VERSÃO OFICIAL | **A REALIDADE**

Impostor uniformizado

7 de março de 2003: O Iraque está adquirindo uniformes militares "idênticos em todos os detalhes" aos das Forças Armadas americanas e britânicas.

26 de março de 2003, Victoria Clarke: "Nós sabíamos que eles estavam adquirindo uniformes parecidos com os americanos e britânicos. E o relatório dizia que eles planejavam usá-los, dá-los aos assassinos, como eu os chamo, organizar represálias contra o povo iraquiano e tentar colocar a culpa nas forças da coalizão."

28 de março de 2003, Rumsfeld: "Eles usam uniformes americanos e britânicos para tentar enganar os soldados iraquianos, para que se rendam a eles e então eles os executem como um exemplo para outros que possam visar à dissidência ou à rendição."

• *Gardiner observa:* "O Pentágono tinha conhecimento de que o Iraque adquirira uniformes, mas não há nenhuma prova de que eles os tenham usado de acordo com qualquer das maneiras descritas."

Zunindo

Relatório da CIA de outubro de 2002: O Iraque "tentou converter alguns de seus aviões de treinamento J-29 numa [aeronave pilotada por controle remoto]... à qual pode ser acoplado um pulverizador."

Outubro de 2002, presidente Bush: "... Aeronaves de controle remoto que podem ser usadas para atacar os EUA."

Do Los Angeles Times, *15 de junho de 2003:*

"Eles acharam as 'aeronaves de controle remoto' rapidamente: cinco asas de quase três metros queimadas, despejadas perto do portão de entrada. 'Poderia ser o projeto de um estudante ou talvez uma maquete', disse, dando de ombros, o especialista da equipe, o capitão da Força Aérea dos EUA, Libbie Boehm."

A VERSÃO OFICIAL

A REALIDADE

Enforcando mulheres

23 de março de 2003: "Houve um caso em que uma mulher iraquiana foi enforcada depois de ter acenado para as forças de coalizão."
— General Peter Pace, CNN

Não houve nenhum outro relatório sobre um incidente como esse e nenhuma verificação dessa história.

Punindo a França

A França e a Alemanha forneceram ao Iraque interruptores de alta precisão que podem ser usados numa bomba.
— *The New York Times*

O Iraque requisitou esses interruptores, mas eles nunca foram fornecidos.

Mais um golpe na França

8 de maio de 2003: "Há um rumor de que a França emitiu passaportes de oficiais iraquianos na Síria."
— *Post and Courier*, de Charleston

9 de maio de 2003, Rumsfeld, relatório do Departamento de Defesa: "Historicamente, a França teve uma relação muito próxima com o Iraque. No meu entendimento, essa relação continuou até o início da guerra. O que aconteceu depois disso nós ainda descobriremos."

Comunicado à imprensa da Casa Branca, 14 de maio de 2003, com o porta-voz da Casa Branca, Scott McClellan:
P. De volta à questão da França, os franceses negaram ter vendido armas para o Iraque e emitido passaportes na Síria para

15 e 16 de maio de 2003: A França nega as acusações e acusa os Estados Unidos de fazerem uma campanha suja, citando isso como exemplo.

A análise do coronel Gardiner: "Quando questionaram Rumsfeld, ele seguiu o padrão. Quando alguma coisa que faça parte da campanha de influência estratégica está solta, deixe-a para lá... Ele queria que as pessoas acreditassem em suas histórias."

oficiais iraquianos. Essas acusações são válidas?
MCCLELLAN: Bem, eu acho que essas são perguntas que você pode dirigir à França...
P.: Bem, não, são informações que os EUA afirmam ter.
MCCLELLAN: Eu não tenho nada para você.

A VERSÃO OFICIAL

Assassinados com "bandeira branca"

Surgiram alegações de que nove fuzileiros navais foram mortos no dia 23 de março, ao responderem a soldados iraquianos que agitavam uma bandeira branca em sinal de rendição.

Relatório de imprensa do Departamento de Defesa, Rumsfeld, 25 de maio de 2003: "Algumas das maiores perdas que já tivemos estão relacionadas à violação iraquiana das leis de conflitos armados... por nos terem atraído para situações de rendição e, então, terem aberto fogo contra nossas tropas. Portanto, esse é um plano muito bem arquitetado e que vai funcionar, espero, como imaginamos."

Presidente Bush, 5 de abril de 2003: "Eles executaram prisioneiros de guerra, travaram ataques sob a bandeira branca da trégua..."

A REALIDADE

As histórias eram falsas.

Segundo Gardiner: "Nós ficamos sabendo, através de um relatório tornado público no início de outubro [de 2003], que a morte dos nove fuzileiros navais está sendo investigada como fogo amigo acidental. Através de relatórios individuais, ficamos sabendo que ao menos um dos fuzileiros mortos no dia 23 de março, citado como tendo sido capturado na armadilha, foi ferido diretamente no peito com uma bala de uma arma A-10. Sabemos que ao menos uma das viúvas de um fuzileiro morto nesse dia está pedindo a verdade sobre a morte de seu marido."

Mais uma vez, as histórias eram falsas.

A VERSÃO OFICIAL | **A REALIDADE**

Matando os prisioneiros de guerra

A versão oficial

O Iraque foi acusado de ter executado dois prisioneiros britânicos no dia 27 de março de 2003.

"Se alguém precisa de qualquer prova mais concreta da depravação..."
— Tony Blair na entrevista coletiva conjunta com o presidente Bush em Camp David

"Eles executaram prisioneiros de guerra."
— General Pace, CNN, *Larry King Live*

"Eles executaram prisioneiros de guerra."
— Presidente Bush

A realidade

O Reino Unido finalmente recuou com a história no dia 5 de abril, quando o porta-voz de Blair disse que não havia "nenhuma prova concreta" de que os oficiais britânicos tinham sido executados.

Os Estados Unidos insistiram nessa história inventada até 7 de abril, quando Rumsfeld afirmou astutamente: "Eu disse: 'Eles executaram prisioneiros de guerra', mas não disse de que país."

Bombardeando civis, culpando o Iraque

A versão oficial

29 de março de 2003: O porta-voz do Comando Central afirma que uma explosão em um mercado de Bagdá matou mais de 50 civis e sugere que a causa mais provável tenha sido um ataque iraquiano.

A realidade

2 de abril de 2003: O correspondente do jornal *The Independent*, de Londres, Robert Fisk, relatou ter encontrado estilhaços no local do bombardeio que mostram o número de série de um míssil feito nos EUA pela Raytheon.

Divisão não rendida

A versão oficial

22 de março de 2003, noticiário da CBS: "Uma divisão inteira do Exército iraquiano, num total de oito mil soldados, se rendeu às forças de coalizão no Sul do Iraque na sexta-feira, disseram funcionários do Pentágono. O gesto marcou a maior unidade isolada a se render em massa."

A realidade

Agência France-Presse, 23 de março de 2003: "Um comandante iraquiano próximo à cidade de Basra (no Sul do Iraque) disse no domingo que sua divisão que Washington afirmara ter se rendido continuaria a resistir às forças americanas e britânicas. 'Estou com meus homens em

Basra, nós continuamos a defender o povo e os bens da cidade, disse o coronel Khaled al-Hashemi, comandante da 51ª Divisão Mecanizada, ao canal de televisão via satélite Al-Jazeera."

Gardiner diz que o anúncio feito pelos EUA e pelo Reino Unido foi uma clássica operação psicológica de guerra.

A VERSÃO OFICIAL

Urânio da Nigéria

"O governo britânico ficou sabendo que Saddam Hussein procurou recentemente uma quantidade significativa de urânio da África."

— Presidente Bush, Discurso do State of Union, 2003

A REALIDADE

A afirmativa — repetida pelo vice-presidente Cheney em setembro de 2003 — era falsa e foi baseada em documentos forjados. Mas quem adulterou os documentos?

Escrevendo para a *New Yorker*, Seymour Hersh relatou que quando não há consenso sobre a origem da adulteração "é porque pode ter sido feito por um pequeno grupo de operadores clandestinos da CIA aposentados [que] se juntaram no final do verão do último ano e esboçaram, eles próprios, os documentos fraudulentos. 'Os caras da agência ficaram muito irritados com Cheney', disse o ex-funcionário. 'Tudo bem, vamos pegar esses caras', disseram eles".[8]

A VERSÃO OFICIAL

Tentando difamar os políticos antiguerra

22 de abril de 2003: O jornal londrino *Daily Telegraph* informa que documentos obtidos no Ministério do Exterior do Iraque continham pagamentos ao membro do Parlamento britânico George Galloway, um crítico confesso da guerra.

25 de abril de 2003: O jornal *The Christian Science Monitor* informou que Saddam Hussein pagara a Galloway US$ 10 milhões ao longo de 11 anos.

A informação foi obtida de "um general iraquiano".

A REALIDADE

11 de maio de 2003: O jornal britânico *The Mail* foi acusado de ter conseguido os documentos da mesma fonte de onde vieram as informações forjadas.

20 de junho de 2003: O *Christian Science Monitor* informa que sua análise revelou que os documentos eram forjados.

"Quem teve alguma coisa a ganhar? Será que isso faz parte do padrão de punição?", pergunta Gardiner.

A abordagem da Grande Mentira do governo Bush funciona, especialmente, quando ela é amplificada por uma mídia nada contestadora. Um estudo realizado pelo Programa sobre Atitudes Políticas Internacionais (PIPA), na Universidade de Maryland, de junho a setembro de 2003, descobriu que 48% dos americanos acreditavam que havia relações entre o Iraque e a Al-Qaeda, 22% achavam que foram encontradas armas de destruição em massa no Iraque, e 25% pensavam que a opinião pública mundial era a favor de os Estados Unidos entrarem em guerra contra o Iraque. No total, 60% tiveram ao menos uma dessas impressões equivocadas.[9]

Mas ficou evidente que aquilo em que você acredita depende de quem você ouve. Os telespectadores do canal FOX News eram os mais mal informados — entre eles, 80% tinham ao menos uma das impressões equivocadas. Entre aqueles que liam os jornais, 47% tinham ao menos uma impressão equivocada. Entre os ouvintes e espectadores da NPR e da PBS, o índice era de 23% — mais ou menos a mesma porcentagem de americanos que pensavam que o Iraque estava diretamente envolvido nos ataques do 11 de Setembro.

Em outras palavras, tornamo-nos vítimas de nossa própria propaganda política.

O coronel Gardiner termina seu relatório com perguntas que ele considera realmente problemáticas — sobre a mídia. "Por que o *New York Times* se deixou usar por 'funcionários da Inteligência' em suas reportagens? Por que o *Washington Times* nunca parece questionar uma informação que lhe é passada? Por que os jornais do Reino Unido eram melhores do que os dos Estados Unidos em levantar questões antes e durante a guerra?"

Parte das respostas pode ser achada na relação simbiótica entre a mídia corporativa e os funcionários do governo que ela cobre. Como explica William Hoynes, professor de sociologia do Vassar College: "O problema está nas normas e nas práticas da profissão e em como as notícias são colhidas e produzidas. Os jornalistas contam com os funcionários do governo tanto pelo *status* profissional quanto pela informação, o que é um dos motivos por que os noticiários são tão inclinados para as opiniões e as ações dos funcionários do governo. Somem-se a isso a estrutura econômica dos noticiários, a orientação lucrativa da grande mídia e o poder da publicidade, o clima ideológico transmitido na era pós-11 de Setembro — uma versão estreita de patriotismo, em que discordância é vista como traição — e as estratégias de manipulação/intimidação da mídia por parte dos funcionários do governo, e você terá uma mídia que produz constantemente esse tipo de reportagem vergonhosa."[10]

Mito e realidade: o embuste Jessica Lynch

A REPORTAGEM DE PRIMEIRA PÁGINA do jornal *The Washington Post* do dia 3 de abril de 2003 era de tirar o fôlego: as forças especiais dos EUA invadiram um hospital e resgataram uma recruta loura, de rosto mirrado, 19 anos, chamada Jessica Lynch, que, segundo o Pentágono, estava sendo mantida lá contra a sua vontade. As Forças Armadas filmaram convenientemente o resgate, e as imagens granuladas da ousada batida noturna estavam sendo mostradas na televisão.

A reportagem observou que a recruta Jessica Lynch, uma funcionária do setor administrativo do Exército da cidade de Palestine, na Virgínia Ocidental, fora capturada pelos iraquianos depois de uma troca de tiros. Ela "tinha vários ferimentos a bala", foi apunhalada e "resistiu até o fim, atirando nos soldados inimigos... até gastar toda a munição".

Lynch fora capturada quando o carro da companhia para a qual trabalhava [507ª Companhia de Manutenção] fez uma curva errada, saindo da cidade iraquiana de Nasíria, e foi emboscado. Onze de seus colegas foram mortos, e Lynch foi levada ao hospital local.

"Ela estava lutando até a morte", falou efusivamente um oficial das Forças Armadas dos EUA que não se identificou.

O secretário de Defesa Rumsfeld se aproveitou do tema numa coletiva de imprensa no mesmo dia. "Nós certamente estamos muito gratos pelo resgate brilhante e corajoso da sargento — corrigindo — da recruta Jessica Lynch, que foi mantida por forças iraquianas no que eles chamavam de 'hospital'."

O CENTCOM [Comando Central dos EUA] foi mais longe no dia 5 de abril, afirmando que Lynch fora resgatada de um hospital que era "uma instalação militar irregular, que estava sendo usada por esses esquadrões da morte em Nasíria".

O cerne da história era simples: Lynch era uma heroína americana, lutando até o último homem, salva dos saqueadores árabes num resgate majestoso pelas forças especiais.

Havia apenas um problema nesse drama excitante: era quase tudo mentira.

A mídia americana estava muito encantada com esse conto de fadas para acabar com ele. Alguns repórteres viajaram até o hospital onde Lynch estava sendo tratada para falar com os médicos e residentes locais e saberem a verdadeira história. Mas esses repórteres ganharam pouca atenção. A América queria um herói e, por Deus, Lynch ganharia esse papel.

No dia 10 de abril, o *Democracy Now!* entrevistou Andrew Buncombe, do jornal britânico *The Independent*, que acabara de ir ao hospital. "Eu não acho que tenha sido um resgate heróico, como estão pintando", disse Buncombe. "Fizeram um grande alvoroço, mas a realidade é que foi um resgate muito tranqüilo — acho que nem mesmo um tiro foi disparado. Não havia tropas iraquianas lá. Em termos de ser 'libertada', criaram uma grande euforia para autorizar a Força Delta a correr para lá."

"A minha opinião é que os médicos do hospital estavam realmente preocupados com ela como paciente", disse Buncombe. "Ela foi colocada no quarto mais limpo do hospital; recebeu a melhor cama. As condições do hospital eram apavorantes. A situação era miserável, e eles tinham ficado sem água durante algum tempo — e estavam sem energia elétrica havia alguns dias. O lugar era muito deprimente, e eles a trataram da melhor maneira que podiam."

Uma equipe de notícias da BBC também viajou para o hospital onde Lynch fora tratada e montou o quebra-cabeça da história.

Numa matéria do dia 15 de maio, a BBC News declarou que "a história de Lynch é uma das peças mais assombrosas já concebidas de controle da mídia".[11]

Esse é o educado jeito britânico de dizer que os militares americanos foram pegos numa tremenda mentira.

A história se esclareceu quando os repórteres da BBC questionaram o médico que tratara de Lynch: "Eu a examinei, vi que ela tinha um braço e um fêmur quebrados e um tornozelo deslocado", disse o Dr. Harith al-Houssona à BBC. As lesões foram provocadas pelo acidente com o carro de Lynch.

"Ela não tinha [nenhum sinal de] ter recebido um tiro, nenhuma bala em seu corpo, nem qualquer ferimento de faca — apenas ferimentos decorrentes de um acidente de carro", explicou o médico. "Eles querem distorcer o quadro. Não sei por que eles acham que há algum benefício em dizer que ela tem um ferimento de bala."[12]

A razão é simples: não há nenhum valor como propaganda política em dizer que uma recruta americana foi "resgatada" de um hospital onde estava sendo tratada por simpáticos médicos iraquianos devido a ferimentos provocados por um acidente de carro.

A trapaça ficou ainda pior. Descobriu-se que os médicos iraquianos tentaram devolver Lynch aos americanos dois dias antes do resgate. Mas, quando a ambulância que levava Lynch se aproximou de um posto de controle, foi atacada a tiros por soldados americanos, forçando os médicos a levá-la de volta ao hospital.

O pessoal da propaganda militar viu uma oportunidade de ouro para criar um mito, e então um elaborado resgate de alto impacto foi literalmente encenado. Como a BBC anunciou: "Quando as cenas do resgate de Lynch foram liberadas, o general Vincent Brooks, porta-voz dos EUA em Doha, disse: 'Algumas almas corajosas colocaram suas vidas na linha de fogo para que isso acontecesse, leais ao princípio de nunca deixarem um companheiro abandonado.'"

"A estratégia americana foi garantir que as televisões exibissem a versão certa... com imagens das câmeras dos próprios militares, que também editaram pessoalmente o material", disse a BBC.

"O Pentágono foi influenciado por produtores hollywoodianos de *reality shows* e filmes de ação, principalmente o homem por trás do filme *Falcão Negro em Perigo*, Jerry Bruckheimer."

"Bruckheimer orientou o Pentágono na série do horário nobre *Profiles from the Front Line* [Perfis da Linha de Frente], que acompanhou as tropas americanas no Afeganistão em 2001. Esse procedimento foi levado adiante e intensificado no campo de batalha na Guerra do Iraque", concluiu a BBC.

Quando a equipe do hospital viu os helicópteros americanos se aproximando, pensou que seria uma retirada rotineira dos pacientes sobre os quais os americanos haviam sido informados. Mas, quando os helicópteros desceram, os iraquianos pensaram que eram os vilões em locações de cinema. As Forças Especiais, que, segundo testemunhas, sabiam que não havia soldados no hospital, desceram com armas resplandecentes.

"Nós ficamos surpresos. Por que fazer aquilo? Não havia militares, não havia soldados no hospital", disse à BBC o Dr. Anmar Uday, que trabalhava no hospital.

"Parecia um filme de Hollywood. Eles gritavam 'Vamos, vamos, vamos!', com armas e balas de festim, em meio ao som de explosões. Eles promoveram um show para o ataque americano ao hospital — parecia um filme de ação com Sylvester Stallone ou Jackie Chan."

O coronel Sam Gardiner sentiu que havia algo de errado nessa história. Ele observou que o episódio foi descrito como uma emboscada e como Lynch fora mantida prisioneira por esquadrões da morte. "Não se trata de uma emboscada quando se dirige um comboio dentro das linhas inimigas. Terroristas fariam algo como uma emboscada", ele escreveu. E suas fontes disseram para ele que a referência às tropas iraquianas como terroristas viera de ordens de Donald Rumsfeld ou da Casa Branca. Essa era a dimensão das operações psicológicas, remodelar a guerra como algo que ela não é para poder vendê-la em casa.

As suspeitas de Gardiner também foram aguçadas quando ele leu o relato do "resgate". Ele ficou surpreso pela razão de a primeira ligação das Forças Especiais não ter sido para seus comandantes militares, o que é o procedimento padrão, mas para Jim Wilkinson, o astuto chefe do CENTCOM.

"Isso é muito estranho para uma operação militar", escreveu Gardiner. "Quando conto para meus amigos militares, eles normalmente respondem: 'Você acha que eles encenaram isso?'."

E então há a pergunta sobre como o *Washington Post* obteve a informação a respeito de Lynch que resultou na reportagem sensacionalista do dia 3 de abril — que o jornal contradisse posteriormente. A reportagem era exclusiva — ou seja, o *Post* foi exclusivamente beneficiado com a informação enganosa através de fontes anônimas do Pentágono — e solidificou a base para os relatos sensacionalistas que se seguiram. Como geralmente acontece, o *Post* não questionou a história oficial na época. Eles ficaram satisfeitos por terem sido escolhidos pelos propagandistas, ou seja, apenas fizeram o que geralmente faziam e acabaram acreditando totalmente naquela farsa.

O *ombudsman* do *Washington Post*, Michael Getler, que escreveu três colunas sobre o incidente, observou: "Essa foi a história de guerra mais memorável e teve enorme valor como propaganda política. Era falsa, mas não foi desmontada até que já não tivesse muita importância."[13]

Parte do porquê de essa história ter sido sustentada por tanto tempo é que as emissoras de televisão tinham muito a ganhar com ela. A CBS tentou transmitir uma entrevista exclusiva com Lynch, usando tudo o que a Viacom — dona da CBS e também da MTV e dos estúdios Paramount — podia oferecer. Eles tinham a perspectiva de um filme de duas horas sobre ela, um acordo para um livro e a possibilidade de co-apresentar um programa de uma hora na MTV e um show em sua cidade natal com Ja Rule* ou Ashanti.**[14]

"Talvez isso tenha sido um exagero", disse Leslie Moonves, diretora da CBS, à BBC. "Isso, possivelmente, não estava respeitando o alto grau de seriedade da CBS News."[15]

Enquanto isso, a NBC noticiava a história de Lynch, tentando, sem sucesso, conseguir que a sua família lhe desse exclusividade para fazer um filme para a televisão. Então, a NBC conseguiu lucrar ao máximo com o mito de Lynch. O filme *Saving Jessica Lynch* [Salvando Jessica Lynch] foi ao ar em novembro de 2003.

Há ainda o livro escrito pelo advogado iraquiano Mohammed Odeh al-Rehaief, que afirma ter contado aos fuzileiros navais a localização de Lynch. Al-Rehaief foi retirado às escondidas do Iraque, recebeu asilo nos Estados Unidos e recebeu US$ 300 mil da editora de Rupert Murdoch, a Harper-

---

* *Rapper* americano. (N. T.)

** Cantora de *hip-hop* americana. (N. T.)

Collins, para escrever um livro sobre o resgate de Lynch. Ele também ganhou um emprego no Livingston Group, poderosa firma de lobby dirigida por Bob Livingston, ex-porta-voz da Casa Branca. O livro de Al-Rehaief, *Because Each Life is Precious: Why an Iraqi Man Came to Risk Everything for Private Jessica Lynch*, foi promovido por sua colega do Livingston Group, Lauri Fitz-Pegado. Ela é conhecida por seu trabalho na firma de propaganda Hill & Knowlton, em 1990, quando conseguiu levar ao Congresso uma menina kuwaitiana de 15 anos chamada Nayirah. No dia 10 de outubro de 1990, Nayirah atestou ter visto soldados iraquianos tirando 300 bebês prematuros das incubadoras e jogando-os no chão. Seu testemunho ajudou a impelir os Estados Unidos à guerra contra o Iraque, em 1991. No Senado, houve menos seis votos contra a guerra.

O problema é que a afirmação das mortes dos bebês era falsa. Os médicos do hospital no Kuwait negaram que o incidente tivesse ocorrido. A Anistia Internacional, que originalmente divulgou a morte dos bebês, voltou atrás — o que não é comum — depois de investigar profundamente o assunto. Descobriu-se que Nayirah era filha do embaixador do Kuwait nos Estados Unidos. A embaixada nunca permitiu que ela fosse entrevistada.

E, então, há ainda o livro "oficial", *I Am a Soldier, Too: The Jessica Lynch Story*, do vencedor do Prêmio Pulitzer, Rick Bragg, que também foi lançado em novembro de 2003. (Bragg tinha algum tempo livre em suas mãos: ele acabara de ser demitido do *New York Times* por ter usado um estagiário para apurar uma matéria pela qual ele ganhou o crédito.) A editora do livro, que pagou um adiantamento de US$ 1 milhão pela história,[16] apregoou o seguinte: "O resgate de Lynch sensibilizou a nação; ela tornou-se um símbolo da vitória, da inocência e da coragem, um símbolo do heroísmo; e então, igualmente tão rápido, da trapaça e da manipulação."

Lynch colocou isso de forma mais sucinta numa entrevista com Diane Sawyer na ABC, em novembro de 2003. "Eles me usaram como uma maneira de simbolizar tudo isso", disse Lynch. "Isso é errado. Eu não sei por que eles filmaram [o resgate] ou por que eles disseram essas coisas."[17]

O embuste Jessica Lynch foi um sucesso brilhante dos propagandistas militares. Ajudou a vender o produto real: a guerra da América contra o Iraque.

Soldados da mídia

AS OPERAÇÕES PSICOLÓGICAS (*psyops*) do Exército não podem, por lei, manipular a mídia dos EUA. Mas o que acontece quando as tropas das operações *são* a mídia? Foi exatamente isso que aconteceu na CNN e na Rádio Pública Nacional.

Em fevereiro de 2000, o jornal holandês *Trouw* e o boletim informativo da Inteligência francesa revelaram que agentes do Grupo de Operações Psicológicas do Exército dos EUA em Fort Bragg estavam trabalhando na divisão de notícias da CNN em Atlanta. Cinco sargentos das *psyops* começaram a trabalhar na CNN nos últimos dias da Guerra de Kosovo, em 1999: dois na rádio, dois na televisão e um no departamento de satélite. Alexander Cockburn foi quem revelou a história nos Estados Unidos, no *CounterPunch*.*

Em abril de 2000, o *TV Guide* revelou que o pessoal das *psyops* também trabalhara na NPR em 1998 e 1999, em programas líderes de audiência, tais como *Morning Edition*, *All Things Considered* e *Talk of The Nation*. O major Jonathan Withington, do Comando de Operações Especiais do Exército dos EUA, confirmou à revista *Current* que os internos fizeram "pesquisa de apoio".[18] Vários funcionários da emissora afirmaram que os internos receberam apenas tarefas sem importância, tais como copiar e arquivar.

O chefe do noticiário da CNN, Eason Jordan, disse ao *Democracy Now!* que "nenhum governo ou especialista em propaganda militar jamais trabalhou em noticiários da CNN". Mas o primeiro-sargento Jose A. Velasquez insistiu com o *TV Guide*: "Dei telefonemas e pesquisei histórias na internet."[19] E o repórter da *Trouw*, Abe de Vries, disse a Cockburn: "O Exército dos EUA, o Comando de Operações Especiais dos EUA e o pessoal da CNN confirmaram para mim que militares estavam envolvidos na produção de notícias dentro da CNN. Eu achei isso simplesmente espantoso."

Como Cockburn escreveu no *Los Angeles Times*: "Talvez a CNN tenha sido alvo de uma penetração das *psyops* e seja muito ingênua para entender o que estava acontecendo."

O grupo de observação da mídia Fairness and Accuracy in Reporting investigou os motivos pelos quais os soldados das *psyops* estariam interessados em conseguir acesso a uma das maiores redes de televisão. O FAIR escreveu:

---

* Boletim político dirigido por Alexander Cockburn. (N. T.)

"O contra-almirante Thomas Steffens, especialista em operações psicológicas de guerra no Comando de Operações Especiais, disse recentemente numa conferência sobre as *psyops* que os militares precisavam encontrar maneiras de 'obter o controle' das emissoras de notícias comerciais para ajudar a derrubar um 'cone informativo de silêncio' sobre regiões onde as operações especiais estavam acontecendo".

Citando um documento não-oficial de estratégia publicado pela Escola Naval de Guerra dos EUA, o FAIR relatou que os comandantes militares estavam procurando maneiras de "alavancar os vastos recursos do quarto poder" com o propósito de "comunicar o objetivo [da missão]... desempenhar um papel fundamental para enganar o inimigo e aumentar a arrecadação da inteligência".[20]

O comandante das *psyops* do Exército, Christopher St. John, cujos soldados estagiaram na CNN, disse que o programa foi um exemplo do tipo de "cooperação perfeita entre as Forças Armadas e os gigantes da mídia, que nós esperamos ver com mais freqüência".[21]

O major Thomas Collins, do Serviço de Informação do Exército dos EUA, disse orgulhosamente a De Vries que seus estagiários "trabalharam como empregados regulares da CNN. Presumivelmente, eles teriam trabalhado em reportagens durante a Guerra de Kosovo. Eles ajudaram na produção das notícias".[22]

Enquanto os executivos da CNN e da NPR afirmavam que não tinham conhecimento dos estagiários, acusando seus respectivos departamentos de recursos humanos pela colocação, o sargento Velasquez disse que todo mundo do escritório da CNN Southeast, incluindo seu chefe, sabia de onde ele era.

Muitas pessoas da CNN e da NPR sabiam que estavam trabalhando com soldados das *psyops*. Mas tamanha é a proximidade entre a mídia e os militares que as organizações jornalísticas têm agora dificuldade em distinguir entre seus generais pagos e os espiões.

O baralho da morte

NA METADE DE ABRIL DE 2003, a CNN anunciou que as tropas americanas haviam capturado um importante oficial iraquiano. Quando sua imagem apareceu na tela, foi na forma de uma foto numa carta de baralho.

O baralho de cartas dos "55 Mais Procurados" do Pentágono foi criado por cinco especialistas da Inteligência do Exército.[23] Ele foi lançado pelo general Vincent Brooks numa coletiva de imprensa no Catar, no dia 11 de abril. Brooks declarou: "O baralho de cartas é um exemplo do que fornecemos aos soldados e fuzileiros navais longe de casa com os rostos de indivíduos e seus nomes."[24]

Isso não era verdade. Apenas 1.900 baralhos foram impressos originalmente, e eles fizeram sucesso entre os repórteres, que, como era de esperar, os adotaram e os integraram às suas reportagens. Mas os soldados americanos mal os viram. O *Atlanta Journal-Constitution* relatou no final de julho: "Alguns soldados da linha de frente no Iraque disseram ter visto pouquíssimos baralhos, se é que viram algum. E os que eles tinham foram enviados por amigos e familiares e guardados como recordação. Eles vêem as cartas como pouco mais que uma proeza de relações públicas do Pentágono."

O especialista Matt Larimer, de Easton, na Pensilvânia, disse: "De fato, eles não têm muita utilidade, porque há um monte de cartas em branco, e as fotos são de péssima qualidade."[25]

Mas tudo isso cabe muito bem em todo o esforço de propaganda do Pentágono. Entre as imagens granuladas de alvos que parecem um videogame e o baralho de cartas, a guerra estava sendo divulgada como um jogo sem sangue.

A rapidez com que a mídia americana adotou as cartas como suas atordoou até mesmo os homens que criaram o baralho. "Quando as pessoas começassem a ser capturadas, eles não diriam quem eram. Diriam: 'Tiramos o seis de ouros do baralho'", explicou o tenente Hans Mumm, da unidade 3.404 da Inteligência Militar, co-criador do baralho. O especialista Joseph Barrios acrescentou: "Esse foi o verdadeiro choque e atordoamento. Ficamos muito surpresos com o sucesso que o baralho fez."

A Ruckus Society teve uma atitude diferente sobre isso. Eles apareceram com um baralho de cartas dos aproveitadores da guerra. Cada carta mostra o rosto de um líder trapaceiro do governo Bush, de um executivo do petróleo ou de grandes fabricantes de armas. Na descrição das cartas, está escrito: "O baralho de cartas dos aproveitadores da guerra expõe alguns dos verdadeiros criminosos da guerra dos EUA contra o terror. Não se trata de um clube de *bridge* dominical, mas de indivíduos e instituições que arrumam o baralho para trapacear contra a democracia no jogo manipulado do poder global."

Você pode aprender mais num jogo de pôquer com essas cartas do que assistindo aos noticiários da televisão.

15

TUDO VIRA UMA BAGUNÇA COM SALLY JESSY

Quando a operação da máquina se torna altamente odiosa... você tem que jogar seu corpo em cima das rodas, das marchas, das manivelas e em cima de todos os aparatos da máquina, e tem que conseguir pará-la.
— MARIO SAVIO, LÍDER DO FREE SPEECH MOVEMENT [MOVIMENTO PELA LIBERDADE DE EXPRESSÃO (1964)], BERKELEY, CALIFÓRNIA

DURANTE A GUERRA DO GOLFO de 1991, eu estava na estação da Pacifica Radio WBAI, em Nova York, criticando o bombardeio no Berço da Civilização, quando alguém adentrou o estúdio para dizer que uma produtora do programa *The Sally Jessy Raphael Show* estava ao telefone.

Uma das coisas boas da mídia comunitária é que aparece todo tipo de voluntário. Pensei que aquele era alucinante. Sally Jessy Raphael era a apresentadora de um programa de televisão popular em todo o país — "a rainha dos programas de televisão de baixo nível", como definiu ironicamente a *Houston Chronicle* — conhecida por tratar de temas como dietas da moda e triângulos amorosos, mas certamente não de guerra.

Quando peguei o telefone, uma produtora do *The Sally Jessy Raphael Show* estava no outro lado da linha. Ela disse que estava ouvindo a rádio em sua limusine (talvez seu motorista tenha sintonizado) e queria que eu fosse ao programa para falar sobre minha oposição à guerra. Será que eu poderia ir ao estúdio em alguns dias? Fiquei maravilhosamente surpresa — está bem, de queixo caído. Eu disse que estaria lá.

Descobri que Sally Jessy tinha convidado três mulheres a favor da guerra e três contra. Prometia ser um debate interessante. Enquanto aguardávamos nos bastidores, os produtores nos informaram que Sally não costumava fazer esse tipo de programa, de forma que, quando entrássemos lá, poderíamos estranhar. O produtor nos disse para não ficarmos com medo de falar o que pensávamos. Parecia que Sally Jessy Raphael ia ensinar a Tom Brokaw e a Dan Rather uma ou duas coisas sobre diversidade de opinião.

Nós seis entramos numa deixa e tomamos nossos lugares no palco, e a gravação teve início. Sally Jessy começou encarando a platéia e deixou que alguém fizesse uma pergunta: "O que vocês acham do fato de Saddam Hussein ter armas biológicas?", perguntou uma mulher.

A Dra. Yolanda Huet-Vaughn estava sentada a meu lado. Médica e capitão da reserva do Exército, ela se recusou a servir na Guerra do Golfo porque disse que tinha sido treinada para salvar e não para tirar vidas. Com um longo vestido preto e óculos, com o cabelo preso para trás, a médica parecia uma *amish*.* "Bem, essa é uma pergunta importante", ela começou. "Acho que é importante prestar atenção nas armas biológicas que Saddam Hussein possa ter. E nós também devemos prestar atenção nas armas biológicas que estão bem aqui nos Estados..."

Antes que a Dra. Huet-Vaughn pudesse dizer "Unidos", Sally deu uma volta e veio até o palco, gritando: "Saia! Saia! Saia do meu programa! Cale a boca! Este é o meu programa!"

Pensei que ela fosse atacar a Dra. Huet-Vaughn. Quando ela subiu no palco, eu disse: "Afaste-se daqui, Sally!"

---

* *Amish* é uma seita religiosa que surgiu na Europa, no século XVII. Os *amish* mantiveram um modo de vida agrícola distinto e conservador, apesar das influências da sociedade industrial moderna. (N. T.)

Como eu não era uma espectadora assídua do programa, não sabia o que fazer naquela situação. Perguntei a mim mesma: *Será que é assim que funciona? A apresentadora enlouquece, e então... nós devemos nos defender fisicamente?*

Sally Jessy continuou gritando: "Fique quieta! Fique quieta!"

Algumas pessoas da minha estação de rádio, a WBAI, compareceram a convite dos produtores de Sally Jessy. Bem, se há uma coisa que os ouvintes de rádios comunitárias sabem fazer é participar. Eles começaram a gritar: "Liberdade de expressão! Liberdade de expressão! CEN-SU-RA!"

Sally interrompeu o programa.

Ela tremia. Os produtores apareceram e começaram a confortá-la. "Está tudo bem, Sally. Está tudo bem, Sally", eles a consolavam. Ela conseguiu unir seus convidados a favor e contra a guerra — na descrença no espetáculo que acontecia à nossa frente.

Os produtores finalmente convenceram Sally Jessy a continuar com o programa. Mas ela voltou com uma nova exigência: se alguma de nós quisesse falar, teria de levantar a mão. Foi o primeiro programa que vi na minha vida, além de Vila Sésamo,* em que os convidados tinham de levantar a mão para participar.

Quando o programa recomeçou, Sally Jessy mostrou algumas imagens de protestos antiguerra. Eu levantei a mão. "Quero parabenizar você, Sally", eu disse. Você não está apenas mostrando imagens de pessoas protestando. Você convidou algumas de nós para ter uma conversa civilizada."

É claro que a maioria dos americanos não se identifica com pessoas gritando na rua. Mas por que elas *estão* gritando? Porque elas não são convidadas a ir a um estúdio de mídia corporativa para explicar, calmamente, suas posições. O máximo que elas podem esperar é que se gritarem alto o suficiente, em um dia quente, e um executivo de uma dessas redes de televisão estiver com a janela aberta, seus gritos de "Não à guerra!" possam invadir o estúdio e atingir um microfone ligado.

Continuei, falando sobre a afirmativa tão repetida de que Saddam atacaria Israel com armas químicas. Disse que, como neta de um rabino ortodoxo, só poderia imaginar uma imagem mais aterrorizante do que a de crianças israelenses com máscaras de gás: a de crianças palestinas sem as máscaras.

---

* Programa infantil. (N. T.)

Foi assim que o programa continuou. Foi interessante. Agitado. Discordamos. Discutimos. A campainha tocou, e o programa terminou. Foi um debate extraordinário apenas por causa da ausência desse tipo de debate num mundo midiático em que o leque de discussões é definido por questões como "Que armas devem ser usadas para atacar?". Quando eu estava saindo do estúdio, um câmera levantou o polegar para mim, num sinal de O.K.

De volta à WBAI, os ouvintes telefonavam para saber quando esse episódio do *Sally Jessy Raphael Show* seria transmitido. Esperamos e esperamos. Enfim, decidi ligar para a produtora de Sally Jessy. Ela disse que houve um "problema técnico": quando os vídeos foram enviados para estações em todo o país, várias reclamaram de problemas com a sintonia do vídeo e com o som. Eles cancelaram o programa.

Respondi: "Acho que o problema foi com o som das nossas vozes."

"Não reaja assim", ela respondeu. Pedi para falar com o produtor executivo. Ela disse que ele era um homem muito ocupado e que não poderia falar. Mas algum dia, ela prometeu, eles fariam o programa de novo. Eu disse que provavelmente seria impossível, porque a Dra. Huet-Vaughn estava prestes a ser julgada militarmente por se recusar a servir na Guerra do Golfo e tudo indicava que ela seria presa. (A Dra. Huet-Vaughn foi condenada a três anos numa prisão militar de segurança máxima em Fort Leavenworth, numa cela logo abaixo do corredor da morte. Ela foi declarada prisioneira da consciência pela Anistia Internacional, o que ajudou a persuadir a Secretaria do Exército a comutar sua sentença depois de oito meses. Seu marido tomou conta de seus três filhos durante o período em que ela ficou na prisão. Ela travou uma longa e contínua batalha legal para não perder seu registro de médica.)

A WBAI foi inundada por telefonemas. Eu disse aos ouvintes que não tinha nenhuma explicação de por que aquele episódio do Sally Jessy Raphael Show fora cancelado. Sugeri que ligassem para o programa se quisessem uma explicação. Anos depois, dei de cara com uma das produtoras. Ela me disse que todas as suas atividades ficaram paralisadas por dois dias devido à quantidade de telefonemas.

Na época, tudo o que eu soube foi que de repente recebi uma ligação da produtora. Ela me perguntou se eu falaria com o produtor executivo. Respondi que era uma mulher muito ocupada e que realmente não poderia falar. Então, ela me disse que eles tinham feito um encontro para discutir o problema e queria saber se eu chamaria a censura se eles editassem o programa. Eu disse que também era editora; entenderia se eles quisessem editar o acesso de loucura de Sally Jessy.

Graças à atuação da mídia, eles finalmente transmitiram o programa, que atraiu muito mais atenção do que se Sally Jessy o tivesse simplesmente transmitido como previsto. Uma manchete memorável dizia: TUDO VIRA UMA BAGUNÇA COM SALLY JESSY.*

O retorno mais interessante que recebi depois da transmissão foi de mulheres de bases militares do Sul que ligaram para me agradecer. Disseram que nunca tinham visto antes alguém com uma opinião como a minha. Elas compartilharam meu ceticismo sobre os motivos da guerra. Afirmaram que não queriam que seus entes queridos fossem à guerra e morressem por petróleo. Mas, segundo elas, não podiam ter esse tipo de discussão nas bases militares. Tinham de contar com a sociedade civil para debater esses assuntos cruciais.

Guerra e paz. Vida e morte. Este é o papel da mídia numa sociedade democrática: providenciar um fórum para esse debate. Fazer menos do que isso é um desserviço aos servidores e servidoras deste país.

Amordaçado e algemado

NÃO ESPERO um debate sério nem discussões em programas como o de Sally Jessy Raphael, mas espero, sim, que os noticiários examinem cuidadosamente os tópicos mais importantes do dia. Mas, em lugar disso, a maioria dos jornalistas que alcançam milhares — e, em alguns casos, milhões — de leitores e telespectadores não faz nada além de repetir de forma irrefletida a versão do governo.

Essas são as mesmas pessoas que gostam de me acusar de ser uma jornalista advogada. Respondo-lhes dizendo que elas são meus modelos.

Em 1999, tive uma verdadeira aula sobre *como* o jornalismo advocatício *deles* — advogando para os que estão no poder — funciona. Eu e meu colega Jeremy Scahill tivemos o prazer de saber que nosso documentário radiofônico *Drilling and Killing: Chevron and Nigeria's Oil Dictatorship* recebera uma menção

* *Things get messy with Sally Jessy*. (N. T.)

honrosa do Overseas Press Club (OPC). Mas não estávamos tão animados para participar do banquete de premiação.

Esses eventos são uma enganação da organização patrocinadora. Você é convidado a pagar taxas exorbitantes pela honra de aceitar seu prêmio. A princípio, eu e Jeremy não iríamos. O evento aconteceu no meio do bombardeio da Iugoslávia e nós não tínhamos US$ 250 para gastar com jantar e bate-papo. Por fim, conseguimos que o OPC nos permitisse participar de graça, contanto que não jantássemos. Pensamos que, se nada mais acontecesse, poderíamos gravar o âncora da NBC, Tom Brokaw, que era o mestre-de-cerimônias, pronunciando o nome do nosso documentário: *Drilling and Killing: Chevron and Nigeria's Oil Dictatorship*. Talvez pudéssemos inserir sua voz lendo o título no documentário para que as pessoas o achassem mais crível.

Descobrimos que não pagar pelo jantar significava não pagar por uma cadeira, de forma que tivemos de ficar de pé nos fundos e assistir aos nossos colegas se esbanjarem com filé *mignon* e goles de champanhe. Reconhecemos os vários jornalistas famosos que estavam lá: Brokaw; Lesley Stahl e Andy Rooney da CBS; o vice-presidente da CNN, Frank Sesno — uma constelação de poderosos.

De acordo com a programação, Richard Holbrooke era o apresentador principal. É uma triste prática nos eventos jornalísticos honrar, à noite, os poderosos que os repórteres cobrem durante o dia. É tudo uma questão de acesso. Holbrooke estava prestes a tornar-se o embaixador dos EUA na ONU. Como enviado especial do presidente Clinton à Iugoslávia, Holbrooke era o homem que acionaria o bombardeio que estava a caminho daquele país. Por isso, era bastante notável vê-lo dirigir-se a esse grupo de repórteres que cobre a guerra. Jeremy e eu decidimos aproveitar isso ao máximo: seria uma ótima oportunidade para obter acesso a um homem que estava profundamente envolvido com o bombardeio na Iugoslávia.

Logo depois que as luzes diminuíram, ficou claro para mim que eu teria de beber mais do que alguns goles de água Perrier, a fim de ter estômago para encarar o que estava acontecendo. Um funcionário do OPC levantou-se para anunciar que, antes do jantar, ele queria dizer que, apesar das dificuldades encaradas por jornalistas, havia algumas boas notícias: a Indonésia estava tratando melhor os repórteres.

Meu queixo caiu. Além do recorde abismal contra os direitos humanos da Indonésia, aquela era a mesma semana em que até o *New York Times* publicara que as tropas indonésias haviam massacrado um grande número de timorenses e agredido jornalistas. O OPC concluiu suas observações desejando às pessoas que aproveitassem o jantar.

É melhor ter cuidado com os jornalistas famintos. Sem nada para comer e sem lugar para sentar, decidi ir ao encontro do funcionário que acabara de falar.

"Desculpe-me", eu disse. "Onde você conseguiu essa informação de que a Indonésia está tratando melhor os jornalistas?"

Ele respondeu que escrevera uma carta para o ministro do Exterior indonésio, expressando sua preocupação com os espancamentos, as proibições e as mortes de repórteres no país. Ele disse que o ministro escreveu-lhe de volta, assegurando-o de que eles estavam tratando os repórteres muito melhor. E isso foi tudo de que ele precisou para apaziguar sua preocupação.

"Bem, tenho outra informação", respondi diplomaticamente, "e por isso acho que o senhor deveria voltar e explicar que os militares indonésios estão entre os mais brutais do mundo e que os repórteres são alvo da sua ira."

O cavalheiro não estava disposto a abaixar seu champanhe. "Bem, por que você não me manda um fax com essa afirmação para que eu a avalie?", disse ele.

Quando voltei para os fundos do ônibus — quer dizer, do salão —, avistamos Richard Holbrooke se dirigindo ao banheiro.

Jeremy e eu pensamos que aquela oportunidade seria tão boa quanto qualquer outra que conseguiríamos. Nós o interceptamos e perguntamos por que, se os aviões americanos e os da OTAN estavam bombardeando a Iugoslávia para salvar a população, eles tinham acabado de destruir uma indústria petroquímica no Danúbio que poderia ameaçar a região com uma devastação ambiental? Essa não era a antiga noção da guerra do Vietnã de "destruir o povoado para salvá-lo?".

Holbrooke disse que tinha de ir (bem, sabíamos disso). Mas persistimos. Perguntamos sobre o Acordo de Rambouillet, que ele entregara ao presidente iugoslavo Slobodan Milosevic dois meses antes. O acordo foi anunciado como um plano para evitar um bombardeio na Iugoslávia caso Milosevic aceitasse a ocupação da OTAN no seu país. Holbrooke respondeu que ele não estivera em Rambouillet quando o acordo foi delineado. É verdade, dissemos, mas o senhor *entregou* o ultimato a Milosevic — o que levou ao bombardeio que está acontecendo agora. Ele nos dispensou e saiu.

De repente, a diretora do Overseas Press Club se precipitou sobre nós.

"O que vocês pensam que estão fazendo?", ela perguntou.

"Estamos fazendo perguntas", eu disse, afirmando o óbvio.

"Não, fizemos um acordo. Richard Holbrooke disse que só viria se concordássemos que os repórteres não fariam nenhuma pergunta."

"E você concordou com isso?", perguntei. "De qualquer forma, ele não deveria ter sido convidado." Mas ela não queria mais falar. Holbrooke nem chegou a ir ao banheiro. Voltou rapidamente para a sua mesa.

Então, uma produtora da NBC levantou-se para apresentar Holbrooke. Ela disse que estava ansiosa para tê-lo como "nosso" embaixador nas Nações Unidas. Ela comentou como Holbrooke era acessível, dizendo: "Ele está aqui, está lá, está em todos os lugares!"

Holbrooke levantou-se e agradeceu a todos os seus "amigos da mídia". "O tipo de cobertura que nós estamos vendo no *New York Times*, no *Washington Post*, nas redes NBC, CBS, ABC e CNN e nas revistas informativas tem sido extraordinário", disse Holbrooke. "Todos vocês estão fazendo isso numa base de 24 horas por dia, com grande habilidade, e eu os congratulo... Esse tipo de jornalismo pode ter um forte impacto... Quero dizer o quão importante isso tem sido."

Holbrooke continuou com um discurso sobre política externa. No meio do caminho, fez um anúncio: "Eason Jordan [o então presidente da CNN Internacional] me disse, pouco antes de eu vir para cá esta noite, que as explosões aéreas atingiram a TV sérvia e que, ao menos no momento, eles estão fora do ar. Como relatou Eason, esse é um acontecimento de extrema importância, e acredito em tudo o que a CNN me conta."

As pessoas caíram na gargalhada no salão.

"É um acontecimento de extrema importância e acho positivo", adicionou Holbrooke.

Ali estavam centenas de repórteres que deveriam abraçar os mais elevados princípios do jornalismo, mas eles se divertiam com a insinuação — de um crime de guerra cometido contra jornalistas.

Agora, o que teria acontecido se Milosevic tivesse se levantado para anunciar "Acabamos de bombardear a CBS!" e um punhado de jornalistas sérvios tivesse rido? A Rádio-Televisão da Sérvia, qualquer que seja sua culpa como porta-voz de Milosevic, não é um alvo militar. Voltamos ao nosso escritório naquela mesma noite para ver fotos de partes dos corpos sendo expelidas dos estúdios de televisão destruídos em Belgrado. Não eram soldados reduzidos a pedaços. Eram os maquiadores, os câmeras e os jornalistas que estavam lá dentro. Pessoas como a funcionária da técnica de 27 anos Ksenija Bankovic, cuja mãe, Borka, entrevistamos no *Democracy Now!*. Borka perguntou como os jornalistas podiam rir da morte de sua filha, cujo único crime foi ter ido ao trabalho naquela noite. Ao todo, 16 funcionários foram mortos no bombardeio.

Quando Holbrooke terminou e as pessoas aplaudiram, Jeremy se aproximou do palco. Ele fez a pergunta que a mídia não fizera a ninguém no poder há meses.

"Sr. Holbrooke, tenho certeza de que meus colegas me apoiariam em lhe fazer uma pergunta", gritou Jeremy enquanto as pessoas ainda aplaudiam. "Sr. Holbrooke, o senhor entregou o ultimato ao presidente Milosevic seguindo o Acordo de Rambouillet, e o senhor disse, desde então, que esse acordo não pedia uma ocupação da Iugoslávia. Ainda assim, o texto no Apêndice B afirma que a OTAN terá acesso livre e irrestrito em toda a Iugoslávia. Não é isso uma ocupação que nenhum país soberano aceitaria?"

Os seguranças detiveram Jeremy, que continuou: "Esse é um salão cheio de jornalistas. Nós deveríamos poder fazer perguntas."

"Não numa premiação!", gritou um funcionário do Overseas Press Club.

Jeremy encarou a mesa à qual Holbrooke estava sentado e disse: "Eu peço o seu apoio, Tom Brokaw, Lesley Stahl."

Brokaw levantou-se da mesa à qual estava jantando com Holbrooke e disse: "Vá se sentar."

"O embaixador Holbrooke vai falar com o senhor mais tarde", opôs-se um outro funcionário, que estava no tablado.

Eu estava de pé nos fundos, quase pronta para gravar Brokaw dizendo o nome do nosso documentário. Um segurança passou atrás de mim empurrando Jeremy para o fundo do salão, e eu disse: "Solte esse homem, ele está prestes a ganhar um prêmio!" Os seguranças olharam confusos. Eles soltaram Jeremy, e Brokaw subiu para entregar os prêmios.

Mas, antes, Brokaw anunciou: "Eu não acho que tenha de explicar a um salão cheio de jornalistas que Richard Holbrooke é acessível. De fato, identificamos hoje à noite uma pessoa lá nos fundos deste salão que nunca recebeu uma ligação de Richard Holbrooke ou que nunca lhe telefonou. Mas, que eu saiba, apenas uma no salão inteiro!" A audiência caiu na gargalhada.

Na verdade, dois entre nós nunca tinham recebido uma ligação de Holbrooke. É tudo uma questão de acesso, e sabíamos que, por algum motivo, não teríamos acesso a Holbrooke tão cedo.

Então, Brokaw começou a entrega dos prêmios. Eu esperava ouvi-lo anunciar prêmios dados pelo Overseas Press Club. Em lugar disso, Brokaw começou distribuindo prêmios patrocinados pela Coca-Cola, outro pela Merrill Lynch, e outros pela AT&T e pela Ford Motor. Logo depois chegou a vez do prêmio Lowell Thomas para a melhor reportagem de rádio (patrocinado pela ABC). O Prêmio foi para o repórter Sandy Tolan, por seu ótimo documentário sobre o conflito palestino-israelense. Sandy concluiu suas observações dizendo: "Por último, eu gostaria de juntar minha voz à desses jornalistas... que arriscaram suas vidas para falar a verdade ao poder, cujo trabalho é fazer perguntas duras aos governantes, e cuja recusa em se tornarem complacentes com o poder lhes custou um preço alto. Muito obrigado."

Conferimos se nossos gravadores estavam funcionando, e Brokaw anunciou o próximo: "E a menção honrosa vai para Amy Goodman e Jeremy Scahill, por *Nigeria's Oil Dictatorship*."

Foi o suficiente. Subi no palco e interrompi Brokaw:

> **AMY GOODMAN:** Sou Amy Goodman e Jeremy Scahill é aquele que fez a pergunta. Ganhamos menção honrosa por *Drilling and Killing: Chevron and Nigeria's Oil Dictatorship*... E em meu nome e no de Jeremy lamentamos dizer que não podemos aceitá-la esta noite, por dois motivos. O primeiro, porque achamos muito problemático que numa noite como a de hoje, quando estamos bombardeando a Iugoslávia, jornalistas concordem em não fazer perguntas a Richard Holbrooke, isso em primeiro lugar...

TOM BROKAW: Mas, minha senhora...

GOODMAN: Em segundo lugar...

TOM BROKAW: Posso apenas salientar que ele concordou em responder às perguntas depois do jantar...

GOODMAN: Depois, mas...

TOM BROKAW: É assim mesmo. Existem cerimônias e rituais em tudo, inclusive na imprensa.

GOODMAN: Mas nós lhe fizemos perguntas antes e nos avisaram que havia um acordo para que ele não precisasse responder às perguntas. Mas, em segundo lugar, nesta noite, quando a premiação começou, [o outro cavalheiro] disse que "Queremos dizer que há boas notícias, que a Indonésia se desculpou por ferir jornalistas". O fato é que nesta semana, no Timor Leste, ocupado pela Indonésia, jornalistas apanharam, foram atacados por cobrir o armamento e o apoio militar da Indonésia, os esquadrões da morte que existem lá. Como o Overseas Press Club estava honrando a Indonésia, não podemos aceitar o prêmio e não podemos aceitar o acordo de não fazermos perguntas a Richard Holbrooke quando estamos bombardeando a Iugoslávia. Muito obrigada.

Então, desci do palco.

"É um grande país", disse Tom Brokaw. "E é uma Primeira Emenda incrível... E agora, com a permissão da Pacifica Radio, vou continuar a entrega dos prêmios." O âncora da NBC fez ainda mais piadas com a Pacifica durante a noite.

Mas ficou evidente que ele se sentiu desconfortável. Talvez ele temesse que fazer os seguranças tirarem um dos premiados causasse um risinho na imprensa fofoqueira, como o que ocorrera no mês anterior, quando ele lançou seu livro, *The Greatest Generation*, e foi convidado para substituir Matt Lauer no *Today*.

"Devo dizer que certas coisas nunca mudam", recordou Brokaw no ar com Katie Couric. O âncora do *NBC Nightly News*, que ganha cerca de US$ 7 milhões por ano,[1] continuou: "Eu ia para o trabalho hoje de manhã cedo pela Quinta Avenida, ainda na escuridão, e me lembrei dos velhos tempos em que fazia o programa *Today*, porque vi os sem-teto nos abrigos da igreja, nos bancos do parque e assim por diante. E você sente uma solidariedade enorme por eles. Mas você também inveja o tempo que eles têm para dormir. Quero dizer, você passa e diz: 'Se eu fosse eles, ainda estaria dormindo.'"[2] Suas observações provocaram um escândalo constrangedor, porém breve.

Quando não havia mais prêmios corporativos a serem entregues, fomos atrás de Holbrooke para a nossa prometida entrevista. Não era para ser. Holbrooke dispensou a pergunta de Jeremy e foi resgatado por Lesley Stahl. "Dick, eu o levo em casa", ela interpôs. E eles foram embora, o embaixador e a jornalista, salvos de qualquer pergunta imprevista.

Acesso do mal

EU NÃO gosto da idéia de comemorar com os poderosos. Não deveríamos tomar champanhe com Henry Kissinger, Richard Holbrooke e Donald Rumsfeld. Deveríamos sustentar que aqueles que estão no poder têm de prestar contas.

Como o lendário jornalista investigativo I. F. Stone explicou certa vez sobre seu método (parafraseado pelo editor do *The Nation*, Victor Navasky): "Se você não ouvisse os informes dos bastidores, não fosse limitado pelas regras básicas, poderia questionar os correspondentes que o fizessem, conferir o que lhes foi dito e, de modo geral, revelar as mentiras pelo que são."[3]

Não há muitos I. F. Stones sobrando no jornalismo. Esse ponto ficou claro logo cedo, na noite do banquete do Overseas Press Club. Apresentando Tom Brokaw, o presidente do clube, Roy Rowan, não poderia ter feito melhor do que isso: "Conheço Tom desde 1975. Sentamos juntos no avião de Henry Kissinger, na volta do encontro do presidente Ford com Mao, em Pequim. Algumas vezes, naquele vôo, fomos convidados para a cabine da frente, para comermos canapés e bebermos champanhe com o secretário de Estado. ... Num vôo de 14 horas, pode-se conhecer alguém muito bem."

Mais tarde naquela noite, corri atrás de Frank Sesno, vice-presidente da CNN. Perguntei-lhe sobre a prática de colocar generais na folha de pagamento da emissora. "Você pode ter a opinião do Pentágono de graça", apontei. "Por que pagar a esses generais? Já pensou em colocar alguns pacifistas na folha de pagamento? Ou apenas convidá-los ao estúdio para responderem aos que defendem a guerra?"

Sesno disse: "Nós já falamos nisso. Mas não, não o faríamos. Porque os generais são analistas, e os pacifistas são defensores."

Eu preciso de um *analista* para alguém assim.

Eu o pressionei: "O senhor pensaria em entrevistar um intelectual defensor da não-beligerância como Noam Chomsky?"

"Não, eu não o conheço pessoalmente", ele respondeu.

Então, tudo se transformou nisso. É tudo uma questão de quem essas personalidades da mídia conhecem pessoalmente e com quem elas jantam. É por isso que jantares como esses têm importância. Eu chamo isso de o acesso do mal.

Naquela semana, saiu uma reportagem sobre o banquete da premiação do Overseas Press Club na página 6 do *New York Post*, a página de fofocas do jornal da fofoca. A manchete dizia o seguinte: "BROKAW SILENCIA O RANZINZA DE KOSOVO." Quando Jeremy leu isso, caiu para trás: "Que estranho. Eu não o vi mandando Holbrooke ficar quieto!"

No final da matéria do *Post*, perguntavam a Lesley Stahl qual era a sua opinião. "Esse não é o momento nem o local para esse repórter fazer perguntas", ela declarou.

Que momento e que local poderiam ser melhores para se fazerem perguntas complicadas? O momento: o auge do bombardeio da Iugoslávia. O local: um salão com centenas de jornalistas que, supostamente, estão honrando o melhor do jornalismo internacional.

16

A COBERTURA DE HIROXIMA: COMO O RESPONSÁVEL PELA EDITORIA DE GUERRA DO *TIMES* GANHOU UM PULITZER

Os governos mentem.
— I. F. STONE, JORNALISTA

NO ALVORECER DA era nuclear, um jornalista australiano independente, Wilfred Burchett, viajou ao Japão para cobrir os dias seguintes ao bombardeio de Hiroxima. O único problema era que o general Douglas MacArthur declarara o Sul do Japão área proibida, impedindo o acesso da imprensa. Mais de 200 mil pessoas morreram devido às bombas atômicas de Hiroxima e Nagasaki, mas nenhum jornalista ocidental testemunhou os dias após o bombardeio para contar a história. A mídia mundial, obedientemente, lotou o USS *Missouri*, afastado da costa do Japão, para cobrir a rendição dos japoneses.

Wilfred Burchett decidiu se aventurar por conta própria. Ele estava determinado a ver o que a bomba atômica fizera para entender como era essa nova e celebrada arma. Então, ele entrou num trem e viajou 30 horas até a cidade de Hiroxima, desrespeitando as ordens do general MacArthur.

Burchett saiu do trem para entrar num pesadelo. A devastação que estava na sua frente era diferente de qualquer outra que ele vira durante a guerra. A cidade de Hiroxima, com uma população de 350 mil pessoas, fora arrasada. Construções históricas estavam reduzidas a cinzas. Ele via vestígios das pessoas chamuscadas nos muros e nas calçadas. Ele encontrou pessoas com a pele derretendo. No hospital, viu pacientes com hemorragias roxas na pele, gangrena, febre e rápida perda de cabelos. Burchett estava entre os primeiros a testemunhar e descrever as doenças causadas pela radiação.

Burchett sentou-se num monte de entulho com sua máquina de escrever Baby Hermes e começou a efetuar o seu trabalho: "Em Hiroxima, trinta dias após a primeira bomba atômica ter destruído a cidade e chocado o mundo, pessoas ainda estão morrendo, misteriosa e terrivelmente — pessoas que não tinham sido feridas no cataclismo estão morrendo de algo desconhecido que só posso descrever como a praga atômica."

Ele continuou, datilografando as palavras que ainda hoje assombram: "Hiroxima não parece uma cidade bombardeada. Parece que um compressor gigantesco atravessou a cidade e a tirou da existência. Escrevo esses fatos da forma menos apaixonada possível, na esperança de que sirvam de aviso para o mundo."[1]

O artigo de Burchett, cujo título era A PRAGA ATÔMICA, foi publicado no dia 5 de setembro de 1945 no jornal londrino *Daily Express*. A reportagem provocou uma comoção mundial. A reação sincera de Burchett diante do horror chocou os leitores. "Nesse primeiro teste da bomba atômica, vi a desolação mais terrível e assustadora em quatro anos de guerra. O ataque fez uma ilha atacada no Pacífico parecer o Éden. A destruição é muito maior do que aquilo que as fotos podem mostrar."

"Quando você chega a Hiroxima, pode olhar em torno por até 40, 50 quilômetros quadrados. Você mal consegue ver um prédio. Dá uma sensação de vazio por dentro ver tamanha destruição feita pelo homem."

A reportagem independente de Burchett foi um fiasco de relações públicas para as Forças Armadas dos EUA. O general MacArthur fizera de tudo para restringir o acesso dos jornalistas às cidades bombardeadas, e sua censura militar estava mascarando e até mesmo acabando com os relatórios que descreviam o horror. A narrativa oficial da bomba atômica desconsiderava as vítimas civis e categoricamente descartava os efeitos letais prolongados que a radiação poderia provocar nos repórteres. Os repórteres cujos relatos entraram em conflito com essa versão dos acontecimentos foram silenciados: George Weller, do *Chicago Daily News*, foi correndo para Nagasaki e escreveu uma reportagem de 25 mil palavras sobre o pesadelo que encontrou lá. Mas ele cometeu um erro crucial: submeteu a matéria aos censores militares. Seu jornal nunca chegou a receber a reportagem. Como posteriormente resumiu Weller sobre sua experiência com os censores de MacArthur: "Eles venceram."[2]

As autoridades dos EUA reagiram de maneira bastante previsível às revelações de Burchett: atacaram o mensageiro. O general MacArthur ordenou que ele saísse do Japão (a ordem foi anulada posteriormente), e sua câmera com fotos de Hiroxima sumiu misteriosamente quando ele estava no hospital. Funcionários do Governo dos EUA acusaram Burchett de ter sido influenciado pela propaganda política japonesa. Eles zombaram da noção de uma doença atômica. Logo depois do bombardeio, os militares americanos enviaram um *press release* que desconsiderava as vítimas humanas e enfatizava que a área bombardeada era um local de valiosos alvos industriais e militares.

Quatro dias depois que a reportagem de Burchett se espalhou nas primeiras páginas de jornais e revistas de todo o mundo, o general-de-divisão Leslie R. Groves, diretor do projeto da bomba atômica, convidou um grupo seleto de 30 repórteres para ir ao Novo México. Em primeiro lugar nesse grupo estava William L. Laurence, o vencedor do Prêmio Pulitzer na categoria de reportagem científica pelo *New York Times*. Groves levou os repórteres ao local do primeiro teste com a bomba atômica. Seu intuito era demonstrar que nenhuma radiação atômica permanecera na área. Groves confiava em Laurence para transmitir a versão dos militares; o general não se decepcionou.

A reportagem de primeira página de Laurence, LOCAL DO TESTE DA BOMBA ATÔMICA DOS EUA DESMENTE A VERSÃO DE TÓQUIO: TESTES EM ÁREA DO NOVO MÉXICO CONFIRMAM QUE FOI A EXPLOSÃO, E NÃO A RADIAÇÃO, QUE CAUSOU FERIMENTOS E MORTES, saiu no dia 12 de setembro de 1945, depois de um atraso de três dias, por causa da censura militar. "Essa base histórica no Novo México, cenário da primeira explosão atômica no mundo e berço de uma nova era da civilização, deu hoje a resposta mais efetiva à propaganda japonesa de que as radiações [*sic*] eram responsáveis pelas mortes mesmo depois do dia da explosão, 6 de agosto, e de que as pessoas que entraram em Hiroxima haviam contraído doenças misteriosas em conseqüência da exposição à radioatividade", começava o artigo.[3] Tentando se mostrar imparcial, Laurence disse que a visita promovida pelo Exército tinha a intenção de "desmentir essas afirmativas".*

Laurence citou o general Groves: "Os japoneses afirmaram que as pessoas morreram em decorrência da radiação. Se isso for verdade, o número foi muito pequeno."

Laurence então continuou para oferecer seu próprio e notável editorial sobre o ocorrido: "Os japoneses ainda continuam com a propaganda, com o intuito de criar a impressão de que ganhamos a guerra injustamente, e assim tentam ganhar simpatia e suavizar as condições impostas... Por isso, no começo, os japoneses descreveram 'sintomas' que não pareciam reais."[4]

Mas Laurence sabia mais do que isso. Ele observara o primeiro teste da bomba atômica, em 16 de julho de 1945, e não revelou o que sabia sobre a precipitação radioativa no deserto do sudoeste que envenenou os moradores locais e as criações de gado. Ele se manteve calado a respeito dos contadores Geiger espalhados por todo o local do teste.

William L. Laurence escreveu uma série de 10 artigos para o *Times* que serviram como um tributo à engenhosidade e ao sucesso técnico do programa nuclear. Através dessas e de outras reportagens, ele desconsiderou e negou o impacto humano do bombardeio. Laurence ganhou o Prêmio Pulitzer por suas matérias.

Descobriu-se que William L. Laurence não estava ganhando salário apenas do *The New York Times*. Ele também estava na folha de pagamento do Departamento de Guerra. Em março de 1945, o general Leslie Groves tivera uma reunião secreta no *New York Times*, a fim de oferecer-lhe um emprego para escrever *press releases* para o Projeto Manhattan, o programa de desenvolvimento

* Durante a visita da imprensa, o motorista do general Groves, um soldado de 29 anos chamado Patrick Stout, posou no centro da cratera provocada pela bomba para tirar fotografias. Posteriormente, um cientista informou a Stout que ele fora exposto a altos níveis de radiação. Ele morreu de leucemia, em 1969, e recebeu do Exército indenizações por invalidez decorrentes do seu serviço, num aparente reconhecimento de que a radiação fora a causa da doença. [Robert Jay Lifton e Greg Mitchell, *Hiroshima in America: Fifty Years of Denial* (Nova York: Putnam, 1995), pp. 51-52.]

de armas atômicas dos EUA.[5] O intento, segundo o *New York Times*, era "explicar a complexidade dos princípios de operação da bomba atômica numa linguagem acessível a leigos".[6] Laurence também ajudou a escrever declarações sobre a bomba para o presidente Truman e para o secretário de Guerra, Henry Stimson.

Laurence aceitou prontamente a oferta. "Sua curiosidade científica e seu zelo patriótico talvez o tenham deixado cego a respeito da noção de que ele estava, ao mesmo tempo, comprometendo sua independência jornalística", como escreveu Harold Evans numa história sobre reportagens de guerra.[7] Evans contou: "Depois do bombardeio, o brilhante mas fanfarrão Groves suprimiu ou distorceu continuamente os efeitos da radiação. Ele desconsiderou os relatórios das mortes dos japoneses, acusando-os de 'brincadeira ou propaganda política'. Depois dos relatórios de Burchett, Laurence, do *Times*, também decidiu repetir de forma irrefletida a versão do governo." De fato, muitos dos *press releases* emitidos pelos militares depois do bombardeio de Hiroxima — que, na ausência de relatos de testemunhas oculares, foram reproduzidos literalmente pelos jornais americanos — foram escritos por ninguém menos do que Laurence.

"Foi minha a honra, única na história do jornalismo, de preparar o *press release* oficial do Departamento de Guerra para a distribuição mundial", gabou-se Laurence em suas memórias, *Dawn Over Zero*. "Nenhuma honra maior poderia ter sido dada a qualquer jornalista ou a qualquer outra pessoa importante."[8]

"Bill Atômico" Laurence reverenciou as armas atômicas. Ele participara da cruzada por um programa nuclear americano em artigos anteriores, desde 1929. Seu duplo *status* de agente do governo e repórter rendeu-lhe um nível sem precedentes de acesso aos militares americanos — ele até voou no esquadrão de aviões que lançou a bomba atômica em Nagasaki. Suas reportagens sobre a bomba atômica e seu uso tinham um tom hagiográfico, ornamentado com descrições que transmitiam uma reverência quase religiosa.

No artigo de Laurence sobre o bombardeio de Nagasaki (que ficou detido pelos censores militares até um mês após o bombardeio), ele descreveu a detonação que incinerou 100 mil pessoas em Nagasaki. Laurence completou: "Estupefatos, assistimos ao lançamento da bomba como um meteoro que vinha da Terra, em vez do espaço cósmico, tornando-se cada vez mais vivo na medida em que atravessava as nuvens brancas... Foi um episódio vivo, uma nova espécie de ser, nascido bem na frente de nossos olhos incrédulos."

Posteriormente, Laurence contou suas impressões sobre a bomba atômica: "Estar perto dela e vê-la como se estivesse sendo moldada numa coisa viva, talhada com tanto requinte que qualquer escultor ficaria orgulhoso de tê-la criado, qualquer pessoa... se sentiria na presença do sobrenatural."[9]

Laurence era bom em guardar seus grandes segredos — desde suprimir os relatórios sobre a radioatividade letal no Novo México até negá-los no Japão. O *Times* também era bom em guardar segredos, revelando o duplo *status* de Laurence como porta-voz do governo e repórter apenas em 7 de agosto, o dia seguinte ao bombardeio de Hiroxima — e quatro meses depois de Laurence ter começado a trabalhar para o Pentágono.* Como Robert Jay Lifton e Greg Mitchell escreveram em seu excelente livro *Hiroxima in America: Fifty Years of Denial*: "Aqui estava o principal repórter da área de ciências da nação, severamente comprometido, não apenas incapaz, mas também avesso a revelar tudo o que sabia sobre os riscos potenciais da descoberta científica mais importante do seu tempo."[10]

Radiação: agora você vê, agora você não vê

Uma curiosa guinada nessa história diz respeito a outro jornalista do *New York Times* que escreveu sobre Hiroxima; seu nome, acredite se quiser, era William Lawrence (sua assinatura era W. H. Lawrence). Ele foi confundido com William L. Laurence durante um longo tempo. (Até mesmo Wilfred Burchett confunde os dois em suas memórias e em seu livro de 1983, *Shadows of Hiroxima*.) Diferentemente do vencedor do Prêmio Pulitzer do Departamento de Guerra, W. H. Lawrence visitou e escreveu sobre Hiroxima no mesmo dia em que Burchett. (William L. Laurence, depois de voar no esquadrão que bombardeou Nagasaki, foi chamado de volta aos Estados Unidos pelo *Times* e não visitou as cidades bombardeadas.)

A reportagem original de W. H. Lawrence sobre Hiroxima foi publicada no dia 5 de setembro de 1945. Ele relatou de forma simples os efeitos letais da

---

* Às vezes, o *Times* identificava William L. Laurence como um consultor especial do Departamento de Guerra, a partir do seu artigo sobre o bombardeio de Nagasaki no dia 9 de setembro de 1945.

radiação e escreveu que os médicos japoneses temiam que "todos os que estiveram em Hiroxima naquele dia pudessem morrer em conseqüência dos efeitos prolongados da bomba". Ele descreveu como "as pessoas que ficaram apenas ligeiramente feridas no dia da explosão perdiam 86% de seus glóbulos brancos, tinham febre de 40 graus, começavam a perder os cabelos, o apetite, vomitavam sangue e finalmente morriam".[11]

Estranhamente, W. H. Lawrence se contradisse uma semana depois num artigo intitulado NÃO HÁ RADIOATIVIDADE NOS ESCOMBROS DE HIROXIMA. Para esse artigo, a máquina do Pentágono acelerou em reação ao relato horrorizado de Burchett sobre a "praga atômica". W. H. Lawrence escreveu que o general-de-brigada T. F. Farrell, chefe da missão da bomba atômica em Hiroxima, "negou categoricamente que [a bomba] produzisse uma radioatividade prolongada e perigosa".[12] A matéria de Lawrence cita apenas Farrell; o repórter nunca testemunhou que vira pessoas morrendo de doenças causadas pela radiação que ele escrevera na semana anterior.

Os relatos do conflito feitos por Wilfred Burchett e William L. Laurence poderiam ser história antiga, não fosse por sua envergadura moderna.* No dia 23 de outubro de 2003, o *New York Times* publicou um artigo sobre a controvérsia em relação a um Prêmio Pulitzer dado em 1932 ao repórter do *Times* Walter Duranty. Um ex-correspondente na União Soviética, Duranty negara a existência da fome que matara milhões de ucranianos em 1932 e 1933. O conselho do Pulitzer abrira dois inquéritos para considerar a possibilidade de retirar o prêmio de Duranty. O *Times* "lamentou as falhas" de sua reportagem e publicou um editorial assinado dizendo que o trabalho de Duranty era "um dos piores que já haviam aparecido neste jornal". Na época, o editor-executivo do *Times*, Bill Keller, execrou "o papagaiar crédulo e nada crítico da propaganda política"[13] por parte de Duranty.

Em 21 de novembro de 2003, o conselho do Pulitzer decidiu não retirar o prêmio de Duranty, concluindo que não havia "nenhuma evidência clara e convincente de engano deliberado" nos artigos que receberam o prêmio.[14]

Como um defensor de Joseph Stalin, Duranty é presa fácil. Mas o que dizer do "engano deliberado" de William L. Laurence em negar os efeitos letais

* Wilfred Burchett morreu em 1983, e William L. Laurence em 1997.

da radioatividade? E sobre o fato de que o conselho do Pulitzer concedeu conscientemente o maior prêmio jornalístico ao propagandista pago pelo Pentágono, que negou o sofrimento de milhões de japoneses? Será que o conselho do Pulitzer e o *Times* aprovam "o papagaiar nada crítico da propaganda política" — desde que seja dos Estados Unidos?

Retirar o prêmio dado a um defensor do ataque a Hiroxima é uma dívida antiga.

17

AS TRANSMISSÕES DO POVO

O poder não concede nada sem uma exigência. Nunca o fez, nem nunca o fará.
— FREDERICK DOUGLASS

NUMA FRIA MANHÃ de março de 2002, um pequeno grupo de pessoas se reunia no lado de fora da Comissão Federal de Comunicações [FCC], em Washington D.C. Elas protestavam contra a agenda, altamente pró-corporativa, adotada pelo presidente da FCC, Michael K. Powell, filho do general Colin Powell, secretário de Estado — ele mesmo membro do conselho do gigante da mídia America Online até sua indicação para o gabinete de Bush.[1]

A função de Michael Powell como principal regulamentador da mídia nos Estados Unidos inclui a proteção do interesse público. Os manifestantes reagiam, portanto, à afirmativa de Michael Powell, diante de uma audiência na American Bar Association,* em 5 de abril de 1998, quando ele declarou: "Na noite seguinte ao meu juramento, esperei por uma visita do anjo do interesse público. Esperei a noite toda, mas ele não veio. Na verdade, após cinco meses

* Uma associação de profissionais de direito voluntários dedicados a atuar no sistema legal americano. (N. T.)

nesse trabalho, eu ainda não tive nenhuma inspiração divina, e ninguém me forneceu a bola de cristal do interesse público."[2]

Para ajudar a "inspirar" o líder Powell, esse grupo vestiu asas feitas de papelão, tal como anjos do interesse público, ao fazer-lhe uma visita. Foi mais uma de um número crescente de ações diretas do movimento global pela democratização da mídia.

O governo federal tem abdicado completamente de sua responsabilidade em regular genuinamente a indústria das transmissões. Muitos dos problemas atuais datam de 1996, quando o Decreto das Telecomunicações [TCA] efetivou a maior distribuição concentrada de bens públicos da história.

A New America Foundation estima que o valor do espectro eletromagnético — os bens reais das transmissoras — seja em torno de US$ 782 bilhões.[3] Isso é um recurso público, e pertence ao povo. A maior parte dessa banda larga é entregue aos interesses corporativos, usada em transmissão e coleta de notícias com fins lucrativos, transmissão de informações com fins lucrativos e serviços sem fio e celulares, também com fins lucrativos. As partes do espectro de rádio que não são cedidas às corporações são reservadas para uso dos militares e outras agências governamentais. As regiões de baixa potência,* limitadas, são reservadas aos controles remotos de garagem, aparelhos de microondas e telefones sem fio — para os aparelhos eletrônicos das pessoas e não para a sua democracia.

O TCA de 1996 foi sancionado pela administração Clinton/Gore com muita ostentação. O TCA revelou a boa vontade de funcionários eleitos de ambos os partidos em servir à poderosa indústria da mídia e das telecomunicações, à custa do próprio público. Quando o presidente George W. Bush indicou Michael Powell como presidente da FCC, este órgão acelerou vertiginosamente suas concessões aos interesses corporativos. A mídia, já altamente concentrada, experimentaria a partir de então mudanças devastadoras nas regras, que levariam a fusões sem precedentes. O que significaria exacerbar a tendência de formação de um cartel da mídia com apenas alguns gigantes corporativos.

Entre os regulamentos que Powell listou para serem descartados estão as regras de 30 anos que limitavam o alcance de qualquer rede de televisão a, no

* Uma estação de rádio tem baixa freqüência quando alcança uma área pequena, geralmente de cerca de 20km. (N. T.)

máximo, 35% da população nacional e limites em propriedades cruzadas que preveniam, por exemplo, que jornais comprassem estações de rádio ou emissoras de televisão na mesma cidade. As novas regras permitiriam a uma rede de transmissão comprar estações que, juntas, alcançam 35% da população nacional. O ataque às regras existentes de domínio da mídia veio de lugares previsíveis: tanto a Viacom, que controla a CBS, quanto o canal conservador de Rupert Murdoch, a FOX News, já estavam transgredindo e seriam forçados a vender estações para se adequarem ao limite de 35%.

Parecia que Powell, com o apoio de Bush na Casa Branca e com o controle republicano do Congresso, não teria problemas em estabelecer a mudança dessas regras históricas. Seu trabalho seria ajudado pelo fato de que a indústria das telecomunicações é de uma complexidade que entorpece, dominada por lobistas e tecnocratas que falam uma língua incompreensível ao cidadão comum.

Michael Powell fez tudo o que pôde para assegurar que poucas pessoas descobrissem a agenda clandestina da FCC. Ele foi convocado a realizar audiências públicas. Então foi o que fez: realizou uma audiência, em fevereiro de 2003, no meio de uma tempestade de neve em Richmond, na Virgínia. De acordo com o *Washington Post*, 195 pessoas apareceram — "119 das quais eram homens brancos usando ternos" — e apenas 22 foram agendadas para testemunhar.[4]

Enquanto isso, a FCC realizou 71 reuniões a portas fechadas com os lobistas da indústria da mídia corporativa.[5] Isso foi apenas o começo do *affair* entre a FCC e as pessoas que a comissão deveria regular. De 1995 a 2003, funcionários da FCC fizeram mais de 2.500 viagens, que custaram aproximadamente US$ 2,8 milhões, tudo pago por companhias e grupos de comércio das indústrias das telecomunicações e transmissão.[6]

Isso normalmente seria chamado de suborno. Na FCC, são apenas os negócios de praxe.

Powell concluiu que as mudanças nas regras seriam uma forma de pagamento fácil pelo apoio que as corporações vinham dando à sua carreira há tanto tempo. Ele e seus camaradas tentaram dominar a FCC, mudando-a de um órgão que regula a mídia para um que *des*regula e distribui as transmissoras públicas para quem dá o maior lance. Sua audiência tão distante mal foi divulgada pela mídia corporativa. Mas o encontro público, apesar da tempestade de neve e da mínima divulgação, revelou algumas vozes em oposição ao plano de Powell, o que dá mostras de que uma oposição estava se formando.

As coisas logo começaram a fugir ao controle de Powell. Dois dos cinco comissários da FCC, Michael Copps e Jonathan Adelstein, romperam publicamente com ele e iniciaram uma série de audiências públicas pelo país para alertar a população sobre as mudanças radicais em curso e mobilizar uma oposição. Eles respondiam a uma demanda crescente do público por responsabilidade de parte da FCC e das corporações da mídia. Os comissários dissidentes não tinham verba. Então, fizeram uma convocação para que as organizações das zonas rurais sediassem essas audiências informais. Os anjos da ralé do interesse público já estavam trabalhando, mobilizando, educando e protestando.

A primeira audiência não-oficial da FCC — que precedeu a audiência oficial, em Richmond — se deu em janeiro de 2003 na Universidade de Colúmbia, em Nova York. O *Democracy Now!* cobriu o evento, puxando os oradores para um canto, a fim de entrevistá-los ao vivo pelo celular. O encontro alcançara notoriedade suficiente para que Michael Powell se sentisse compelido a fazer uma aparição. Ele recusou nosso convite para falar no ar, mas foi para a frente do público com o que se tornou seu mantra nos meses seguintes: a FCC recebeu ordem do Congresso e dos tribunais para conduzir revisões bienais das regras (um produto do TCA de 1996), e sua tarefa era suprimir qualquer regra que não se pudesse justificar.

Em outras palavras, Powell simplesmente jogaria fora quaisquer regras que a indústria objetasse. Não se falava em expandir a regulamentação. Um executivo da CBS veio para a audiência falar a favor das mudanças de regras propostas, às quais eles e as outras grandes redes davam apoio. Embora essas redes se assegurassem de enviar seus executivos para a audiência, não mandavam repórteres.

Juan González, co-apresentador do *Democracy Now!* e colunista do *Daily News*, de Nova York, testemunhou como presidente da Associação Nacional de Jornalistas Hispânicos [NAHJ]. "Como jornalistas latinos, estamos dolorosamente conscientes dos fracassos históricos de nossa indústria quando se trata de servir ao interesse público e de preservar a diversidade de vozes", disse González. "Há algumas semanas, a NAHJ divulgou nosso sétimo relatório anual de rede, que descobriu que em 2001 menos de 1% de todas as matérias nos jornais noturnos das redes ABC, CBS, NBC e CNN foi sobre alguma coisa relacionada a assuntos latinos." E observou com amargura: "Para as grandes redes, nós não somos especialistas em nada, a não ser em crime e imigração."

González acrescenta ainda: "O jornalismo não é apenas um produto para consumo, como cereais ou carros. No que tem de melhor, é uma profissão nobre e um serviço público. Ele ajuda a consertar o que está errado, dá força àqueles que não têm poder, informa e esclarece leitores, espectadores e ouvintes sobre eventos que estão fora de sua experiência direta. Mas, no que tem de pior, o jornalismo se torna apenas uma atração para os comerciais. Ele distorce realidades, inflama paixões, reitera estereótipos, marginaliza pontos de vista discordantes e funciona como um porta-voz para os poderosos."

O movimento de oposição que a FCC jamais confrontara cresceu. Os ataques a Powell em meios de comunicação locais uniam grupos tanto da esquerda quanto da direita. A Associação Nacional do Rifle se juntou ao grupo de mulheres ativistas Code Pink* em uma ampla coalizão em oposição à desregulamentação da mídia.

Em Atlanta e Phoenix, aconteciam novas audiências não-oficiais, sendo que a primeira foi transmitida para toda a nação pela Pacifica Radio. A FCC e líderes do Congresso passaram a ser indagados sobre esse tema por uma enormidades de eleitores: a FCC e o Congresso receberam juntos mais de três milhões de e-mails, ligações telefônicas e cartas, quase todas se opondo à fusão das empresas de comunicação.[7]

A luta com relação à fusão nas empresas de comunicação é crítica neste momento, pois os gigantes da mídia estão obtendo mais e mais poder e devorando as pequenas estações locais, que são a espinha dorsal de uma democracia em funcionamento. Isso se tornou dramático numa manhã congelante de janeiro de 2002, em Minot, Dakota do Norte: um trem saiu do trilho, e começou a escapar gás. As autoridades precisavam alertar os moradores da localidade sobre o que acontecera e, naturalmente, se voltaram para as estações de rádio para difundir a notícia.

Há nove estações de rádio em Minot, seis das quais são de propriedade da Clear Channel Communications. Dick Leavitt, proprietário da estação cristã KHRT, em Minot, contou ao *Democracy Now!* que chegou ao local do acidente logo após o acontecido, por volta de duas da manhã, e enviou relatórios e infor-

* "Código Rosa", associação de mulheres pela paz. (N. T.)

mações por celular para suas estações e para o setor de rádio da Associated Press em Minneapolis. A KHRT ganhou um prêmio AP* por sua reportagem naquele dia. Leavitt e seu filho eram os únicos repórteres de rádio cobrindo o evento naquele momento.

Acontece que a Clear Channel, cuja sede fica no Texas e possui mais de 1.200 estações de rádio no país, é dona também de quase todas as radiodifusoras de Minot, incluindo a KCJB, que é a estação local incumbida das transmissões de emergência. Mas, quando as autoridades tentaram contactar as seis estações, não encontraram sequer um funcionário responsável pela veiculação de notícias. As estações estavam transmitindo** apenas música de um outro estado. Trezentas pessoas acabaram no hospital naquele dia, e uma morreu. Mas a Clear Channel insiste que a culpa foi das autoridades locais, que não os alertaram apropriadamente.

Era de esperar que a desregulamentação da FCC, que afeta milhões de americanos, obtivesse um amplo espaço na mídia. As redes nacionais, no entanto, sabiam que, se as pessoas descobrissem que apenas um gigante da mídia poderia ser dono de praticamente tudo a que se assiste, ouve e lê numa cidade, haveria uma revolta. A solução então para eles foi simples: não noticiaram o assunto durante um ano. A única coisa que as redes fizeram foi se juntarem — por que pensaríamos que elas eram concorrentes? — em uma declaração enviada à FCC pedindo a desregulamentação da mídia.

Mas as pessoas disseram *não*. Elas começaram a aprender. Não com as grandes redes, mas com a mídia alternativa.

No dia 2 de junho de 2003, apesar de uma enorme oposição pública, três membros da FCC — comissários na sua maioria indicados pelos republicanos — deram o seu voto de "sim" e cometeram uma tremenda violação do interesse público. Os comissários Michael K. Powell, Kathleen Q. Abernathy e Kevin J. Martin silenciaram a voz de milhões, ao derrubar com seus votos as regulamentações do domínio da mídia que se mantinham há muito tempo em favor de regras que reforçam os conglomerados da mídia corporativa.

---

* Prêmio da Associated Press. (N.T.)

** "Clear-channeling". Aqui há uma referência ao nome do canal dono da emissora, Clear Channel. (N.T.)

Medea Benjamin e outra integrante do Code Pink estavam no local da audiência naquele dia. Elas se levantaram cantando: "As fusões de mídia são uma ameaça à nação." O *Democracy Now!* estava transmitindo a audiência através de um serviço de assinatura de vídeo *webstream**. A FCC também forneceu um vídeo *webstream* gratuito, que monitorávamos como apoio. Não chega a ser surpreendente que a transmissão da FCC tenha sido cortada antes que as manifestantes do Code Pink começassem a cantar, mas nossa transmissão alternativa continuou a passar. As duas mulheres cantoras simbolizaram os milhões que se opunham às ações da FCC. Elas estavam *cantando* a verdade para o poder.

No mundo de Michael Powell, as vozes dos manifestantes nunca são ouvidas, o interesse público é ignorado, e os bens comuns são vendidos a quem dá o maior lance. Ao ignorarem a campanha da FCC para voltar atrás com as regulamentações, as maiores corporações da mídia dos Estados Unidos foram cúmplices voluntárias nesse grande roubo.

Mas os manifestantes — os anjos — foram, em última instância, ouvidos. Numa rara ação em julho de 2003, a Comissão de Comércio do Senado anulou a decisão da FCC e decidiu, por votação, retroceder no que respeita às piores regras de fusão da mídia. Então, no dia 4 de setembro, um tribunal de apelação dos EUA suspendeu a implementação de mudanças nas regras na véspera do dia em que elas deveriam entrar em vigor. A ação foi movida pelos advogados do Media Access Project, em nome do Prometeus Radio Project, organização ativista sediada na Filadélfia que patrocina rádios FM de baixa freqüência e ativismo de mídia calcado em bases populares. Pete TriDish, membro do Prometeus, foi um daqueles anjos de asas de papelão — agora proporcionando a inspiração divina pela qual Michael Powell vinha ansiando.

O debate sobre o domínio da mídia assolou o Congresso até 2004. O fato de ter havido *algum* debate — não menos do que uma batalha no Congresso — a respeito do que estava para ser uma distribuição clandestina para as corporações é uma prova da dedicação das organizações que representam as causas populares e do uso criativo das mídias alternativas, além dos apelos feitos a representantes eleitos e das ações nos tribunais, e da ação direta de grupos como o Code Pink e os Anjos do Interesse Público.

---

* Forma de comunicação com vídeo através da internet. (N. T.)

Um golpe contra as fusões de corporações da mídia — agora ou no futuro — terá implicações de vasto alcance, já que as informações críticas serão expostas a um público atuante, que se interessa. Em vez de falsas "*reality TVs*", talvez a mídia comece a cobrir a realidade de pessoas lutando para sobreviver e as vitórias que acontecem a cada dia em nossas comunidades.

Quando as pessoas obtêm informação, elas ganham poder. Precisamos assegurar que as transmissões estejam abertas para isso. Nosso lema no *Democracy Now!* é quebrar a barreira do som. Nós nos denominamos a exceção aos que fazem as regras* — e acreditamos que toda a mídia deveria sê-lo.

* *The exception to the rulers*. Trocadilho entre *rules* (regras) e *rulers* (governantes). (N. T.)

18

CONCLUSÃO: LIBERTAR A MÍDIA

Um outro mundo não é apenas possível, mas está a caminho. Talvez muitos de nós não estejamos aqui para saudá-lo, mas, num dia silencioso, se escutar cuidadosamente, posso ouvi-lo sussurrando.

— ARUNDHATI ROY[1]

NÓS PRECISAMOS LIBERTAR a mídia — e vamos fazê-lo.

A mídia não deveria ser uma ferramenta somente para os poderosos. A mídia pode ser um palanque para os debates mais importantes dos nossos dias: guerra e paz, liberdade e tirania. O debate deve ser abrangente — e não apenas uma discussão estreita entre democratas e republicanos incorporados ao sistema. Precisamos romper os limites que definem atualmente o que é uma discussão aceitável. Precisamos de uma mídia democrática.

Uma mídia democrática nos dá esperança. Ela registra os movimentos e as organizações que estão fazendo história, hoje. Quando as pessoas ouvem as vozes dos seus vizinhos, quando elas identificam suas lutas naquilo a que assistem e que lêem, seus espíritos se erguem. Elas se sentem como se pudessem fazer diferença.

Mudanças sociais não saltam para fora das mentes de generais ou presidentes — na verdade, mudanças são normalmente impedidas pelos poderosos. Mudanças começam com as pessoas comuns trabalhando em suas comunidades, e é aí que a mídia deveria começar também. O papel da mídia não é concordar com qualquer pessoa ou grupo — nem com o governo nem com os poderosos. Mas a mídia tem a responsabilidade de incluir todas as vozes em um discurso e depois deixar que as pessoas decidam. Este é um novo tipo de política de poder. No lugar de acordos a portas fechadas, reuniões a céu aberto, públicas, transparentes, e com debates calorosos. É assim que se parece uma democracia.

E era isso que Seattle parecia em 1999, por ocasião da primeira conferência ministerial da Organização Mundial do Comércio (OMC) nos Estados Unidos.

Conferência de *quem*?

Exatamente. As pessoas mal tinham ouvido falar nessa poderosa instituição. Trata-se de um órgão reservado, estabelecido em Genebra, em 1995, com forte apoio do presidente Bill Clinton, que tem o poder de anular leis locais em nome do livre comércio. Em encontros a portas fechadas, burocratas do comércio de 146 países e corporações multinacionais agora diziam, com efeito: você pode aprovar suas leis para proteger trabalhadores ou o meio ambiente nas suas legislaturas democraticamente eleitas. Só iremos derrotá-las na OMC.

As pessoas comuns não deveriam saber disso. Era para tudo passar em brancas nuvens. A OMC mal foi mencionada na imprensa dos EUA. As empresas proprietárias da mídia corporativa — que fizeram de tudo para lucrar com os acordos comerciais — decidiram, para o nosso bem, que simplesmente não entenderíamos aquilo. Era complicado demais.

Mas, para a decepção dos poderosos, milhares de pessoas no mundo inteiro *entenderam*. Elas foram até Seattle para mostrar a esse nebuloso governo corporativo como as pessoas se sentem quando a sua democracia, seus empregos, seu meio ambiente e seu direito de participar são roubados.

Eram religiosos, sindicalistas, médicos e enfermeiras, ambientalistas, estudantes e operários numa revolta global contra o poder corporativo.

Com tudo isso prestes a se desenrolar, os ativistas se confrontaram com um dilema: o que a mídia cobriria de suas ações? Sabiam que a mídia corporativa iria menosprezá-los e deturpá-los ou ignorá-los completamente.

Um novo tipo de mídia apareceu como resposta. As pessoas se uniram com lápis e canetas, gravadores e câmeras de vídeo. Um centro de mídia independente (IMC) foi estabelecido no coração de Seattle, com computadores de última geração que alimentariam o mundo com relatos por rádio, vídeo e reportagens impressas feitas por equipes criadas nas ruas. Em vez de permitirem que essa revolta contra o poder corporativo fosse vista através de lentes corporativas, eles estavam determinados a se aproximar ao máximo das histórias. Eles se *tornariam* a mídia.

Milhares de manifestantes levaram tiros de balas de borracha e foram atingidos com gás lacrimogêneo ou *spray* de pimenta. O prefeito de Seattle declarou lei marcial pela primeira vez desde a Segunda Guerra Mundial. A cidade estabeleceu "zonas sem protesto".

Enquanto os ataques violentos se desdobravam nas ruas — e as redes de televisão de Nova York e Atlanta se amontoavam para comprar passagens aéreas e reservar hotéis para cobrir o evento —, esse novo movimento da mídia independente se voltava para a ação. Quando uma pessoa carregando uma câmera ia ser atacada com gás lacrimogêneo e presa, eles seguravam a câmera e passavam-na para outra pessoa. Eu e meus colegas do *Democracy Now!* passamos longas horas nas ruas, com jornalistas do IMC. Fomos hostilizados e atacados com gases por policiais vestidos com armaduras pretas futuristas enquanto tentávamos transmitir para o mundo o que estava acontecendo.

Enquanto as redes de televisão citavam a polícia para dizer que não estavam sendo usadas balas de borracha, os repórteres da mídia independente enviavam, minuto a minuto, imagens, e todos nós catávamos punhados de balas nas ruas. Enquanto as redes caricaturavam os manifestantes, mostrando uma única janela de loja quebrada, os repórteres do IMC entrevistavam mães, pais, filhas e filhos que se reuniram para protestar contra a ameaça que a OMC representava para as suas comunidades. Nos relatos do IMC, essas pessoas tinham nomes reais, empregos reais e preocupações reais.

Compare isso com o edital do diretor de notícias da KOMO-TV, uma rede de Seattle filiada à ABC. A estação "não dedicará cobertura a atividades ilegais ou irresponsáveis", escreveu o diretor de notícias Joe Barnes. "A KOMO 4 News está tomando uma posição ao não dar a alguns grupos manifestantes a publicidade que eles querem."[2]

Uma posição. Se essa política tivesse sido aplicada na década de 1950, provavelmente nunca teríamos ouvido falar de nomes como Rosa Parks e Martin Luther King Jr.

O povo tem sede de uma cobertura em tempo real, sem filtros, pela perspectiva de pessoas reais. Tanta sede que durante a "Batalha de Seattle" houve mais acessos ao recém-lançado site de notícias indymedia.org do que ao cnn.com.

Mesmo algumas pessoas da mídia dominante foram forçadas a assumir que foram derrotadas. "O fato", escreveu o *Christian Science Monitor*, "é que as pessoas que realmente queriam saber sobre a OMC, e por que ela aborrece tanta gente, estavam muito mais bem servidas por esses pequenos sites independentes do que pela mídia tradicional, em particular a televisão." Enquanto a mídia independente fornecia "imagens fortes, simultâneas e instigantes sobre os eventos", observou o *Monitor*, a mídia tradicional opunha-se com "cenas repetidas de um par de incidentes e entrevistas com porta-vozes do sistema que o comando das redes de televisão favorecia".[3]

O artigo terminava com uma previsão audaciosa: "Não seria surpreendente que um ou dois desses centros de mídia 'independentes' se tornassem uma grande rede de mídia, especialmente se continuarem a funcionar segundo o modelo de reportagem de 'fonte aberta' adotado em Seattle."

"Afinal, o movimento de 'fonte aberta' está reformulando o mundo dos negócios. Quem disse que isso também não pode acontecer na mídia?"[4]

Uma mídia do povo

AS CORPORAÇÕES TÊM GANHO um poder sem precedentes com a globalização. Entre as 100 maiores economias do mundo atual, mais da metade não são países — são corporações. O conceito de estado e nação está sendo seriamente questionado. O que as corporações mais temem é que os ativistas populares e os jornalistas independentes utilizem o mesmo modelo que as companhias têm usado para se apossar do poder: globalização. Globalização com bases populares.

Já está acontecendo. Inspirado em parte por Seattle, uma onda gigantesca de democracia midiática cresceu para ameaçar a concentração dos donos da mídia que boicotam as vozes independentes. Os IMCs estão emergindo a todo instante, no mundo inteiro. Hoje, há mais de uma centena de IMCs ao redor do mundo. As pessoas estão educando umas às outras, aprendendo a usar a internet para preencher os grandes vazios deixados pela mídia corporativa. Esse movimento da mídia e da democracia é uma revolução borbulhante. É uma nova e audaciosa mídia do povo para um novo milênio de resistência e também um resultado natural do espírito que inspirou Lew Hill a inaugurar a Pacifica em 1949 — e nos inspirou a lançar o *Democracy Now!* em 1996.

O *Democracy Now!* tornou-se agora a maior colaboração de mídia pública dos Estados Unidos. Usamos todas as maneiras para chegar ao povo: transmissão em centenas de estações de rádio e televisão, vídeos e áudios na internet, televisão por satélite e transmissões internacionais em rádios de ondas curtas.

O que é fundamental para nós é um recurso muito pouco utilizado: a televisão de acesso público. Muitas pessoas nem sabem que existem canais de acesso público; as companhias de televisão a cabo, às quais é exigida a oferta de canais em troca de monopólios locais de serviços de cabo, certamente não divulgam isso. Então, o *Democracy Now!* vai até as comunidades para informar às pessoas que elas têm esses canais para usar, o mesmo que a Pacifica fez com a FM há 50 anos.

Fazendo isso, o *Democracy Now!* faz o mesmo que o IMC em Seattle: mostra à mídia dominante que há um mercado para as notícias das pessoas reais. Toda comunidade pode moldar seus próprios direitos humanos, noticiários do povo para unir o local e o global. É tudo parte de um *continuum*. A Pacifica, a NPR e a PBS não são as únicas redes da mídia que usam as transmissões públicas; a CBS, a ABC, a NBC e a FOX também usam transmissões públicas. E elas deveriam ter a responsabilidade de representar a completa diversidade de opiniões deste país e não apenas apregoar a guerra ou fornecer cobertura para os poderosos e seus governos e corporações.

Esperanças e vitórias

"NÃO DUVIDE NEM POR um momento de que um pequeno grupo de pessoas engajadas e pensantes possa fazer diferença. Na verdade, é a única coisa que sempre faz." Margaret Mead disse isso há mais de um século. Nos tempos complicados que vivemos agora — quando, às vezes, o poder corporativo parece invencível, o silêncio na mídia dominante parece ensurdecedor e a verdadeira democracia, um sonho longínquo —, onde buscamos a esperança?

Tente o corredor da morte em Illinois. Em janeiro de 2003, o governador George Ryan, o republicano conservador que co-dirigiu a campanha presidencial de Bush no ano de 2000 em Illinois, comutou as sentenças de 163 presidiários no corredor da morte e perdoou mais quatro. "Como o sistema de pena de morte de Illinois é arbitrário e extravagante — e por isso imoral —, eu não sou mais conivente com a maquinaria da morte", declarou esse conservador intransigente.

Ryan não tomou essa atitude corajosa e controversa como forma de capricho. Ela veio de anos do ativismo solitário do povo contra a pena de morte. Ela aconteceu porque mães de homens no corredor da morte nunca desistiram da luta para salvar seus filhos. Aconteceu porque os alunos da Universidade Northwestern, liderados por um professor apaixonado, Dave Protess, começaram a investigar os casos de homens nos corredores da morte, às vezes capturando os verdadeiros assassinos. E aconteceu porque dois repórteres investigativos, Steve Mills e Ken Armstrong, expuseram cuidadosamente as bases racistas e fraudulentas de um caso após outro, num influente jornal da mídia dominante, o *Chicago Tribune*.

Juntos, as mães, os ativistas, os estudantes e os repórteres mudaram completamente a maneira como a pena de morte era vista em Illinois — até mesmo pelo governador. Foi uma confirmação poderosa do que Jane Bohman, da Coalizão contra a Pena de Morte de Illinois, vinha dizendo: "A única forma que a pena de morte tem de sobreviver", disse ela, "é se ninguém disser a verdade sobre ela."[5]

O mesmo poderia ser dito sobre Henry Kissinger. Enquanto muitas pessoas nos Estados Unidos ainda vêem o ex-secretário de Estado de Nixon e Ford como um velho estadista, o resto do mundo o vê como um criminoso de guerra, responsável pela morte e pelo sofrimento de milhões no Chile, no Vietnã, no Laos, na Argentina, no Timor Leste e no Camboja, para citar alguns dos países. Quando quer viajar para o exterior, Kissinger tem de checar com o Departamento de Estado para ver se estará seguro. Teme ter o mesmo destino que seu antigo colega, o ditador chileno Augusto Pinochet, general que foi preso por acusações de crimes contra a humanidade durante o período em que esteve na Inglaterra para tratamentos médicos.

Mesmo nos Estados Unidos, Kissinger já começa a sentir o ódio — graças, em grande parte, a repórteres como Seymour Hersh, que escreveu obstinadamente sobre os abusos do criminoso de guerra durante 30 anos. Quando o presidente George W. Bush nomeou o antigo secretário de Estado para liderar uma comissão que investigaria os ataques de 11 de Setembro, houve uma revolta pública. Finalmente, seus sórdidos antecedentes de violações dos direitos humanos voltaram para assombrá-lo, e ele foi forçado a deixar a comissão. O eterno desdém de Kissinger pelos direitos humanos estava, enfim, voltando para persegui-lo.

Também podemos encontrar esperança em Tulia, no Texas. O *Democracy Now!* e a WBAI cobriram essa incrível história desde o início: 46 pessoas inocentes, dentre as quais 39 negras, foram presas por tráfico de drogas, apenas devido à acusação de um agente secreto corrupto e racista chamado Tom Coleman. Muitos desses cidadãos inocentes perderam *quatro anos* na prisão por acusações falsas. Uma pessoa foi condenada a mais de 300 anos. O único delito real deles, como disse Elaine Jones, do NAACP Legal Defense Fund [Fundo de Defesa Legal da NAACP], era "serem negros e viverem em Tulia".[6]

Graças à publicidade da mídia, e solidificado pelo implacável ativismo popular do Fundo pela Justiça Racial William Moses Kunstler, os cidadãos afro-americanos de Tulia que tinham sido incriminados injustamente foram absolvidos e libertados no final de 2003. Coleman, o agente que os dedurou, foi indiciado por falso testemunho.

Também há esperança no Timor Leste. No dia 20 de maio de 2002, Allan Nairn e eu retornamos a esse país, 11 anos após termos sobrevivido ao massacre de Santa Cruz. Voltamos para testemunhar a fundação de uma nova nação. De pé com cerca de 100 mil timorenses na badalada da meia-noite, assistimos a Xanana Gusmão, o líder rebelde que se tornou presidente, levantar a nova bandeira da República Democrática do Timor Leste.

Vimos o clarão dos fogos de artifício iluminando os rostos cheios de lágrimas dos timorenses. Não imaginávamos, naquele dia terrível em que deitamos no chão incapazes de impedir o assassinato de inocentes, que voltaríamos para celebrar a independência. Mais uma vez, graças à resistência, à determinação e à persistência dos timorenses e dos ativistas do mundo inteiro, uma nação de sobreviventes celebrava a sua liberdade.

Recordei quando Allan e eu conseguimos chegar ao hospital em Dili, depois do massacre. Os médicos e as enfermeiras começaram a chorar quando nos viram. Não porque estivéssemos piores do que os timorenses. Mas pelo que os americanos representam — não apenas no Timor Leste, mas em muitos lugares. As pessoas do mundo inteiro vêem os americanos de duas maneiras:

A espada... Os Estados Unidos fornecem muitas das armas que regimes repressores usam para matar seu próprio povo. No Timor Leste, assim como na Guatemala, na Nigéria, em El Salvador, no Irã, no Iraque e no Chile — para citar apenas alguns —, políticas imorais de sucessivos governos dos EUA colocaram tragicamente esta nação no lado errado da justiça.

... E o escudo. As pessoas sabem que temos o poder de impedir ataques em vez de planejá-los, e de lutar contra a injustiça, a brutalidade e a tirania. Naquele dia do massacre de Santa Cruz, no Timor Leste, eles viram o escudo sangrando.

Hoje, milhões de pessoas em todo o mundo estremecem com a força da maior superpotência do planeta. Mas o verdadeiro poder deste país não está em seus militares, em seu governo, nem em suas corporações. Está nos indivíduos que lutam todos os dias para melhorar suas comunidades. Devemos construir uma mídia que reflita o verdadeiro caráter deste país e de seu povo. Uma mídia democrática que sirva a uma sociedade democrática. Temos de tomar uma decisão todos os dias: representar a espada ou o escudo.

Notas

Introdução: a maioria silenciada

1. "In Iraq Crisis, Networks Are Megaphones for Official Views", *FAIR Action Alert*, 18 de março de 2003.

2. Mark Benjamin, "Medical Evacuations from Iraq Near 11,000", United Press International, 19 de dezembro de 2003.

3. Michael Ratner, "The War on Terrorism: Guantanamo Prisoners, Military Commissions, and Torture", in Cynthia Clarke, *Los Liberties: Ashcroft and the Assault on Personal Freedom* (Nova York: W.W. Norton, 2003), p. 133.

1. Bumerangue

1. George Santayana, *Life of Reason: Reason in Common Sense* (Nova York: Scribner's, 1905), p. 284.

2. Kissinger foi o conselheiro de segurança nacional da Presidência de Richard Nixon até o dia 22 de setembro de 1973, quando ele foi designado como secretário de Estado.

3. Christopher Hitchens, "Why Has He Got Away With It?" *The Guardian*, 24 de fevereiro de 2001. http://www.guardian.co.uk/pinochet/Story/0,11993,448749,00.html

4. Peter Kornbluh, "Chile, 9/11/73", *The Nation*, 29 de setembro de 2003.

5. "Kissinger to Argentines on Dirty War: 'The Quicker You Succeed the Better'", National Security Archive, 4 de dezembro de 2003.

6. Mary Anne Weaver, "The Real bin Laden", *The New Yorker*, 24 de janeiro de 2000. http://www.newyorker.com/printable/?archive/010924fr — archive03.

7. Steve Coll, "Anatomy of a Victory: CIA's Covert Afghan War", *Washington Post*, 19 de julho de 1992.

8. Ahmed Rashid, "Osama bin Laden: How the U.S. Helped Midwife a Terrorist", *The Public I* special report, Center for Public Integrity, 13 de setembro de 2001. http://www.publici.org/excerpts — 01 — 091301. htm.

9. Tim Weiner, "Afghan Taliban Camps Were Built by NATO", *New York Times*, 24 de agosto de 1998.

10. "The CIA's Intervention in Afghanistan: An Interview with Zbigniew Brzezinski, President Jimmy Carter's National Security Advisor", *Le Nouvel Observateur*, 15-21 de janeiro de 1998, p. 76. Tradução para o inglês de Bill Blum, publicada no site: http://globalresearch.ca/articles/BRZ110A.html.

11. Weaver, "The Real bin Laden".

12. Jeremy Scahill, "The Saddam in Rumsfeld's Closet", commondreams. org, 2 de agosto de 2002, e *Democracy Now!*, 5 de agosto de 2002.

13. Ibid.

14. Ibid.

15. *Democracy Now!*, 27 de agosto de 2002.

16. Transcrição da *CNN*, 21 de setembro de 2002. http://www.cnn.com/TRANSCRIPTS/0209/21/cst.01.html.

17. Henry Weinstein e William C. Rempel, "Iraq Arms: Big Help from U.S. Technology Was Sold with Approval — and Encouragement — from the Commerce Department but Often over Defense Officials' Objections". *Los Angeles Times*, 13 de fevereiro de 1991.

18. Citado em Scahill, "The Saddam in Rumsfeld's Closet".

19. Coll, *Washington Post*, "Anatomy of a Victory".

20. Mark Strauss, "On the Dole: Saddam Hussein Had at Least One Friend in 1990", *Washington Monthly*, 1º de junho de 1996.

21. Samantha Power, "*A problem from Hell*": *America and the Age of Genocide* (Nova York: Basic Books, 2002), p. 221.

22. Weinstein e Rempel, "Iraq Arms".

23. Sheldon Rampton e John Stauber, *Weapons of Mass Deception* (Nova York: Penguin, 2003), p. 77.

24. Jonathan Steele, "It Was Punishment Without Trial", *The Guardian*, 15 de agosto de 2003. http://www.guardian.co.uk/g2/story/0,3604,1019096,00.html.

25. As informações sobre o antrax e a praga vêm do artigo de Michael Dobbs, "U.S. Had Key Role in Iraq Buildup; Trade in Chemical Arms Allowed Despite Their Use on Iranians, Kurds", *Washington Post*, 30 de dezembro de 2002.

26. *Democracy Now!*, 18 de dezembro de 2002. Russell Mokhiber, "Interview with Andreas Zumach", *Corporate Crime Reporter*, 3 de fevereiro de 2003. http://dc.indymedia.org/newswire/display/49451.

27. James Cusick e Felicity Arbuthnot, "America Tore Out 8000 Pages of Iraq Dossier", *Sunday Herald* (Escócia), 22 de dezembro de 2002. http://www.sundayherald.com/30195.

28. Russell Mokhiber, "Interview with Andreas Zumach".

29. *Democracy Now!*, 17 de setembro de 2003.

30. *Rebuilding America's Defenses: Strategies, Forces, and Resources for a New Century*, Project for the New American Century, setembro de 2000, p. 63.

31. John Pilger, "John Pilger Reveals the American Plan", *New Statesman*, 16 de dezembro de 2002.

32. *Rebuilding America's Defenses*, p. 26.

33. Bob Woodward, *Bush at War* (Nova York: Simon & Schuster, 2002), p. 49. Citado em Pilger.

34. Pilger, "John Pilger Reveals".

35. William Arkin, "The Secret War", *Los Angeles Times*, 27 de outubro de 2002.

36. Michael Meacher, "This War on Terrorism Is Bogus", *The Guardian*, 6 de setembro de 2003.

37. Ben Smith, "Iraq Media Guy Rebuilds Qatar at the Garden", *New York Observer*, 27 de outubro de 2003.

2. Oligarquia do petróleo

1. Microsoft Encarta Reference Library, 2003.

2. A garota blogueira de Bagdá — aka Riverbend — citada em Tom Englehart, "Missing Words, Legacy Corporations, and a Sheep of Fools", tomdispatch.com, 29 de setembro de 2003. http://www.nationinstitute.org/tomdispatch/index.mhtml?emx=&pid=980.

3. Criag Unger, "Saving the Saudis", *Vanity Fair*, outubro de 2003.

4. Ibid.

5. Ibid.

6. Warren King, "Plane Ban Nearly Cost Patient His New Heart", *Seattle Times*, 13 de setembro de 2001.

7. Eric Lichtblau, "White House Approved Departure of Saudis After Sept. 11, Ex-Aide Says", *New York Times*, 4 de setembro de 2003.

8. Jean-Charles Brisard e Guillaumie Dasquie, *Forbidden Truth: U.S. Taliban Secret Oil Diplomacy, Saudi Arabia, and The Failed Search for bin Laden* (Nova York: Nation Books, 2002).

9. Lichtblau, "White House Approved Departure of Saudis".

10. Daniel Golden, James Bandler e Marcus Walker, "Bin Laden Family Could Profit". *Wall Street Journal*, 27 de setembro de 2001.

11. Robert Baer, *Sleeping with the Devil: How Washington Sold Our Soul for Saudi Crude* (Nova York: Crown, 2003), p. 51.

12. *Democracy Now!*, transmissão do discurso de Rubenstein, 3 de julho de 2003.

13. Baer, p. 64.

14. Ibid.

15. Baer, p. 51.

16. Julian Borger, "An Axis of Junkies", *The Guardian*, 6 de agosto de 2003.

17. Brian Whitaker, "Spoils of War", *The Guardian*, 13 de outubro de 2003. http://www.guardian.co.uk/print/0,3858,4773441-105806,00.html.

18. *Democracy Now!*, 8 de dezembro de 2003.

19. Michael Scherer, "K Street on the Tigris", motherjones.com, setembro de 2003. http://www.motherjones.org/cgibin/print — article.pl?url=http://www.motherjones.org/news/outfront/2003/40/ma — 556 — 01.html.

20. Ibid.

21. "Contracts With Provisional Authorities", *Windfalls of War*, Center for Public Integrity, 20 de outubro de 2003. http://www.publicintegrity.org/wow/default.aspx.

22. Paul Krugman, "Who's Sordid Now?", *New York Times*, 30 de setembro de 2003.

23. Steven Pizzo, "A Band of Brothers: The Rebuilding of Iraq", MoveOn. org, p. 21.

24. Joshua Chaffin, James Drummond, Stephen Fidler, Roula Khalaf, Nicolas Pelham e Demetri Sevastopulo, "Reconstruction on Hold: How the Contest for Iraq's Mobile Telephone Contracts Sank into Disarray", *Financial Times*, 26 de setembro de 2003.

25. André Verlöy e Daniel Politi, "Advisers of Influence: Nine Members of the Defense Policy Board Have Ties to Defense Contractors", *Public I*, Center for Public Integrity, 28 de março de 2003.

26. "Winning Contractors", *Windfalls of War*, Center for Public Integrity, 20 de outubro de 2003. http://www.publicintegrity.org/wow/default.aspx.

27. Para a seção sobre contratos e relações corporativas, confiamos completamente no relatório *Windfalls of War*, Center for Public Integrity.

28. Para cada companhia listada, os valores de contrato cobrem o período de 1º de janeiro de 2002 a 30 de setembro de 2003. *Windfalls of War*.

29. Ibid.

30. Walter Pincus, "Army's Iraq Media Plan Criticized; Lugar Wants to Transfer Project's Funds to State Department", *Washington Post*, 16 de outubro de 2003.

31. Brian Whitaker, "Voice of Free Iraq Walks Out on U.S.", *The Guardian*, 6 de agosto de 2003.

32. Bob Willliams, "Anatomy of a Contract", *Windfalls of War.*

33. *Windfalls of War.*

34. Project on Government Oversight (pogo.org) and News Release, Fluor Corp., 19 de junho de 1997.

35. *Windfalls of War.*

36. *Los Angeles Times,* citado em ibid.

37. "Postwar Profits", *Capital Eye*, 12 de março de 2003. http://www.capital-eye.org/inside.asp?ID=69.

38. Robert Capps, "Outside the Law", Salon.com, 26 de junho de 2002. http://archive.salon.com/news/feature/2002/06/26/bosnia/

39. Citado em William D. Hartung, "Mercenaries Inc.: How a U.S. Company Props Up the House of Saud", *The Progressive*, abril de 1996.

40. Ibid.

41. *Windfalls of War.*

42. Citado em "A Band of Brothers", p. 15.

43. *Windfalls of War.*

44. NBC *Meet the Press*, 16 de setembro de 2003.

45. Katty Kay, "Analysis: Oil and the Bush Cabinet", Noticiário da BBC, 29 de janeiro de 2001. http://news.bbc.co.uk/1/hi/world/americas/1138009.stm

46. Molly Ivins, "Cheney's Mess Worth a Close Look", *Baltimore Sun*, 10 de junho de 2002.

47. Center for Responsive Politics, *Rebuilding Iraq: The Contractors*, 28 de abril de 2003. http://www.opensecrets.org/news/rebuilding–iraq/index.asp.

48. Robert Scheer, "Dick Cheney's Slimy Business Trail", Salon.com, 17 de julho de 2002. http://archive.salon.com/news/col/scheer/2002/07/17/cheney/.

49. Michael Dobbs, "Halliburton's Deals Greater Than Thought", *Washington Post*, 28 de agosto de 2003.

50. Colum Lynch, "Firm's Iraq Deals Greater Than Thought", *Washington Post*, 23 de junho de 2001.

51. Scheer, "Dick Cheney's Slimy Business Trail".

52. Dobbs, "Halliburton's Deals Greater Than Thought".

53. Ibid.

54. Pratap Chatterjee, "Halliburton Makes a Killing on Iraq War", *Corp-Watch*, 20 de março de 2003. http://www.corpwatch.org/issues/PRT.jsp?articleid=6008

55. Neela Banerjee, "Rivals Say Halliburton Dominates Iraq Oil Work", *New York Times*, 8 de agosto de 2003.

56. Ruth Rosen, "As Ordered, It's About Oil", *San Francisco Chronicle*, 8 de agosto de 2003.

57. Robin Wright e Dona Milbank, "Bush Defends Barring Foes of War from Iraq Business", *Washington Post*, 12 de dezembro de 2003.

3. Perfurando e matando: a ditadura do petróleo da Nigéria e da Chevron

1. Erin Bartels, "Condoleezza Rice's Chevron Service Could Pose Conflict", *The Public I*, Center for Public Integrity, 7 de março de 2001. www.publicintegrity.org/story — 01 — 022801.htm.

2. Steven Mufson, "For Rice, a Daunting Challenge Ahead", *Washington Post*, 18 de dezembro de 2000.

3. Bartels, "Condoleezza Rice's Chevron Service".

4. Mufson, "For Rice, a Daunting Challenge".

5. John Stauber e Sheldon Rampton, "Race-Baiting Strategy Helps Keep Shell Pumping in Nigeria", *PR Watch* 3(2), 1996.

6. Meredith Turshen, "It's About Oil", *Association of Concerned African Scholars Bulletin*, Fall 2001.

7. "U.S. Senator Shows Nigerian Dictator's Letter Endorsing Clinton", Associated Press, 12 de setembro de 1996.

8. Human Rights Watch World Report, 1999.

9 Bartels, "Condoleezza Rice's Chevron Service".

10. Carla Marinucci, "Chevron Redubs Ship Named for Bush Aide; Condoleezza Rice Drew Too Much Attention", *San Francisco Chronicle*, 5 de maio de 2001.

4. Reprimindo

1. David Cole, comunicação pessoal, dezembro de 2003.

2. Warren Richey e Linda Feldmann, "Has Post-9/11 Dragnet Gone Too Far?" *Christian Science Monitor*, 12 de setembro de 2003.

3. "Surveillance Under the USA PATRIOT Act", ACLU, n.d. http://www.aclu.org/SafeandFree/SafeandFree.cfm?ID=12263&c=206

4. "The USA PATRIOT Act and Government Actions That Threaten Our Civil Liberties", ACLU, n.d., http://www.aclu.org/SafeandFree/SafeandFree.cfm?ID=11813&c=207

5. Diana Jean Schemo, "Electronic Tracking System Monitors Foreign Students", *New York Times*, 17 de fevereiro de 2003.

6. "International Students in the U.S." International Institute of Education, 3 de novembro de 2003. http://opendoors.iienetwork.org/?p=36523

7. Catharine Stimpson, "Foreign Students Need Not Apply", *Los Angeles Times*, 27 de agosto de 2003.

8. "International Students in the U.S."

9. John M. Broder com Susan Sachs, "Facing Registry Deadline, Men from Muslim Nations Swamp Immigration Office", *New York Times*, 17 de dezembro de 2002.

10. Michael Powell, "An Exodus Grows in Brooklyn", *Washington Post*, 29 de maio de 2003.

11. Testemunho do Procurador-Geral John Ashcroft diante do Comitê Judiciário do Senado, 6 de dezembro de 2001.

12. "Sept. 11, 2001: Pakistani Family Mourns Loss of Son Who Went from Terror, Suspect to 9/11 Hero", *Democracy Now!*, 11 de Setembro de 2003.

5. Detonando

1. "Ashcroft's Matronly Nemesis", *MetroTimes*, 17 de setembro de 2003. http://www.metrotimes.com/editorial/story.asp?id=5415.

2. *Democracy Now!*, 10 de abril de 2002.

3. Elaine Cassel, "Vengeance, Thy Name Is Ashcroft", *City Pages/Twin Cities Babelogue*, 20 de novembro de 2003.

4. Jason Halperin, "Patriot Raid", alternet.org, 28 de abril de 2003. http://www.alternet.org/story.html?StoryID=15760. Utilizado com a permissão do autor.

5. *Of Civil Rights and Wrong*, transcrição, *P.O.V.*, 10 de julho de 2001. http://www.pbs.org/pov/pov2001/ofcivilwrongsandrights/.

6. Eric Lichtblau, "Justice Department Lists Use of New Power to Fight Terror", *New York Times*, 21 de maio de 2003.

7. Eric Lichtblau, "Ashcroft Mocks Librarians and Others Who Oppose Parts of Counterterrorism Law", *New York Times*, 16 de setembro de 2003.

8. William Safire, "You Are a Suspect", *New York Times*, 14 de novembro de 2002.

9. "Pentagon Releases Report on Cyber-Surveillance System's Privacy Threat; Right-Left Groups Urge Continued Oversight", ACLU news release, 20 de maio de 2003. http://www.aclu.org/SafeandFree/SafeandFree.cfm?ID=12673&c=206.

10. Eric Lichtblau, "Administration Creates Center for Master Terror Watch List", *New York Times*, 17 de setembro de 2003.

11. *Democracy Now!*, 18 de setembro de 2003.

12. David Goodman, "No Child Unrecruited: Should the Military Be Given the Names of Every High School Student in America?", *Mother Jones*, dezembro de 2002.

13. Bob Keeler, "Letting the Troops Through the School Door", *Newsday*, 15 de setembro de 2003.

14. Transcritos da Casa Branca, 26 de setembro de 2001. http://www.whitehouse.gov/news/releases/2001/09/20010926-5.html.

15. Ariel Dorfman, "Lessons of a Catastrophe", *The Nation*, 29 de setembro de 2003. Utilizado com a permissão do autor.

6. Confinando

1. Mumia Abu-Jamal, editado por Noelle Hanrahan, *All Things Censored* (Nova York: Seven Stories Press, 2000), p. 55.

2. "Another One Bites the Dust...", Society of Professional Journalists *FOI Alert*, 10 de janeiro de 1997.

3. *Democracy Now!*, 21 de setembro de 1999.

4. Marc Fisher, "Pacifica Stations Bolt Over Convicted Killer's Commentary", *Washington Post*, 25 de fevereiro de 1997.

5. *Facts About Prisons and Prisoners*, The Sentencing Project, outubro de 2003.

6. Ibid.

7. "How Do Prisons Profit from Immigrant Detainees?" *Democracy Now!*, 12 de setembro de 2003.

8. Ibid.

9. Death Penalty Information Center, www.deathpenaltyinfo.org.

10. Citado em "Death Penalty Facts: Racial Disparity", Anistia Internacional, 2003. http://www.amnestyusa.org/abolish/racialpreiudices.html.

11. Ibid.

12. Innocence Project, 2003. http://innocenceproject.org/.

13. David Hinckley, "Pa. Stations Scrap 'Democracy' and Mumia", Nova York, *Daily News*, 25 de fevereiro de 1997.

14. Entrevista com Noelle Hanrahan, diretor do Prison Radio Project.

15. Associated Press, "Public Radio Hires Officer's Killer as a Death Row Commentator", *New York Times*, 15 de maio de 1994.

16. Lois Romano, "Cancel That Call", *Washington Post*, 17 de maio de 1994.

17. Jenifer B. McKim, "A Case of Poetic Injustice?", *Boston Globe*, 30 de julho de 1997.

18. Ibid.

19. Martin Espada. *Zapata's Disciple* (Boston: South End Press, 1998) pp. 133 — 135. Utilizado com a permissão do autor.

7. Mentiras do nosso *Times*

1. Elisabeth Bümiller, "Bush Aides Set Strategy to Sell Policy on Iraq", *New York Times*, 7 de setembro de 2002.

2. Michael R. Gordon e Judith Miller, "U.S. Says Hussein Intensifies Quest for A-Bomb Parts", *New York Times*, 8 de setembro de 2002.

3. *Meet the Press*, 8 de setembro de 2002.

4. John R. MacArthur, "The Lies We Bought", *Columbia Journalism Review*, maio/juno de 2003, pp. 62- 63.

5. Jack Shafer, "The *Times* Scoops That Melted: Cataloging the Wretched Reporting of Judith Miller", *Slate*, 25 de julho de 2003. http://slate.msn.com/id/2086110/.

6. Richard Norton-Taylor, "Atomic Agency: Doubt Cast on PM's 'Nuclear Threat' Claim", *The Guardian*, 9 de setembro de 2002.

7. Howard Kurtz, "Intra-Times Battle Over Iraqi Weapons", *Washington Post*, 26 de maio de 2003.

8. Sheldon Rampton e John Stauber, *Weapons of Mass Deception* (Nova York: Penguin, 2003), p. 43.

9. Eduardo Galeano, "The Finest Liars in the World", *The Progressive*, agosto de 2003. Online no site: http://www.nationinstitute.org/tomdispatch/index.mhtml?emx=x&pid=886].

10. Kurtz, "Intra-Times Battle."

11. Dafna Linzer e Tarek Al-Issawi (AP), "U.S. Finds No Sign of Smallpox in Iraq: 'Team Pox' Reports Only Empty Labs, Disabled Equipment", *Ottawa Citizen*, 19 de setembro de 2003.

12. *The NewsHour with Jim Lehrer*, 22 de abril de 2003.

13. Citado em Harold Evans, "Reporting in the Time of Conflict", The Newseum. www.newseum.org/warstories/essay/.

14. Howard Kurtz, "Embedded Reporter's Role in Army Unit's Actions Questioned by Military", *Washington Post*, 5 de junho de 2003.

15. Ibid.

16. William E. Jackson Jr., "Miller's Star Fades (Slightly) at *NY Times*", *Editor & Publisher*, 2 de outubro de 2003.

8. Mídia estatal, estilo americano

1. Dana Milbank, "The Iraq Truth Is Out: It's All About Oil: U.S. Military's Penchant for Strike Names Finally Trips over Slick — Too Slick — Acronym", *Washington Post*, 14 de agosto de 2003.

2. *On the Record with Greta Van Susteren*, FOX News Channel, 24 de março de 2003.

3. Chris Hedges, "The Press and the Myths of War", *The Nation*, 21 de abril de 2003.

4. Ina Howard, "Power Sources", *FAIR Extra!*, maio/junho de 2002. http://www.fair.org/extra/0205/power — sources.html.

5. John Dunbar e Aron Pilhofer, "Big Radio Rules in Small Markets", The Center for Public Integrity, 1º de outubro de 2003. http://www.openairwaves.org/telecom/-report.aspx?aid=63.

6. John Schwartz e Geraldine Fabrikant, "War Puts Radio Giant on the Defensive", *New York Times*, 31 de março de 2003.

7. Michael Moore, "Tears Down the Westside Highway", michaelmoore.com, 27 de novembro de 2001.

8. Max Walsh, "The Murdoch Interview", *The Bulletin* (Austrália), 12 de fevereiro de 2003. http://bulletin.ninemsn.com.au/bulletin/EdDesk.nsf/All/87D6BE4ACBB673C4CA256CC5007E11E2#9msnshared — top.

9. Poynter Online, 31 de outubro de 2003. http://poynter.org/column.asp?id=45&aid=53018.

10. Bob Woodward, *Bush at War* (Nova York: Simon & Schuster, 2002), citado no *Washington Post*, 16 de novembro de 2002.

11. Paul Farhi, "The Day We Dropped the Bomb", *Washington Post*, 6 de agosto de 2003.

12. Howard Kurtz, "Chief Orders 'Balance' in War News; Reporters Are Told to Remind Viewers Why U.S. Is Bombing", *Washington Post*, 31 de outubro de 2001.

9. Na cama com os militares

1. "Dispatches: Slices of the War", *Columbia Journalism Review*, maio/junho de 2003, pp. 32-44.

2. Howard Kurtz, "For Media After Iraq, A Case of Shell Shock; Battle Assessment Begins for Saturation Reporting", *Washington Post*, 28 de abril de 2003.

3. Chantal Escoto, "Military, Media Benefit from 'Embed'", *The Leaf-Chronicle*, 22 de junho de 2003. http://www.theleafchronicle.com/news/troops/516446.html.

4. Kurtz, "For Media After Iraq".

5. Ibid.

6. Bill Kovach, "The Media and the Gulf War", *Colliers Year Book 1992*.

7. John R. MacArthur, *Second Front: Censorship and Propaganda in the Gulf War* (Nova York: Hill & Wang, 1992), pp. 12-17.

8. Ibid., p. 35.

9. Citado em Kovach, "The Media and the Gulf War".

10. Chris Hedges, "The Press and the Myths of War", *The Nation*, 21 de abril de 2003.

11. "Veteran CBS News Anchor Dan Rather Speaks Out on BBC News night Tonight", BBC press release, 16 de maio de 2002. http://www.bbc.co.uk/pressoffice/pressreleases/stories/2002/05 — may/16/dan — rather.shtml.

12. De uma conferência realizada na New School no dia 24 de julho de 2003, relatada em Michael Wolff, "The Media at War", *New York*, 11 de agosto de 2003.

13. Ibid.

14. Jules Crittenden, "Embedded Journal: 'I Went Over to the Dark Side'", Poynter Online, 11 de abril de 2003. http://poynteronline.org/content/content — view.asp?id=29774.

15. F. Marshall Maher, "When Journalists Attack", *FAIR Extra!*, maio/junho de 2003. http://www.fair.org/extra/0305/journalists.html.

16. Todas as citações do quadro são de "Dispatches: Slices of the War".

17. Bill Katovsky e Timothy Carlson, *Embedded: The Media at War in Iraq* (Guilford, Conn.: Lyons Press, 2003), p. 131.

18. Jules Crittenden, "Embedded Journalist Returns Home, Searched by Customs", Poynter Online, n. d. http://www.poynter.org/content/content–view.asp?id=31187.

19. Ibid.

20. Wolff, "The Media at War".

21. *Topic A With Tina Brown*, CNBC, 10 de setembro de 2003.

22. Peter Johnson, "Amanpour: CNN Practiced Self Censorship", *USA Today*, 14 de setembro de 2003.

10. Matando o mensageiro

1. Robert Fisk, "Does the U.S. Military Want to Kill Journalists?" *Independent* (Londres), 8 de abril de 2003.

2. Joel Campagna e Rhonda Roumani, "Permission to Fire", Comitê de Proteção aos Jornalistas, 27 de maio de 2003. http://cpj.org/Briefings/2003/palestine — hotel/palestine — hotel.html.

3. Ibid.

4. *Larry King Live*, 8 de abril de 2003.

5. "Permission to Fire."

6. Hugh Dellios, "Three Journalists Are Killed in U.S. Attacks", *Chicago Tribune*, 9 de abril de 2003.

7. Bill Katovsky e Timothy Carlson, *Embedded: The Media at War in Iraq* (Guilford, Conn.: Lyons Press, 2003), p. xiv.

8. "Journalists Killed in 2003", Comitê de Proteção aos Jornalistas. http://www.cpj.org/killed/killed03.html.

9. Joel Campagna, "CPJ Remembers: Mazen Dana", *Dangerous Assignments*, Comitê de Proteção aos Jornalistas, 2º semestre de 2003, p. 7.

10. "Covering a Dangerous Beat: Mazen Dana", Comitê de Proteção aos Jornalistas, s.d. http://www.cpj.org/awards01/dana.html.

11. Relatório de imprensa do Departamento de Defesa, 23 de julho de 2003. http://www.defense.gov/transcripts/2003/tr20030723–depsecdef0441.html.

12. Michael Wolff, "The Media at War", *Nova York*, 11 de agosto de 2003. www.newyorkmetro.com/nymetro/news/media/features/n — 9067/index.html.

13. Ibid.

14. "U.S. Airstrike Destroys Al-Jazeera Office in Kabul", *News Alert*, Comitê de Proteção aos Jornalistas, 13 de novembro de 2001.

15. Michael Massing, "The Bombing of Al-Jazeera", *Columbia Journalism Review*, maio/junho de 2003, p. 37.

16. *New York Times*, 14 de novembro de 2001.

17. "Iraqi council's ban on Al-Jazeera and Al-Arabiya condemned", press release, Repórteres Sem Fronteiras, 23 de setembro de 2003. http://www.rsf.org/article.php3?id — article=8064.

18. *NPR Morning Edition*, 8 de abril de 2003.

19. Reuters, "Journalists Protest Around Globe over Deaths of Their Colleagues", *Toronto Star*, 10 de abril de 2003.

20. Ibid.

21. Scott Simon, "Even Pacifists Must Support This War", *The Wall Street Journal*, 11 de outubro de 2002.

22. Mike Janssen, "When Reporters Sound Off, Eyebrows Rise", *Current*, 8 de setembro de 2003.

23. Citado em Steve Rendall e Tara Broughel, "Amplifying Officials, Squelching Dissent", *FAIR Extra!*, maio/junho de 2003. www.fair.org/extra/0305/warstudy.html.

24. Peter Hart, "O'Reilly's War", *FAIR Extra!*, maio/junho de 2003. www.fair.org/extra/0305/o'reilly.html.

25. Ibid.

26. Seguindo os números citados em "Some Critical Media Voices Face Censorship", *FAIR Media Advisory*, 3 de abril de 2003. www.fair.org/press-releases/iraqcensorship.html.

27. Russell Mokhiber, "Ari and I", Common Dreams, 10 de abril de 2003. www.commondreams.org/ari/0410-12.htm.

28. Relatório de imprensa da Casa Branca, 26 de setembro de 2001. http://www.whitehouse.gov/news/releases/2001/09/20010926-5.html.

29. Dick Rogers, "Credibility at Stake", *San Francisco Chronicle*, 3 de abril de 2003. http://www.sfgate.com/cgi-bin/article.cgi?file=/chronicle/archive/2003/04/03/ED288989.DTL.

11. Mascaramentos

1. Número de vítimas civis extraído do Iraqbodycount.org, no dia 16 de janeiro de 2004.

2. Mark Benjamin, "Medical Evacuations from Iraq Near 11,000", UPI, 19 de dezembro de 2003.

3. "U.S. and Coalition Casualties", cnn.com, 16 de janeiro de 2004.

4. "Embedded Reporters: What Are Americans Getting?", Project for Excellence in Journalism, s.d. http://journalism.org/resources/research/reports/war/embed/numbers.asp.

5. Jacqueline E. Sharkey, "Airing Graphic Footage", *American Journalism Review*, maio de 2003.

6. Jacqueline E. Sharkey, "The Television War", *American Journalism Review*, maio de 2003.

7. Estudo do *JAMA* de 1992, citado em Scott Stossel, "The Man Who Counts the Killings", *The Atlantic*, maio de 1997.

8. Sharkey, "The Television War".

9. Ibid.

10. Ibid.

11. Bill Carter com Jane Perlez, "Channels Struggle on Images of Captured and Slain Soldiers", *New York Times*, 24 de março de 2003.

12. "Iraq Must Not Parade POWs", *Vigilância dos Direitos Humanos*, 24 de março de 2003. http://hrw.org/press/2003/03/iraq032403.htm.

13. "Al-Jazeera Banned from Two Wall Street Exchanges", *NewsHour Online Report*, 26 de março de 2003.

14. Michael Massing, "The Unseen War", *New York Review of Books*, 29 de maio de 2003.

15. Ibid.

16. Bill Kovach, "The Media and the Gulf War", publicado originalmente em *Colliers Year Book 1992*.

17. Joe Flint, Charles Goldsmith e Gabriel Kahn, "CNN Gives U.S., World Audiences Different Views", *Wall Street Journal*, 11 de abril de 2003.

18. Ibid.

19. Ibid.

20. Ibid.

21. Sheldon Rampton e John Stauber, "How to Sell a War", *In These Times*, 4 de agosto de 2003.

22. "A Tale of Two Photos", informationclearinghouse.info/article2838.htm, 15 de abril de 2003.

23. David Potorti, "I Lost My Brother on 9-11; Does He Matter?". Alternet.org, 10 de outubro de 2001. http://www.alternet.org/story.html?StoryID=11686.

24. Ibid.

25. Gregory L. Vistica, "What Happened in Thanh Phong", *New York Times Magazine*, 29 de abril de 2003.

26. Howard Kurtz, "Newsweek Spiked Kerrey Story in '98; Editors Cite Dropped Presidential Bid", *Washington Post*, 27 de abril de 2001.

27. Vistica, "What Happened in Thanh Phong".

28. Citado em Howard Kurtz, "Kerrey Tells of Role in Vietnam Civilian Deaths; Ex-Senator Calls '69 Killings by Navy SEAL Unit Accidental", *Washington Post*, 26 de abril de 2001.

29. John Hess, "The Uncovering and Reburial of a War Crime", *FAIR Extra!*, agosto de 2001.

30. Philip Shenon, "Ex-Senator Kerrey is Named to Federal 9/11 Commission", *New York Times*, 10 de dezembro de 2003.

12. Indo para onde o silêncio está

1. Christopher Hitchens, "The Case Against Henry Kissinger", *Harper's*, março de 2001.

2. "Mondale in Indonesia Says U.S. Appreciates Freeing of Prisoners", *Washington Post*, 7 de maio de 1978.

3. Allan Nairn, Foreword, em Constâncio Pinto e Matthew Jardine, *East Timor's Unfinished Struggle: Inside the Timorese Resistance* (Boston: South End Press, 1996), pp .xx-xxi.

4. Ibid., p. xxii.

5. Leslie Dwyer, "A Reprimand for Reebok", Salon.com, 25 de março de 2002. http://archive.salon.com/tech/feature/2002/03/25/dita — sari/.

6. Ibid.

7. Dita Sari. "Why I Rejected the Reebok Human Rights Award", *Counterpunch*, 2 de fevereiro de 2002. http://www.counterpunch.org/ditasari.html.

13. Sem se dobrar

1. Michael Powell, "Peace Correspondent: 'Democracy Now!' Host Amy Goodman Is Making Her Voice Heard on Iraq", *Washington Post*, 10 de março de 2003.

2. Ibid.

3. Howard Kurtz, "Gingrich Plants to End Daily News Briefings", *Washington Post*, 3 de maio de 1995.

14. *Psyops* voltam para casa

1. Relatório anual para o presidente e o Congresso, Departamento de Defesa, 1998.

2. The Annenberg Washington Program in Communications Policy Studies of Northwestern University, *U.S. Foreign Affairs in the New Information Age: Charting a Course for the 21st Century* (Washington, D.C.: The Annenberg Washington Program in Communications Policy Studies of Northwestern University, 1994). http://www.annenberg.nwu.edu/pubs/usfa/usfa4.htm.

3. Samuel Gardiner, "Truth from These Podia", 8 de outubro de 2003. http://www.usnews.com/usnews/politics/whispers/documents/truth.pdf.

4. Ibid.

5. Ibid., p. 6.

6. Sheldon Rampton e John Stauber, *Weapons of Mass Deception* (Nova York: Penguin, 2003), p. 43.

7. A tabela das páginas 235-244 é baseada extensivamente no texto de Samuel Gardiner, "Truth from These Podia [A verdade dessas plataformas]", 8 de outubro de 2003. Usado com a permissão do autor.

8. Seymour M. Hersh, "The Stovepipe", *The New Yorker*, 27 de outubro de 2003.

9. Steven Kull, "Misperceptions, the Media, and the Iraq War", Program on International Policy Attitudes/Knowledge Networks, 2 de outubro de 2003. http://pipa.org/OnlineReports/Iraq/Media — 10 — 02 — 03 — Report.pdf.

10. Professor William Hoynes, entrevista particular, outubro de 2003.

11. John Kampfner, "Saving Private Lynch Story 'Flawed'", BBC News, 15 de maio de 2003. http://news.bbc.co.uk/1/hi/programmes/correspondent/3028585.stm.

12. Ibid.

13. Michael Getler, "A Long, and Incomplete, Correction", *Washington Post*, 29 de junho de 2003.

14. David Usborne e Andrew Buncombe, "Private Jessica's Public Turnout for a Woman They Regard as a Hero", *Independent* (Londres), 23 de junho de 2003.

15. "CBS Backs Down on Lynch Movie", BBC News, 21 de julho de 2003. http://news.bbc.co.uk/2/hi/entertainment/3083235.stm.

16. Linton Weeks, "Jessica Lynch Biography Hits Racks in November", *Washington Post*, 2 de setembro de 2003.

17. "Too Painful", *Primetime Special Edition*, ABC News, 6 de novembro de 2003. http://abcnews.go.com/sections/Primetime/US/Jessica — Lynch — 031106.html.

18. Mike Janssen, "NPR News Chief Deny They Knew of Army Interns", *Current*, 17 de abril de 2000.

19. J. Max Robins, "Military Interns Booted from CNN, NPR", *TV Guide*, 15-21 de abril, 2000.

20. "Why Were Government Propaganda Experts Working On News at CNN?" *FAIR Action Alert*, 27 de março de 2000.

21. *Intelligence Newsletter*, 17 de fevereiro de 2000. Citado em ibid.

22. Alexander Cockburn, "CNN and PSYOPS", *Counterpunch*, 26 de março de 2000.

23. Doug Sample, "The Faces Behind the Faces on the 'Most Wanted' Deck", *American Forces Press Service*, 6 de maio de 2003. http://www.defenselink.mil/news/May2003/n05062003 — 200305062.html.

24. Donald MacIntyre, "Targeting the Regime—US Issues Cards to Their Troops Showing Iraq's Most Wanted", *Independent* (Londres), 12 de abril de 2003.

25. Moni Basu, "Playing Cards Featuring Saddam, 51 Top Iraqi Lieutenants Were Seen by Few Soldiers, but Became a Hit at Home", *Atlanta Journal-Constitution*, 27 de julho de 2003.

15. Tudo vira uma bagunça com Sally Jessy

1. *USA Today*, 11 de março de 1999.
2. Transcrição da NBC News, *Today*, 8 de março de 1999.
3. Victor Navasky, "I.F. Stone", *The Nation*, 21 de julho de 2003.

16. A cobertura de Hiroxima: como o responsável pela editoria de guerra do *Times* ganhou um Pulitzer

1. Wilfred Burchett, *Shadows of Hiroshima* (Londres: Verso, 1983), p. 34.
2. Robert Jay Lifton e Greg Mitchell, *Hiroshima in America: Fifty Years of Denial* (Nova York: Putnam, 1995), p. 50.
3. William L. Laurence, "U.S. Atom Bomb Site Belies Tokyo Tales", *New York Times*, 12 de setembro de 1945.
4. Ibid.
5. Lifton e Mitchell, *Hiroshima in America*, p. 12.
6. "War Department Called *Times* Reporter to Explain Bomb's Intricacies to the Public", *New York Times*, 7 de agosto de 1945.
7. Harold Evans, "Reporting in the Time of Conflict", Newseum, s/d. http://www.newseum.org/warstories/essay/firstdraft.htm.
8. William L. Laurence, *Dawn Over Zero: The Story of the Atomic Bomb* (Nova York: Knopf, 1946), p. 224.
9. Laurence, *Dawn Over Zero*, p. 224.
10. Lifton e Mitchell, *Hiroshima in America*, p. 52.
11. W. H. Lawrence, "Visit to Hiroshima Proves It World's Most Damaged City", *New York Times*, 5 de setembro de 1945.
12. W. H. Lawrence, "No Radioactivity in Hiroshima Ruin", *New York Times*, 13 de setembro de 1945.
13. Jacques Steinberg, "*Times* Should Lose Pulitzer from 30's, Consultant to Paper Says", *New York Times*, 23 de outubro de 2003.
14. Quadro do Prêmio Pulitzer, "Statement on Walter Duranty's 1932 Prize", 21 de novembro de 2003. http://pulitzer.org/Resources/Whats — new/Duranty/duranty.html.

17. As transmissões do povo

1. John Tarleton, "Public Interest Angels Descend on FCC", http://dc.indymedia.org, 24 de março de 2002.

2. Mark Cooper, *Media Ownership and Democracy in the Digital Information Age: Promoting Diversity with First Amendment Principles and Market Structure Analysis*, Center for the Internet and Society, Stanford Law School, 2003, p. 5.

3. J.H. Snider Sr., *The Citizens Guide to the Airwaves*, New America Foundation, 2003. www.spectrumpolicy.org.

4. Marc Fisher, "FCC Tests Reception for Lifting Owner Limits", *Washington Post*, 28 de fevereiro de 2003.

5. Bob Williams, "Behind Closed Doors: Top Broadcasters Met 71 Times with FCC Officials", Special Report, Center for Public Integrity, 21 de maio de 2003. http://www.publici.org/dtaweb/report.asp?ReportID=526&L1=10&L2=10&L3=0&L4=0&L5=0.

6. "Well Connected: FCC and Industry Maintain Cozy Relationship on Many Levels", Center for Public Integrity, 22 de maio de 2003. http://www.publici.org/dtaweb/report.asp?ReportID=524&L1=10&L2=10&L3=0&L4=0&L5=0.

7. Robert W. McChesney e John Nichols, "Up in Flames", *The Nation*, 17 de novembro de 2003.

18. Conclusão: libertar a mídia

1. Arundhati Roy, discurso para a Fundação Lannan, Santa Fé, Novo México, 18 de setembro de 2002.

2. Mike Carter, "KOMO Announces It Won't Cover 'Irresponsible or Illegal' Activities", *Seattle Times*, 30 de novembro de 1999.

3. Tom Regan, "News You Can Use From the Little Guys", *Christian Science Monitor*, 9 de dezembro de 1999.

4. Ibid.

5. David Goodman, "The Conversion of Gov. Ryan", *Amnesty Now*, primeiro semestre de 2003.

6. Margaret Kimberly, "The Truth About Tulia", *The Black Commentator*, 10 de outubro de 2003, citado em AlterNet.